Recuerdos De Una Princesa

Las Memorias De La Maharani De Jaipur
GAYATRI DEVI

Reimpresión 2019

© Gayatri Devi & Maharaja Sawai Jai Singh Benevolent Trust

© Primera edición en español, Prakash Books India Pvt. Ltd.

Primera edición en 2005 por
Prakash Books India Pvt. Ltd.
113/A, Daryaganj, New Delhi-110 002
Tél.: (011) 2324 7062-65, Fax: (011) 2324 6975
Email: info@prakashbooks.com/sales@prakashbooks.com

ISBN: 978-81-7234-123-7

Edición publicada bajo acuerdo con la
Maharaja Sawai Jai Singh Benevolent Trust.

Processed & printed in India

Recuerdos De Una Princesa

Las Memorias De La Maharani De Jaipur
GAYATRI DEVI

PRAKASH BOOKS

A la gente de Kuch Bihar y Jaipur

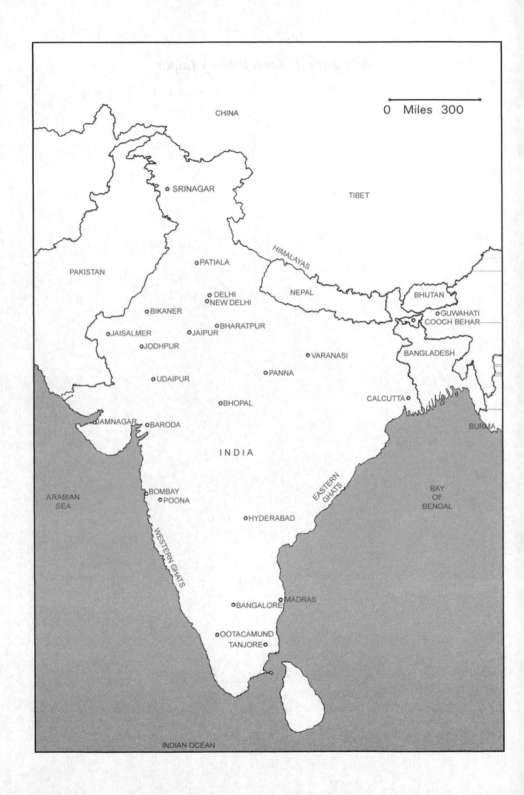

ÍNDICE

PARTE 1

CAPÍTULO 1

Visita a Baroda

Durante nuestra niñez, nuestra familia viajaba con frecuencia las dos mil millas desde nuestra casa, el palacio en la provincia de Kuch Bihar, escondido en una esquina en el noreste de la India, a través de la campiña hacia el palacio de mis abuelos en la provincia de Baroda, a orillas del Mar arábigo . Mis cuatro hermanos y yo esperábamos con gran anticipación la preparación de las montañas de equipaje. Parecía que estábamos preparándonos para los inverosímiles extremos de calor y frió, sin mencionar las ocasiones más predecibles como una visita de gente de estado o una exhibición de caballería. El día de nuestra partida, la estación de tren era un amontonamiento gracias a todo el equipaje y servicio que nos acompañaba donde fuéramos. Pero, para el momento de nuestra llegada a la estación, todo estaba a bordo gracias a los esfuerzos de nuestro eficiente servicio.

No obstante, en cuanto llegábamos, mi madre invariablemente tenía siempre un raudal de instrucciones y preguntas. Ella preguntaría con su voz un poco ronca y atractiva por el neceser que ella quería en su compartimento. Bueno, entonces descarguen el equipaje y encuéntrenlo. ¿Y la caja de la *puja*, la cual contiene el incienso y los polvos necesarios para llevar a cabo los ritos de las oraciones de la mañana? Ah, ahí está. Afortunadamente, eso significaba que nadie tenía que correr al palacio a buscarla.

De cualquier manera, ya en marcha, esos trayectos de una semana estaban entre los recuerdos más queridos de mi niñez. De chica, me parecía que ocupábamos todo el tren. Teníamos por lo menos tres compartimentos de camarotes de primera clase. Mi madre, su hermana mayor y una amiga o una pariente ocupaban el primer compartimento; mi hermana menor, una institutriz y yo estábamos en otro; mis dos hermanos y sus acompañantes con un ayudante en otro. Luego los ayudantes y secretarios tendrían un par de compartimentos de segunda clase, mientras que el servicio de mucamas, ayuda de cámara y mayordomos viajarían en tercera clase.

En la década de 1920, hasta para aquellos individuos indios con un estilo de vida muy sencillo, un viaje en tren evocaba una migración beduina , pues todo, desde las camas y la comida, hasta los cubiertos, tenía que llevarse consigo. En aquellos días, la mayoría de los trenes indios carecían de comedores y no proveían sábanas, cobijas, almohadas o toallas a pesar de que sí poseían baños donde uno se podía duchar. Siempre viajábamos con nuestro servicio personal para ayudarnos con nuestras necesidades diarias durante el largo viaje a Baroda.

Primero estaba el viaje nocturno desde Kuch Bihar hasta Calcuta, donde hacíamos escala de un par de días en nuestra casa de Woodlands. Luego partíamos hacia la segunda y más larga etapa del viaje. Los cocineros preparaban un 'portador-de-meriendas', varios envases, cada uno con diferentes tipos de curry, arroz, lentejas, yogurt y dulces. Estos envases encajaban dentro de cada uno y un refuerzo de metal las sostenía, de modo que uno podía cargar con una mano una pila de envases llenos de comida. Pero estos 'portadores-de-meriendas' estaban diseñados para ofrecernos solamente nuestra primera comida en el tren. De ahí en adelante, estaba en manos de una cadena de abastecedores ferroviarios. Uno podía dar la orden al camarero en una estación y saber que las instrucciones serían recibidas en la siguiente estación, de modo que la comida estaría servida en la vajilla del ferrocarril en cuanto éste llegase a la estación. Las más de las veces no terminábamos nuestra comida antes de que el tren saliera de la estación, pero eso no importaba. Otro camarero estaría listo para levantar los envases vacíos, los vasos, los utensilios y los platos en cualquier otra parada que hiciese el tren.

Para nosotros, los niños, el entusiasmo de viajar a través de la India en tren no se debía tanto a los arreglos ingeniosos de nuestras comidas y servicio, sino al ambiente mismo de las plataformas de la estación de tren. En cuanto el tren llegaba a una estación, las ventanas de nuestros compartimentos se llenaban enseguida de una plétora de vendedores de dulces, frutas y, mis favoritos, aquellos vendedores con los encantadores y cómicos juguetes de madera pintada, que no he visto en ningún lugar excepto en las plataformas de las estaciones de tren de la India: elefantes con sus trompas alzadas y listos para barritar, pintados en gris y escarlata, adornados con diseños en dorado y flores en contraste; caballos adornados

2

como si fueran para un novio; camellos, leopardos, tigres y docenas de otros animales, todos tiesos y encantadores, con orgullo, ojos pintados; sonrisas coquetonas. Los quería a todos, pero mi me madre decía, "¡Tonterías! ¡Tonterías! Ustedes tienen ya muchos juguetes". Pero ella nunca podía resistir regatear, entreteniéndose así con los vendedores de frutas, flores y dulces, y así era como nuestros compartimentos estaban llenos de aromas tropicales gracias a todas sus compras. No sé si ella era una buena negociante como pensaba que era; por naturaleza era muy generosa y los vendedores siempre se iban propiamente afligidos pero con un secreto aire de satisfacción.

De cualquier manera, no era importante. Todos nosotros disfrutábamos poder corretear por las plataformas y, cuando el tren paraba en la estación por una hora o más, comíamos en el comedor del ferrocarril, ordenando lo que solíamos llamar "curry del ferrocarril", diseñado como para no ofender a ningún paladar: no tenía carne de res, prohibida para los hindúes y no tenía carne de cerdo, prohibida para los musulmanes; así que inevitablemente era un curry de cordero o pollo y vegetales. Mucho antes de que el tren partiera, nuestros tutores o institutrices nos llamaban, apresurándonos y diciéndonos que nos apuráramos, que no comiéramos despacio la comida en el restaurante de la estación; que el tren saldría en cinco minutos. Por supuesto que el tren no salía en cinco minutos y pronto aprendimos a confiar en el personal de la estación, el cual nos permitía quedarnos hasta el último momento antes de apurarnos para subir a nuestros compartimentos.

Finalmente llegábamos a Baroda, para ser recibidos en la estación de tren por una flota de autos oficiales del estado de Baroda que nos llevaban hasta *Lakshmi Vilas*, el palacio de Baroda y casa de mi madre cuando ella era una niña. Era un edificio enorme, trabajo del mismo arquitecto que construyó nuestro propio palacio en Kuch Bihar a mediados del Siglo XIX. En Baroda, éste adoptó lo que me parece que los arquitectos designan el estilo 'indo-sarraceno'. Como quiera que uno lo llame, es verdaderamente imponente. Alrededor del edificio había barandas de mármol con arcos festoneados y sostenidos por angostas columnas. Fachadas impresionantes con cúpulas con forma de cebolla. Afuera de la entrada principal habían palmeras erguidas como centinelas a lo largo de jardines perfectamente

Mi abuelo de Baroda.

cuidados y regados a diario. Altos faroles con luces esféricas iluminaban la gran entrada. Siempre de guardia estaban los espléndidos guardias de la casa, vestidos con pantalones blancos, chaquetas azules y botas negras. Cada vez que un miembro de la familia entraba o salía por el portón, ellos tocaban el himno de Baroda.

El palacio era una mezcla de estilos: parcialmente victorianos y parcialmente tradicionales de la India. Había patios con piscinas rodeadas de plantas y palmeras. Alfombras persas corrían a lo largo de pasillos interminables. Los vestíbulos estaban llenos de adornos de espadas y escudos. Las salas tenían muebles franceses con fotografías en marcos de plata, adornos y cosas varias en las distintas mesas. El palacio también tenía un gimnasio y un dispensario. Había dos doctores de cabecera y uno de ellos solía viajar con mi abuelo adonde él fuera.

A través del palacio reinaba un silencio formal; parecía que siempre había un numerosas figuras anónimas y misteriosas, dos o tres sentadas en cada habitación. Supongo que tendrían un trabajo propio dentro del palacio, pero nosotros, los niños, nunca supimos quiénes eran o qué hacían. ¿Estaban esperando una cita con nuestro abuelo? ¿Eran visitantes de otra provincia? ¿Estaban cuidando los artefactos valiosos que estaban dispersos a través del palacio? De acuerdo con nuestro entrenamiento, sabíamos que teníamos que respetar a los adultos, así que era mejor poner nuestras manos en señal de *namaskar*, la forma tradicional de saludar en la India, y saludar así tanto al personal de servicio y acompañantes como a las distinguidas visitas.

En contraste con nuestro comportamiento decoroso y el estándar general de cortesía en el palacio, había monos de cola larga por todos lados. Se enojaban fácilmente y usualmente nos seguían por los pasillos, gritando y mostrándonos sus dientes de una manera muy temerosa.

Al igual que todos los palacios y residencias familiares en la India, la casa de nuestros abuelos estaba dividida en dos partes, cada una de ellas con entradas separadas. Esta tradición particular de las alcobas llamadas *zenana* (gineceo) para las mujeres, y de mantener la tradición del *purdah*, literalmente 'la cortina', para protegerlas de la mirada de cualquier hombre que no fuera su esposo o un miembro masculino de su familia inmediata, fue introducida en la India con las invasiones musulmanas. Al principio

Mi abuela de Baroda tocando la vina.

solamente los musulmanes mantenían estas costumbres, pero luego durante el reinado de los emperadores mogoles de la India, el cual duró desde el siglo XVI hasta 1857 con la sublevación de India, cuando los británicos tomaron el comando, tanto la mayoría de los estados principados de la India como las familias de la nobleza y la clase alta adoptaron una serie de tradiciones musulmanas. Dentro de estas tradiciones estaba la de mantener a las mujeres cuidadosamente segregadas de la vista de ojos extraños.

En Baroda, la tradición del *purdah* no existía; mis dos abuelos eran muy liberales como para permitirlo. El mantener estrictamente al *purdah* significaba que las mujeres sólo podían estar dentro de los cuartos *zenana* y, si tenían la ocasión de salir de estos parámetros, viajaban bien protegidas y solamente en vehículos con cortinas o vidrios polarizados. Pero mis abuelos mantuvieron esta tradición de una forma bastante liberal: las mujeres podían hacer sus cosas libremente siempre y cuando estuvieran con un chaperón y no tuvieran trato alguno con hombres fuera de su círculo familiar. Si, por ejemplo, había una cacería de leopardos o un partido de polo, las mujeres podían ir todas juntas, pero separadas de los hombres. No tenían que utilizar velo, solamente mantenerse dentro de su zona y los hombres mantenerse del lado opuesto. Para nosotros los niños, no había restricciones de ningún tipo. Podíamos andar libremente por todo el palacio, incluso en la sala de billares donde, en los días de la época eduardiana, era considerado un territorio prohibido para cualquier mujer.

Mi abuela, una mujer formidable, creció aceptando en su totalidad la idea del *purdah*. Siguiendo las costumbres de su tiempo y las tradiciones de su familia, ella observó, durante sus primeros años, un *purdah* muy estricto, nunca dejándose ver en publico y en privado solamente con otras mujeres, parientes masculinos cercanos a ella y con su esposo. Cuando ella tenía apenas catorce años, su matrimonio fue arreglado con el gobernador de Baroda. Su familia, como la de él, era *Maratha*, miembros de la casta *Kshatriya*, la cual incluía a muchos guerreros y gobernadores. Como otras comunidades Indias, los *Marathas* se casaban tradicionalmente entre ellos. Ella era, además, de descendencia noble y él, después de la inesperada muerte de su primera esposa, la princesa de Tanjore, quería casarse nuevamente.

Mi abuelo, siempre adelante de su tiempo con respecto a sus actitudes y acciones, contrató tutores para mi abuela, primero para enseñarle a leer y a escribir (era analfabeta cuando se casó), y luego para que expandiera su educación. Más tarde, la alentó para que se librara de las tradiciones sofocantes de la India y que desempeñara un papel activo en la vida pública. Gracias a las ideas liberales de mi abuelo, mi abuela surgió como una líder importante dentro del movimiento de la mujer en la India. Ella fue la presidenta de la *All India Women's Conference*, la organización de mujeres más grande del mundo y una de las cuales se involucra con los derechos de la mujer como así también con la difusión de la educación y la liberación de las ataduras obstruyentes impuestas sobre la mujer por la sociedad ortodoxa de la India. Ella no fue solamente una mujer importante en este cargo, sino una vocera para la emancipación de la mujer India. Eventualmente escribió un libro, ahora un libro de uso estándar como referencia, acerca de la posición de la mujer india en la sociedad. Después de todo, ella podía escribir basándose en sus propias experiencias, primero como una hija obediente y protegida de una familia conservadora y luego como una esposa liberal y progresiva.

Pero no era para ella —o para ninguna de nosotras, sus tres nietas o nuestra madre— la transformación total. Dentro de la familia en el palacio de Baroda, ella mantenía sus modos convencionales y el sentido de decoro de todas las casas indias.

Era durante las funciones públicas donde mis abuelos daban a entender que ya habían desechado las reglas del purdah ya que siempre atendían juntos a las funciones. A pesar de que cada uno mantenía su propia cocina y servicio de mucamas, mi abuelo venía con nosotros, como cualquier visita que llegase a Baroda, a tomar sus comidas en el comedor de mi abuela. Ahí ella servía las mejores comidas al estilo indio, en *thalis*, redondas bandejas de plata llenas con cuencos similares a la bandeja, que contenían arroz, carnes, curry de pescado y vegetales, lentejas, escabeche, salsas picantes y dulces. Ella era una gran gastrónoma y las comidas de su cocina eran deliciosas, ya fuesen aquellas preparadas por el jefe a cargo de la cocina india, o cuando no estaba segura del paladar de sus invitados extranjeros, ponía a cargo al jefe de cocina encargado de la comida inglesa. Pasaba muchísimo tiempo consultando con sus cocineros, planeando los menúes para los distintos huéspedes que ella invitaba. Era peligroso mostrarle la mínima apreciación hacia uno de sus platillos ya que si uno se servía del mismo una segunda vez, ella lo notaba y servia una tercera y cuarta vez, diciendo "Vamos, vamos, tú sabes que te gusta". Su cocina era particularmente famosa por sus maravillosos escabeches y por los enormes y suculentos langostinos del estuario. Solamente cuando había una gran cantidad de invitados, y en ocasiones ceremoniales como el quincuagésimo aniversario, el de diamantes, de mi abuelo, se servían las comidas de su la cocina y en la sala de banquetes de su lado del palacio.

Durante funciones religiosas o ceremoniales, los *darbars* tomaban lugar en la sala de audiencias. Eran funciones elaboradas, similares a las de la corte. La nobleza y otras familias importantes venían formalmente a rendir homenaje a su gobernante, usualmente ofreciendo una moneda de oro.

A menudo íbamos de cacería de patos, a veces observábamos halconería, y teníamos la gran emoción de ver las peleas de elefantes y, mejor aún, las cacerías intensas de los leopardos, especialidad de Baroda, donde leopardos cuidadosamente entrenados, vendados y encadenados, eran llevados a los matorrales en rubia. Ahí, se les sacaban sus vendas y se los dejaba sueltos dentro de una manada de gamos negros. Con el pie a fondo en el acelerador, uno casi no podía mantener el ritmo veloz de los animales durante la cacería.

De niña, mi entretenimiento favorito eran las presentaciones de los papagayos domesticados de mi abuelo. Solían andar en pequeñas bicicletas de plata, manejar autos pequeños de plata, caminar en la cuerda floja y representar varias escenas teatrales. Recuerdo una escena en particular donde un papagayo fue atropellado por un auto, examinado por un papagayo que era doctor, y finalmente llevado en camilla por otros papagayos. La presentación dramática siempre culminaba con una gran final donde se daba una salva con un pequeño cañón de plata. Tenia un sonido magnifico, por ser un arma en miniatura, y los papagayos eran los únicos que se mantenían impertérritos.

Mientras que mi abuela aprobaba de todas las diversiones inocentes para los niños, ella también quería enseñarnos las habilidades tradicionales de toda niña india. Por ejemplo, ella quería que nosotras aprendiéramos a cocinar. Mis hermanas, Ila y Menaka, mostraban talento culinario y se beneficiaban de sus lecciones, pero yo nunca pude aprender ni siquiera las bases rudimentarias de la gastronomía.

Casi toda familia india de la realeza tenía un gran amor por los deportes; nosotros mismos éramos deportistas aficionados, solíamos levantarnos al amanecer e ir a montar. A nuestro regreso, el lado del palacio de mi abuela estaba lleno de actividades, con las mucamas preparando todo para el día, mujeres esperando para una audiencia y un sin fin de preparativos llevándose a cabo. Solíamos entrar para decirle nuestros usuales "buenos días" antes de ir a nuestras habitaciones para las lecciones con nuestros tutores. Los pisos del departamento estaban cubiertos, según la forma tradicional de la India, con inmensas telas blancas. Teníamos que quitarnos los zapatos antes de entrar y todos, excepto mi abuela, se sentaban en el piso.

Mi recuerdo de ella en esos días es de cómo una mujer admirable, notable y un poco aterrante. Debe de haber sido hermosa cuando era joven. Incluso en ese entonces, y con mis ojos de niña, ella era hermosa e inmensamente solemne. No era alta, pero daba impresión de alteza debido a sus modismos reales. Pero tenía un buen y agrio sentido del humor.

Mi abuelo era una figura importante en nuestras vidas; recuerdo cómo sus ojos siempre reían. Solíamos montar con él durante las mañanas a lo largo de las cuatro millas del camino que rodeaba el palacio de Baroda. Era difícil mantenerse a su paso porque le gustaban los ejercicios vigorosos y su caballo favorito estaba especialmente entrenado para trotar muy rápido.

Cuando regresábamos al palacio, él pasaba el resto de la mañana trabajando en cosas bajo el encabezamiento de 'temas de estado'. A pesar de que yo no entendía los detalles en esos momentos, el gobernador de una provincia de India tenía funciones importantes y era un soberano real delante de su gente. Los británicos, mientras tomaban gradualmente un rol importante en la India durante el Siglo XIX, realizaron, con los diferentes príncipes, varios acuerdos acerca de la división de responsabilidades, a pesar de que esto fue desarrollándose con el tiempo. Uno de los puntos principales de todos los acuerdos era que los príncipes podían tener relaciones diplomáticas con otras potencias extranjeras solamente por medio del gobierno británico. Cada una de las provincias más importantes

—y Baroda era una de las más importantes—tenia a un 'residente británico', el cual era el representante del gobierno británico en la India. Las provincias tenían sus propios reglamentos, sus propios sistemas de justicia, sus propios impuestos y, en muchos casos, sus propias fuerzas militares para que así la gente de cada provincia pudiera mirar al príncipe, y no a otra persona, como la autoridad gubernamental en sus vidas. Mi abuelo tenía, por lo tanto, que acudir a congreso con sus ministros para así decidir muchas cosas que afectaban la vida de millones de personas.

De cualquier manera, yo lo conocí no como un gobernador sino como un abuelo. Una de mis conversaciones con él todavía sigue viva en mi memoria. Una noche había ido a despedirme de él. Él estaba, como todos los días a esa hora, en la sala de billares. Paró su juego y me dijo, con voz amigable, "Ah, veo que estás lista para ir a la cama. Espero que tengas dulces sueños".

Le expliqué que todavía no era tiempo de ir a dormir porque necesitaba meditar sobre todo lo que había ocurrido durante el día.

"No, no", me dijo, suave pero enfáticamente, "Si tú vas a la cama, debes de dormir. Si vas a leer, debes leer. Si vas a comer, debes comer. Y si vas a pensar, debes pensar. Nunca mezcles las distintas actividades. Nada bueno sale de todo eso; y lo que más, ni puedes disfrutar, ni puedes beneficiarte, de ninguna de esas actividades".

Luego, debido a que estaba jugando a los billares, regresó a la mesa y entregó de nuevo al juego toda su atención. Vivió de acuerdo al reloj toda su vida, e hizo todo con un orden estricto: se levantaba al amanecer, caminaba o montaba, trabajaba hasta el almuerzo, tomaba un descanso breve, trabajaba hasta la hora del té, se relajaba, trabajaba en las tardes, cenaba, leía. Siguió ese mismo horario durante cincuenta años.

Mi abuelo era conocido como el Gaekwar de Baroda. La mayoría de los príncipes de la India tenían títulos hereditarios como maharajá ('gran rey") o raja (simplemente 'gobernador" o "rey"), dependiendo del tamaño, importancia e historia de su provincia. Siempre supe que mi abuelo era una persona especial, pero fue solamente años más tarde, cuando supe todo acerca de sus antecedentes y éxitos, que me di cuenta de lo extraordinario que había sido.

Pasó los primeros doce años de su vida en una aldea alrededor de

Izquierda: Un atrio en el palacio de Baroda.
Arriba: La sala darbar en el palacio de Baroda.

Ma con su madre, la maharaní de Baroda.

doscientas millas al sur de la ciudad de Baroda. Su padre, un pariente lejano de la familia gobernante, era el jefe de la aldea y llevaba una vida modesta con las ganancias de la agricultura. Pero, cuando el gobernador anterior de Baroda fue despojado por los británicos debido a su mal gobierno, un miembro de la familia tuvo que ser elegido como su sucesor. Mi abuelo, junto con uno de sus hermanos y un primo, fue llevado a la capital de la provincia y presentado a la *dowager* maharaní de Baroda, la viuda del padre del gobernador destituido. Los británicos le pidieron que eligiera a uno de los muchachos para ser el nuevo gobernante y fue ella quién seleccionó a mi abuelo.

Como había crecido en una aldea donde un conocimiento profundo, necesario y práctico para trabajar en la agricultura era el único requerimiento, él no sabía leer y escribir, por lo tanto los primeros seis años desde su llegada al palacio fueron dedicados exclusivamente a su educación y costumbres, las cuales duraron toda su vida. Siempre se levantó a las seis de la mañana y se retiraba a su recámara a las diez y, con la única excepción de las dos horas para montar, una hora para juegos varios, descansos y comidas, su día entero era dedicado a su trabajo. Aprendió a leer y a escribir en cuatro idiomas: marathi, gujarati, el lenguaje de la mayoría de la población de Baroda, urdu y, por supuesto, inglés. India era todavía la "joya más brillante" de la corona del imperio británico, por lo que tuvo que estudiar la historia del Reino Unido como la de la India; aparte de esto, recibió bastante instrucción en las áreas de aritmética, geografía, química, economía política, filosofía, sánscrito y algo que su tutor llamaba "conversación sobre asuntos específicos", que supongo era algo necesario para hablar dentro de los círculos de la vida social de la realeza.

Es increíble, cuando pienso en todo esto, cómo dos personas que fueron criadas en un entorno tradicional, casados de forma tradicional arreglada por los adultos, pudieron llegar a ser líderes de cambio y reformas, favoreciendo ideas nuevas y liberales dentro de una sociedad ortodoxa. Mi abuelo entregó su vida a la modernización de la provincia de Baroda, construyendo colegios, universidades, bibliotecas y un excelente museo, y suministrando una administración justa y admirable. Tenia gran entusiasmo en todo, desde comisionar una traducción especial de *Alicia en el país de las Maravillas* al marathi, o trabajar por la emancipación de los derechos de la mujer hindú, hasta el punto de introducir en Baroda el concepto revolucionario de divorcio. (Mi madre solía embromar a mi abuela, impávida por su rectitud, de tener un esposo tan interesado en defender la causa de divorcio. Mi abuela trataba de verse solemne y ofendida, pero pronto se cubría con su hermosa y silenciosa risa, su cara retorcida, su cuerpo como una gelatina; ni siquiera un sonido saliendo de su boca.)

Mi abuelo tenia ideas particularmente fuertes acerca de las desigualdades y abusos que se desarrollaron dentro de la sociedad india y que estaban salvaguardados por el sistema de castas. Los hindúes nacen en una de cuatro castas, las cuales son, en orden descendiente, los *brahmins* (originalmente los sacerdotes y eruditos), los *kshatriyas* (guerreros y generalmente, como resultado de sus hazañas durante las conquistas o por sus éxitos, gobernadores y gran propietarios), *vaisyas* (usualmente gente de negocios, comerciantes y artesanos), y los *sudras* (usualmente los campesinos, aunque no todo campesino es un *sudra*). En un grupo separado, se hallaban aquellos hindúes que estaban excluidos de los beneficios religiosos y sociales del hinduismo, conocidos como los *intocables*. Ellos llevaban a cabo los trabajos domésticos más bajos —barrer las calles, limpiar los baños—por lo que se creía que ellos podían contaminar a los hindúes de casta.

Mahatma Gandhi, en su batalla por la aceptación de los *intocables* dentro de la sociedad hindú, actuó como su defensor, cambiándoles el nombre a *harijans* (queridos de Dios) e insistió en que se les permitiera la entrada a los templos de los cuales siempre fueron excluidos. Sus batallas legales fueron librada por uno de los hombres más brillantes de la política India, el Dr. Bhimrao Ramji Ambedkar, él mismo un *harijan*. El Dr. Ambedkar era uno de los protegidos de mi abuelo, favorecido y educado por él cuando éste era un niño sin dinero. Después de su larga campaña por el mejoramiento de su comunidad, el Dr. Ambedkar fue encomendado como presidente del comité que escribió la Constitución de la India.

Mi abuela tuvo un rol fuerte, aunque menos visible, en la vida de la provincia de Baroda. Podía verla tan sencilla durante las mañanas, tratando sus asuntos personales: eligiendo los saris, decidiendo sobre el largo de la seda o las telas de oro que las mucamas le mostraban, prestando atención a los cocineros con sus menús del día, dándole órdenes al sastre, preguntando

Mi madre, mi abuela de Baroda
y su acompañante inglesa.

acerca de los detalles domésticos, supervisando los quehaceres diarios de una casa enorme; y todavía tenía tiempo para escuchar los problemas de cualquiera de sus mucamas, ya sea acerca de la enfermedad de un niño o una disputa familiar por la herencia de una propiedad.

Esto era parte de las responsabilidades de la maharaní, al igual que las ocasiones ceremoniales, como cuando presidía *darbars* formales en los departamentos de las mujeres en el palacio de Baroda. Me acuerdo especialmente de la primera que vi, su *darbar* de cumpleaños. Todas las esposas y mujeres de la nobleza y de los grandes propietarios se reunieron, vistiendo sus más lujosas ropas y joyas para dar tributo a mi abuela. Ella estaba sentada en un *gaddi*, un trono de almohadones, y tenía puesto un sari hecho de tela color rosa de oro, doblado de la manera maratha, donde las tablas caen entre las piernas.

Junto con su deslumbrante sari, mi abuela vestía con todas las joyas tradicionales para la ocasión, incluyendo ajorcas para el pie con grandes diamantes y una plétora de anillos de diamantes en sus dedos de las manos y los pies. Las mujeres de la nobleza le cumplimentaban con la formalidad de hacer *namaskar* con sus manos y ofreciéndole una moneda de oro, signo de lealtad. Al final del pasillo había una orquesta de músicos y bailarines de Tanjore, del sur de la India. Como muchos príncipes indios, mi abuelo mantenía una orquesta en el palacio que siempre daba exhibiciones de la danza clásica del sur de la India llamada *Bharatanatyam*, cuando había una función importante. En tiempos festivos, toda la familia comía en *thals* de oro, mientras que el resto de la gente utilizaba *thals* de plata. (Esta diferencia siempre me desconcertaba.) Mi madre, la princesa Indira Gaekwar de Baroda, fue la única hija de estas dos personas extraordinarias. En virtud de sus ideas avanzadas en torno de la educación, ella fue una de las primeras princesas indias que asistió a la escuela y la universidad. También acompañó a sus padres en sus viajes a Inglaterra. Una de las primeras historias que sé de ella- y sus cuatro hermanos, todos pequeños y vestidos idénticamente con pantalones pijama en blanco, chaquetas de brocado y gorros bordados de oro, es de cuando los llevaron al palacio de Buckingham para presentarlos con la reina Victoria. Mientras estaban delante de ella, la anciana reina-emperatriz preguntó cuál de ellos era la niña pequeña. Cinco pares de ojos marrón oscuro la miraron y luego, porque les gustaba engañar a los adultos, uno de los niños paso al frente. Pero la subestimada reina Victoria, al presentir que algo andaba mal, caminó alrededor de ellos hacia el final de la fila de estos niños solemnes, y ahí vio la trenza negra que descubrió la identidad de mi madre.

Es difícil describir a mi madre sin caer en superlativos poco convincentes. Ella era, simplemente, la mujer más hermosa e intrigante que hemos conocido. Hasta ahora, después de haber viajado extensivamente y de haber conocido muchas bellezas famosas de todos los niveles de la sociedad, ella se mantiene en mi memoria como una combinación incomparable de ingenio, calidez y apariencia exquisita. Muchas veces la retrataron y fotografiaron, pero mientras que esas fotos muestran sólo su encanto físico: los ojos enormes, la bella estructura de su rostro, su boca un poco caída que hacía a uno querer hacerla sonreír, una figura pequeña y frágil, ninguna de estas fotos capta la vitalidad eléctrica que la convertía en el centro de atención donde fuera que estuviera. Su apasionante interés y preocupación por otros la hacían especial y próxima a todos. Era llamada "Ma", no solamente por nosotros pero por sus amigos y hasta por los campesinos de Kuch Bihar. De chica yo estaba fascinada con ella: por lo que era, por lo que hacía, por cómo vestía. Con ella, nada era aburrido y uno sentía que en cualquier momento cualquier cosa podía ocurrir.

Ella misma no se daba cuenta de la impresión que creaba en otras personas y esto, creo yo, era por el miedo que tenía su madre de que, durante su niñez, ella fuera consentida: como hija única, adorada por su padre, querida y protegida por sus hermanos. Si cualquier persona comentaba algo favorable acerca de la apariencia de mi madre, mi abuela inmediatamente contradecía la admiración con algún comentario de desaprobación, como "Su nariz es muy borujosa – mírenla" o "Su pelo no tiene ni un rizo".

Una vez mi madre me dijo que no tenía idea de que fuese siquiera un poco linda hasta que un día sus hermanos estaban hablando acerca de una niña atractiva que habían conocido. Viendo a su hermana un poco desanimada, uno de ellos dijo, con un gran entusiasmo de hermandad, "¿Sabes? Tú no estás nada mal." Por primera vez, ella realmente se miró en el espejo y pensó, "Bueno, tal vez él tenga razón. No estoy tan mal."

CAPÍTULO 2

El matrimonio de mis padres

En 1910, cuando mi madre tenía dieciocho años, mis abuelos le informaron que habían arreglado su matrimonio con el maharajá Scindia de Gwalior. Gwalior era, como Baroda, una de las provincias *maratha* más importantes de la India. Estaba en el Centro de la India, y el maharajá, que tenía cuarenta años, era amigo de mi abuelo. El ya tenía una esposa, pero ella no le dio hijos y él quería muchísimo tener hijos. En 1909 él fue a Londres por una temporada y ahí conoció a mi madre, la cual ya impactaba a la sociedad eduardiana con su belleza y vivacidad. Cuando éste regresó a la India, comenzó las negociaciones de matrimonio con mi abuelo. Los astrólogos fueron consultados, los horóscopos comparados, los días de buen augurio establecidos y, finalmente, la propuesta de matrimonio fue aceptada.

Mi madre, con sus buenos ánimos de siempre, consintió sin revelarse o protestar que los mayores decidieran sobre su vida. Los matrimonios arreglados eran, y siguen siendo, una parte tan aceptada de la sociedad india, que la noción de casarse por amor se considera como una idea occidental un poco sospechosa y peligrosa y en la cual no hay que confiar, especialmente las personas jóvenes. Claramente los padres saben qué es lo mejor para sus hijos, particularmente en lo que se refiere al matrimonio, el cual no tiene que basarse en algo tan efímero y poco razonable como el romance. Por consiguiente, mis abuelos nunca consultaron a su hija acerca de la propuesta de matrimonio, sino que simplemente le hablaron de la apropiada persona de dinastía que habían arreglado para ella. Luego, como parte del proceso, mi abuela comenzó su ajuar, a comprar prendas, ropa blanca y su colección de joyas para la boda. Todavía tengo la ropa blanca que ella compró en la tienda de ropa de *Givani* de Irlanda, todas con un bordado hermoso con las iniciales 'IS' de Indira Scindia. Scindia era el nombre de la familia de los gobernadores de Gwalior, como Gaekwar era el de los gobernadores de Baroda.

Mi madre me dijo que antes de que ella conociera y se enamorara de mi padre, estaba triste por su boda con una persona de Gwalior. El maharajá era un hombre simpático, pero era veinte años mayor que ella y se sabía que era muy conservador. Ella tenía miedo de que, después del matrimonio, tuviera que vivir toda su vida dentro del gran palacio de Gwalior, bajo la forma más severa y limitada del *purdah*, acompañada únicamente de mujeres y sin ver a más hombre más que a su esposo. Le dijeron que su reclusión sería tan absoluta que raramente podría ver a sus propios hermanos, a quienes adoraba. No es sorprendente que, para una niña de dieciocho años educada y que había viajado por todo el mundo, esta propuesta no fuera aceptable. Bajo esta incertidumbre y estado mental no muy felíz fue que ella decidió acompañar a sus padres al *darbar* de Delhi en 1911, donde todos los príncipes y gobernadores de la India venían a ofrecer oficialmente su alianza con la corona británica.

El darbar de Delhi era, al decir de todos, uno de los espectáculos más lujosas e imponentes del reinado británico. Fue establecido para coronar al rey Jorge V, el primer monarca británico que vino a la India como rey-emperador, y para marcar la transferencia de la capital India de Calcuta, la cual había sido seleccionada por la *East India Company*, a Delhi, la capital tradicional e histórica de la India. Un gran anfiteatro había sido construido especialmente para esta ocasión y más de noventa mil personas lo habían llenado. Acompañados por sus parientes y miembros de la nobleza, todos los príncipes indios atendieron la celebración y se sentaron en el círculo interno, vestidos con sus mejores trajes ceremoniales de tela de oro, cubiertos con las joyas más finas y portando espadas con esmalte y piedras preciosas. Cada maharajá vestía las piedras preciosas más famosas del tesoro de su provincia; el maharajá de Patiala sus diamantes, el maharajá de Gwalior con sus perlas. Hasta mi abuelo, quien era reconocido por su austeridad, vestía alrededor de su cuello las magníficas perlas de Baroda.

En el momento más intenso del *darbar*, mi abuelo fue acusado de insultar al rey-emperador dándole la espalda al trono. El incidente fue noticia de primera plana, con los periódicos de Londres imprimiendo cosas insólitas sobre la 'deslealtad' y 'sedición' de Baroda, acusándolo de todo tipo de traición. En realidad, todo lo que pasó fue que él subió al trono a ofrecer formalmente su alianza al rey sin saber cuál era el procedimiento correcto a seguir. Por alguna razón, él no pudo asistir la noche anterior al

ensayo general y tampoco pudo advertir el procedimiento seguido por el
príncipe delante de él, el *nizam* de Hyderabad. Entonces, cuando llegó su
turno, caminó hacia el trono, hizo reverencia y luego trató de alejarse del
trono. No recordaba donde estaba la salida y mientras buscaba a alguien que
lo dirigiera, dio la impresión de que le daba la espalda al rey-emperador.
Aparentemente, él también tendría que haber dado reverencia tres veces
en lugar de una sola vez.

Este incidente causó muchos problemas con los británicos,
mientras que mi abuelo se convirtió inmediatamente en un héroe para
los nacionalistas indios, para quienes el movimiento de independencia, o
por lo menos el status de feudo de la India, comenzaba a tomar ímpetu.
Años después como niños en Calcuta y Darjeeling, nos comportábamos
con gran honor cuando nuestros amigos, con conocimiento de política,
incluían al *gaekwar* de Baroda como uno de los primeros indios en mostrar
el deseo de tener una India independiente. Pero a pesar de que mi abuelo
era un defensor de la independencia, era muy amable como para insultar
deliberadamente al rey-emperador.

El darbar duró varias semanas y durante ese tiempo Delhi era
un lugar con fiestas constantes: juegos de polo, fiestas en jardines, fiestas
'purdah' de mujeres y todo tipo de entretenimiento formal e informal.
Nueva Delhi, aparte de los edificios gubernamentales, no estaba terminada
y todos, desde el rey-emperador hacia abajo, vivían en campamentos,
pero increíblemente lujosos, con carpas enormes y entoldadas, con
muebles elegantes y rodeados de jardines hermosos y calles perfectamente
trazadas. Cada familia real tenía su propio campamento con su comitiva
de cortesanos, asistentes y sirvientes, y había muchas visitas entre unos y
otros. Mi madre había conocido, durante un tiempo corto en la escuela
en Eastbourne, a las jóvenes princesas de Kuch Bihar, las hermanas del
maharajá. Ahora, en medio de una atmósfera de fiesta del *darbar* de Delhi,
ella pasaba más y más tiempo en el campamento de Kuch Bihar que con
sus hermanos.

Mis abuelos no sabían que ella y el hermano menor del maharajá
estaban rápidamente enamorándose.

Mientras los campamentos en Delhi se cerraban y las familias reales
regresaban a sus provincias, mi madre, sin decirle a sus padres, escribió

Mi madre

una carta al maharajá de Gwalior diciéndole que no se quería casar con él. Ella regresó con sus padres a Baroda, donde las preparaciones para la boda estaban ya en proceso. Arcos de bienvenida para el novio estaban en las calles; se habían hecho arreglos para acomodar a los cientos de miembros familiares de Gwalior; al fin y al cabo, mi madre era la única princesa de Baroda, por lo que su mano sería dada en matrimonio de la forma más grandiosa.

En medio de toda la excitación, mi abuelo recibió un telegrama del maharajá de Gwalior: "¿QUÉ QUIERE DECIR LA PRINCESA CON ESTA CARTA?"

Llamaron de inmediato a mi madre, quien confesó lo que había hecho. Mis abuelos estaban estupefactos. En la India, un compromiso no se podía romper fácilmente. Se le considera como vínculo, tanto como el matrimonio mismo, y la ceremonia de bodas es solamente la etapa final de la formalización de la alianza que toma lugar en el momento de la ceremonia de compromiso antes del matrimonio.

El impacto de la acción de mi madre fue tremendo y difundido. Produjo especulaciones en Baroda y Gwalior, pero sobre todo, creó un chisme escandaloso a través de las provincias reales de la India, basado en que una alianza entre las dos familias marathas más importantes había sido roto por el capricho de una niña. Nunca se había escuchado algo semejante.

En todo el alboroto, las conversaciones y las confusas y conflictivas historias, los sentimientos de mi madre habían sido ignorados. Durante charlas rígidas y espantosas con su madre, ella se sentía muy mal, despreciable, tan desleal por haber ofendido a su propia familia, que solamente el afecto y soporte de sus hermanos le procuraron una noción de las dimensiones del asunto y le infundieron fuerzas y valor para seguir con su decisión. Sobre todo, después de una carta como la que ella había escrito, era seguro que no habría alguna otra una propuesta de matrimonio.

El maharajá de Gwalior escribió una carta compasiva a mi abuelo, diciéndole que no estaba ofendido con lo que mi madre había hecho y me alegra decir que con el tiempo encontró una segunda esposa que le dio dos hijos, de nombre Jorge (George) y María (Mary) dando tributo al rey y la reina del Reino Unido, sus padrinos.

Mi padre

La sala darbar en el palacio de Kuch Bihar

El palacio de Kuch Bihar

En Baroda, el permiso que mi madre pidió para casarse con el príncipe de Kuch Bihar en vez del maharajá de Gwalior se enfrentó a una rígida oposición. No era simplemente porque Kuch Bihar era un lugar más pequeño y menos importante que Baroda, o que la familia real de Kuch Bihar era de una casta distinta y no parte del orgulloso grupo maratha. La oposición tampoco era porque el príncipe era el hijo menor y, en el curso normal de los eventos, éste no heredaría el trono. La oposición era porque la familia de Kuch Bihar tenía creencias occidentales, a las cuales mis abuelos se oponían. Mantenían una vida puramente 'social', mezclados con la sociedad eduardiana y entreteniendo, en su casa de Kuch Bihar, a una plétora de invitados del occidente, desde la realeza hacia abajo. En 1911 tenían en la India una reputación de ser heterodoxos y con comportamientos liberales que no estaban de acuerdo con la ideología severa de mi abuelo de Baroda.

Habían impuesto todo tipo de presiones para que mi madre se olvidara de él. No le permitieron ver al príncipe, o que se comunicara con él, y tuvo desde entonces más chaperones que lo usual. Pero ella heredó la independencia y valor del carácter de mi abuela; además, estaba enamorada. Durante dos años, ella pudo mantener, en secreto, correspondencia con el príncipe y hasta puedo eludir las miradas de los adultos para tener reuniones clandestinas con él, usualmente en Londres, donde mis abuelos pasaban la mayor parte del verano y a donde el príncipe la seguía. En 1968, cuando yo revisaba los papeles de mi madre después de su muerte, descubrí algunas cartas de ese entonces. Las cartas de mi padre estaban dirigidas a una serie de nombres como "Mrs. Miele Brooke, Poste Restante, Fernhill, Utacamund" (un lugar de veraneo en las montañas donde mis abuelos tenían una casa) o "Mrs. Sylvia Workman." Estas cartas están llenas de descripciones de la fabulosa vida en Kuch Bihar y de las festividades de invierno en Calcuta, la primavera en Darjeeling, las diversiones alegres, los bailes, las fiestas con vestidos elegantes, las visitas del equipo de polo, los partidos de criquet, y las cacerías. Mi abuelo no hubiese estado contento si las hubiese visto.

El desacuerdo no parecía llegar a su fin. Mi madre seguía insistiendo en que se casaría con mi padre y no con otra persona, mientras que mis abuelos seguían oponiéndose a tal unión. Finalmente, en la primavera de

1913, cuando mi madre y sus padres estaban camino a Londres vía Bombay, llamaron a palacio al príncipe de Kuch Bihar y lo recibieron en la sala *darbar* con una formalidad muy rígida; mi abuelo sentado con el primer ministro a su lado izquierdo y el residente británico a su derecha, mientras que mi abuela observaba desde un pasillo en la planta alta sin que la vieran. Le informaron al príncipe de una manera muy firme que no se le permitiría, en ninguna circunstancia, casarse con mi madre y que sacara esa idea de su cabeza para siempre. Al final de la entrevista, el príncipe dejó el palacio de Bombay sintiendo que la situación no tenía remedio.

Pero, de hecho, la resistencia de mis abuelos estaba llegando a su fin y la entrevista en Bombay marcó la posición final. Cuando llegaron al Reino Unido, ya sea por el desafió constante de mi madre, o la intuición de mis abuelos, o por rumores, ellos sospechaban que mi madre dejaría su hogar. Entonces tristemente decidieron que en vez de enfrentarse con un escándalo aún más grande, bajarían sus resistencias y aceptarían el matrimonio. Pero ellos rehusaron, solamente por principio, a tomar parte en los preparativos para el casamiento.

Para el casamiento, hicieron salir a su hija desde la casa de un amigo de mi abuelo, Sir Mizra Ali Baig, en Londres. Uno de sus hijos, Rashid Ali Baig, en su autobiografía describe el impacto que mi madre tuvo en sus vidas.

Puedo recordar bien la sensación que ella causó. era poca la gente de la India en Inglaterra y el sari era suficientemente extraño como para llamar la atención considerablemente. Indira Devi, en cualquier caso, atraía más que atención, ya que catalogar su belleza como encantadora no significa usar lugares comunes. Los reporteros corrieron a nuestra casa, tomaron un sin fin de fotografías y nosotros, los niños pequeños, vivíamos en una gloriosa neblina. El matrimonio era la gran noticia de la temporada. Cada periódico le otorgó una página completa y por un largo tiempo mantuvimos un archivo con los recortes, los cuales utilizábamos para recordar nostálgicamente este evento.

Finalmente, en julio de 1913, mis padres se casaron en Londres. La acompañante inglesa de mi madre, una tal Miss Tottenham, y un abogado actuaron como *loco parentis*. Mi abuelo les mandó un telegrama el día de la boda deseándoles felicidad, pero de mi abuela no se escuchó ni una sola palabra. La única condición que mi abuelo le puso a mi padre fue que si éste llegase a ser maharajá de Kuch Bihar, mi madre tenía que recibir una pensión personal de cien mil rupias.

La última petición, con lágrimas, de mi madre a mi abuela para la bendición del matrimonio y perdón no recibió respuesta. Pero, de acuerdo a Miss Tottenham, en cuanto mi madre dejó la recámara, mi abuela comenzó a llorar sin consuelo. Aun así, ella rehusó darle la bendición a mi madre, o comunicarse con ella durante los próximos dos años. No fue sino hasta antes de que mi hermana mayor Ila naciese en 1914, cuando mi madre estuvo muy enferma, que mi abuela cedió. Ella restableció contacto amigable con mi madre de una forma peculiar, mandándole a Kuch Bihar un cocinero maratha para que la proveyera de las comidas especiales de Baroda que seguro su hija extrañaría.

Casi al mismo tiempo que el casamiento de mis padres tuvo lugar, otro romance dentro de la familia de Kuch Bihar terminaba en tragedia. El hermano mayor de mi padre, Raj Rajendra Narayan, el maharajá de Kuch Bihar, se enamoró de una actriz inglesa, Edna May, pero su familia se opuso a darle permiso para casarse con ella. Dos años antes, él prometió que si persistían con oponerse a su casamiento, él buscaría la muerte. Hacia 1913, él estaba muy enfermo. Tres semanas después del matrimonio de mis padres, mi tío, Raj Rajendra Narayan falleció. Mi padre, como el mayor de los tres hermanos sobrevivientes, lo sucedió al trono como maharajá de Kuch Bihar.

CAPÍTULO 3

Los hijos del nuevo maharajá

Con la noticia de la muerte de mi tío, mis padres tuvieron que acortar su luna de miel en Europa. Regresaron a la India y fueron a 'Woodlands', la casa de Kuch Bihar en Calcuta, la capital de Bengal, la provincia indo-británica. Ma solía decirnos que cuando ella llegó a 'Woodlands' y escuchó las notas largas y misteriosas de las caracolas que estaban tocando los criados del palacio, ella pensó que era un sonido de algún tipo de instrumento que se tocaba debido a la muerte de mi tío. Más tarde ella descubrió que ésta era la forma de recibir a la novia en Bengal.

Después de una pequeña visita en Calcuta, mis padres viajaron hacia el norte a Kuch Bihar, casi a los pies de los Himalayas. La provincia donde mi padre tenia que gobernar era conocida como Koch Behar, "la morada de la gente de Koch". El origen de la gente de Koch todavía se encuentra en controversia. En tiempos antiguos, los territorios de Kuch Bihar y Bután eran parte del gran reino de Kamrup. Cuando este reinado se disolvió, un número de pequeños principados se formaron con gobernadores independientes y el pueblo Koch fundó un nuevo reinado. . Sus reyes reclamaban que su parentesco venía de un linaje antiguo y celestial. La leyenda dice que el dios Shiva se enamoró de la esposa del jefe de la tribu Koch y como resultado de esta unión nació un niño llamado Biswa Singh. El relato histórico y más prosaico cuenta que el reinado fue fundado en 1510 por el jefe Chandan y que lo sucedió en el trono su primo, Biswa Singh. Ambas historias cuentan que Biswa Singh era un gran conquistador, quien trajo bajo su reinado todo el territorio desde el Río Karatoya al oeste hasta Barnadi al este.

Los reyes que lo sucedieron al trono continuaron esta bélica tradición, conquistando todos los países vecinos hacia el este y el sur. En los años siguientes, el reino de los Koch fue gradualmente perdiendo sus posesiones, a causa de enemistades internas, hasta que solamente la provincia de Kuch Bihar se mantuvo bajo una posesión precaria de los descendientes de Biswa Singh.

Al final del siglo XVIII, tuvo lugar un evento que cambió totalmente el status de Kuch Bihar: Los bhutaneses capturaron al gobernador maharajá. Inmediatamente, su maharaní recurrió al gobernador de Bengal, Warren Hastings, quien la ayudó pero solamente bajo condiciones rigurosas y trascendentales.

India en esos momentos no estaba bajo autoridad directa de la corona británica. La mayor parte del país estaba controlado por una mezcla curiosa de gobierno, comercio y presencia militar conocida como la *East India Company*. Entonces, el precio que los británicos fijaron para ayudar a liberar al maharajá significaba aceptar un tratado con la *East India Company*. Este tratado tiene fecha del 5 de abril de 1773 y bajo sus términos, Kuch Bihar aceptaría la protección de la *Company* y prometería que la provincia produciría mas de la mitad de sus ingresos anuales. Este monto fue mas tarde estipulado en 67,700 rupias. Al siguiente año, luego de que Warren Hastings pudo, con la intervención del Dalai Lama de Tibet, establecer un tratado con Bután, el maharajá fue puesto en libertad.

Las conexiones entre Kuch Bihar y los británicos crecieron cada vez más y se hicieron más diversas. Debido a su ubicación geográfica, Kuch Bihar estaba constantemente involucrado en las estrategias de expansión y las intrigas políticas de Bután, Sikkim y Assam, quienes, a su vez, estaban involucrados con Nepal y Tibet. Era importante para los británicos afianzarse en esta área de importancia estratégica y cuando la vida en la provincia se complicó debido a las constantes discordias familiares, eventualmente en 1788, un Residente Británico fue asignado para mantener el orden.

La presencia de los británicos se estableció en Kuch Bihar. Casi un siglo más tarde, cuando mi abuelo de Kuch Bihar subió al trono a la edad de 10 meses, un Comisionado Británico fue nombrado para dirigir directamente la provincia durante los años de minoría del gobernador. Los británicos también se encargaron de la educación de mi abuelo. Él mostró grandes resultados en sus estudios en la India y cuando tenia dieciséis años, sus protectores decidieron mandarlo a Inglaterra para que se beneficiara de lo que en ese tiempo era la mejor educación que éste pudiera recibir.

Con respecto a esto, encontraron con una gran oposición por parte de la abuela y la madre del niño. Daban por sentado que cualquier hombre joven que gozara de libertad en una sociedad occidental en decadencia acabaría mal. Peor que esto, él tenía que cruzar las 'Aguas Negras', lo cual le haría perder su casta y contaminarse según las creencias de los hindúes ortodoxos. Después de mucha persuasión, las mujeres del palacio lo dejaron ir, pero sólo con la condición de que se casara antes de viajar al extranjero. Esto, ellas pensaban, lo protegería de las tentaciones de la vida europea y de los ardides de las mujeres extranjeras.

Los oficiales del gobierno británico, poco dispuestos a aceptar este mandato, estaban ansiosos de que él desposara una muchacha culta que lo ayudara en vez de estorbarle cuando él asumiera todas las responsabilidades como maharajá. por consiguiente, y bajo sus auspicios, se casó con una educada muchacha bengalí de antecedentes liberales, fuera de la descendencia real pero hermosa, simpática y por completo apta para convertirse en maharaní. Ella era Suniti Devi, la hija de Keshub Chandra Sen, líder del Brahmo Samaj.

Yo nunca conocí a mi abuelo de Kuch Bihar ya que él falleció muchos años antes de que yo naciera; pero mi abuela, Suniti Devi, fue una presencia afectiva y gentil durante todos los años de mi niñez. Fuera de la provincia, ella trabajó diligentemente para promover la emancipación de la mujer en Bengal, pero por alguna razón no intentó poner fin al *purdah* en Kuch Bihar. A pesar de que se movía libremente durante sus visitas a Calcuta y otras partes de la India, en Kuch Bihar ella vivía en la *zenana* , donde ninguna de las otras mujeres llegaban a ver ni siquiera la entrada al palacio.

Fue solamente una generación mas tarde, cuando mi madre llegó a Kuch Bihar en un auto convertible que el *purdah* terminó repentinamente; excepto, por supuesto, en las habitaciones de billar.

Después de que mi padre ascendió al trono, mis padres comenzaron una vida dividida entre Kuch Bihar, Calcuta y Darjeeling al pie de los Himalayas e iniciaron una familia. Mi hermana Ila nació en Calcuta en 1914. Mi hermano nació un año después de Ila, en Kuch Bihar. Hubo gran festividad con el nacimiento de mi hermano ya que la provincia

Yo de bebé

Yo a la edad de dos años en Kuch Bihar

tenía ahora a un heredero. Su nombre era Jagaddipendra Narayan, pero mi hermana lo llamaba Bhaiya, lo cual significa hermano, y este nombre quedo con él durante toda su vida. En 1918, nació mi segundo hermano, Indrajitendra Narayan, en Puna, un pueblo a los pies de los *Ghats* del oeste y lugar donde durante el tiempo caluroso se hospedaba el gobierno de la provincia de Bombay. Mis abuelos de Baroda también estaban en Puna durante la temporada famosa de carreras, y aquí fue donde la reconciliación final entre ellos y mi madre tuvo lugar.

En cuanto la Gran Guerra terminó, mis padres decidieron tomar unas largas vacaciones en Europa y navegar de regreso a Inglaterra con sus tres pequeños hijos. Poco después de su llegada a Londres, nací yo, el 23 de mayo de 1919, alrededor de las ocho de la mañana. La hora es importante, porque de acuerdo a las tradiciones de la India, una de las primeras cosas que se tienen que hacer después del nacimiento de un hijo es su horóscopo. Los *pandits* tuvieron que hacer un ajuste en los cálculos para tomar en cuenta el tiempo de verano en el Reino Unido. Nunca supe lo que mi horóscopo decía, excepto que la letra inicial más favorable para mi nombre era la letra 'G', entonces me llamaron Gayatri, que es un canto religioso de primer orden. Pero en los últimos días de su embarazo, mi madre estuvo leyendo una novela de Rider Haggard titulada *Ella* (*She*), y ya había decidido que si yo era niña me iba llamar Ayesha, como la heroína del libro. Fue solamente cuando sus amigos musulmanes la vinieron a visitar unos días después de que yo naciera, que con tono sorprendente le informaron que Ayesha es un nombre musulmán que pertenece a la novena y favorita esposa del profeta Mahoma. Para ese entonces, toda la familia se había acostumbrado a llamarme por ese nombre y le tomaron cariño, así que Gayatri es mi nombre oficial, pero Ayesha sigue siendo el nombre que usan mis amigos. El servicio inglés de mis padres complicó más la situación cuando decidieron que Gayatri era imposible de pronunciar, entonces ya que yo había nacido en mayo, me llamaban Princesa May. Un año después nació mi hermana menor, Menaka, haciéndonos un total de 7 personas: mis padres, dos hijos y tres hijas.

Mi niñez produjo las historias comunes que forman parte de las memorias compartidas de una familia. Pocas de ellas valen la pena repetir;

De arriba (izquierda) Bhaiya, Ila, (centro) yo,
Indrajit y Menaka (abajo izquierda y derecha)

de cualquier manera, no sé cuáles de ellas de verdad recuerdo y cuáles sólo parecen reales y familiares únicamente por su repetición constante. Mi primera recuerdo nítido es de la casa que alquilamos un verano en la campiña en Inglaterra, y de mi padre barriendo las piedras de la calle con su Rolls Royce. Más tarde ese año, cuando nos mudamos a Londres a una casa justo enfrente de Harrods, descubrí rápidamente cómo escabullirme de la casa e ir al departamento de juguetes de Harrods sin que me vieran las enfermeras o tutores. Esto no era, realmente, algo difícil de hacer ya que mi padre padecía pulmonía y toda la atención de la casa estaba concentrada en él. Yo tenía apenas tres años y el por qué de que el gerente de Harrods, el Sr.. Jefferson, no me mandó de regreso a casa, nunca lo entenderé. Al contrario, deferentemente de pie en su traje de cola negro, aceptaba mis órdenes e instrucciones, que imitaba de mi madre, para poner todas las compras bajo "la cuenta de la princesa Gayatri Devi de Kuch Bihar."

La primera vez ordené, aparte de para mí, una versión colosal de lo que los ingleses llaman un triquitraque, un cilindro de papel largo que, cuando se abre, hace ruido y larga muchos regalos chiquitos: sombreros de papel, pendientes chiquitos, autos miniatura y demás. El triquitraque era para Bhaiya, a quien yo adoraba. Para Ila, quien siempre me embromaba, le compre un paquete de alfileres. Toda la ejecución era, para un niño, un sueño hecho realidad y después de mi primer éxito, visité Harrods todos los días, durante los siguientes días.

Un ADC, uno de los edecanes (usualmente un oficial joven del ejército), parte de cualquier comitiva del principado, solía llevarnos a caminar cuando nuestra institutriz estaba en sus horas libre y no podía entender por qué yo me rehusaba a caminar mas allá de la entrada al negocio. Cuando trataba de hacerme caminar hasta el lado de Hyde Park en Knightsbridge, yo me acostaba en la acera y gritaba, atrayendo a una multitud de transeúntes que evidentemente sospechaban que éste me maltrataba. No descubrieron mis salidas de compras sino hasta que nuestra institutriz inglesa le expresó a mi madre que ella nos estaba dando muchos regalos y que íbamos a estar totalmente mimados. Después de un poco de investigación, se descubrió la verdad. Todavía recuerdo la voz un poco ronca y engañosamente dulce de mi madre diciendo en el teléfono,

"Pero, *ciertamente*, Mr. Jefferson, ¿usted no tomó en serio las órdenes de Ayesha?"

Otra de mis primeras memorias es cuando una tarde espié en el comedor y vi una mesa suntuosamente adornada con oro, plata, cristal y flores toda lista para una de las fiestas de mis padres. La comida en esta ocasión sería a todas luces india, pues nunca olvidaré cómo Bhaiya, que había venido conmigo, me entregó una cosa verde y brillante, diciendo que era un dulce y que me lo comiera entero. Ese fue mi primer chile y cuando la sensación de quemarme la boca llegó a su fin, grite y grite. Bhaiya, temeroso de que lo reprendieran, puso su mano sobre mi boca para que nadie me escuchara.

Para este entonces la salud de mi padre estaba bastante deteriorada y mi madre estaba naturalmente deseosa de mantener la casa lo mas callada posible. Bhaiya e Ila eran ya suficientemente grandes para tomar lecciones diarias con nuestras primeras institutrices Miss Hobart y Miss Oliphant; pero Indrajit, que era muy pícaro, solía pasar sus días metiéndose en más de una docena de líos. Durante nuestros descansos en la tarde, él solía desatar uno de los turbantes de nuestro padre por la ventana en el piso de arriba de la casa y dejarlo colgar sobre la calle con la esperanza, como él explicó mas adelante, de que algún niño pequeño subiera a jugar con él. Una tarde tuvo éxito en atraer a un grupo de personas de los que trataba de persuadir para que alguno de ellos subiera a jugar, pero uno de los sirvientes vio los metros de seda brillante colgando enfrente de la ventana del comedor.

No es sorprendente que después de varios incidentes de esta naturaleza, mi madre sintiera que era imposible manejar a un esposo enfermo y cinco niños pequeños bajo un mismo techo, por lo que hizo arreglos para que Indrajit, Menaka y yo regresáramos a la India con Miss Oliphant, mientras que Ila y Bhaiya se quedarían en Londres. Pero, típico de ella, mi madre cambió de opinión a último minuto y me dejó a mí con ella. Ella pensaba que una casa sin niños pequeños resultaría muy triste y depresiva. Escuchando uno de los comentarios de los sirvientes, yo lo repetí con importancia a Ma, "Es ridículo dejar a la princesa May aquí." Ma, que sabia muy bien que yo no entendía el significado de la palabra

Mi padre con sus hijos, Inglaterra (en los años 1920)

Mis padres con sus hijos, Inglaterra (en los años 1920)

'ridículo', simplemente me pregunto gentilmente, "¿Quién dijo que es ridículo?" Ella siempre quería saber, y conseguía la información, de una manera u otra, de lo que pasaba exactamente debajo de las escaleras o en el cuarto de los niños, cuál era el ánimo del servicio y cuáles críticas o aprobaciones se expresaban.

Casi no recuerdo a mi padre. Tengo una sola imagen mental de él, de pie frente a la chimenea en el comedor en Hans Place. Tenía puesto un traje de vestir y un vaso de whisky en su mano. Era muy alto —casi todos los hombres en la familia de Kuch Bihar medían más de seis pies de altura— y extremadamente guapo. Solía bromear con mi madre, que era muy baja de estatura, diciéndole que ahora que ella había introducido en la familia 'la chaparra sangre de Maratha', los hombres de Kuch Bihar ya no serían los mismos. Más tarde, cuando mis hermanos eran adultos y con mas de seis pies de altura, recuerdo a mi madre decir que le hubiese gustado que nuestro padre estuviera todavía vivo para ver cómo ella había engendrado dos personas de seis pies de altura.

Antes de que mi padre se enfermara, había sido un gran jugador de fútbol y polo, como también un músico con talento que podía ir a conciertos y luego al regresar a casa podía tocar bien, de oído, cualquiera de las piezas que había escuchado. Lamentablemente, ninguno de nosotros heredamos su don musical, a pesar de que llegó a enseñarme mi primera canción "K-K-K-Katy", la cual evidentemente requería de mucha concentración, por lo que por un tiempo desarrollé un tartamudeo.

Le gustaban mucho los niños y en Kuch Bihar solía manejar por la ciudad en su auto recogiendo niños de la calle y llevándolos al palacio. Ahí, les enseñaría canciones, se reían juntos y les contaba chistes, y les daba dulces antes de llevarlos otra vez a sus casas. Creo que era como un tipo de príncipe de cuento de hadas, guapo y lleno de cariño, impulsivo, generoso y una gran compañía.

Su horóscopo había predicho que si llegaba a vivir más de treinta y seis años, podría lograr grandes cosas. Falleció el 20 de diciembre de 1922, el día de su cumpleaños número treinta y seis. Él y mi madre habían estado casados por nueve años y ella tenía, en ese momento, solamente treinta años.

Dejamos Inglaterra unas semanas después, llevándonos sus cenizas para sumergirlas en el Ganges, de acuerdo con las tradiciones hindúes. Recuerdo muy poco sobre nuestro viaje de regreso a casa. Tengo una reminiscencia vaga de estar molestando a otros pasajeros para que escribiesen cartas por mí y luego tirarlas al mar, diciéndole al mar que las llevara de regreso a Inglaterra. También tengo memorias confusas de mi madre, vestida totalmente de blanco, llorando muchísimo y encerrándose en su camarote.

CAPÍTULO 4

La vida familiar en Kuch Bihar

Las circunstancias casi no le permitían a mi madre estar de luto en soledad por tiempo extendido. Ella tenía mucho que hacer. Apenas regresó a Kuch Bihar, Bhaiya, en ese entonces de siete años de edad, fue coronado maharajá. Mi madre hizo todos los arreglos correspondientes para ambas celebraciones de coronación, la religiosa y la civil, y le ayudó a Bhaiya en su rol con las varias actividades. Él tenia, dentro de otras cosas, que aprender de memoria un pequeño discurso en respuesta a las palabras del residente británico. Ma estuvo muy orgullosa de que él pudiera presentar su discurso sin problemas. Enseguida, ella tuvo que comenzar a tomar responsabilidades más grandes.

Al virrey Lord Reading, como representante del rey en la India, le parecía necesario consultar con el gobierno indo-británico de Bengala y el gobierno de la provincia de Kuch Bihar para poder asignar a un regente y un consejero porque Bhaiya era menor de edad. Usualmente un miembro de la familia real del maharajá era elegido como regente, por lo que el virrey le pidió a mi madre que eligiera a esta persona. A pesar de que muchas princesas indias vivían estrictamente bajo el *purdah*, no era fuera de lo normal elegir a una mujer como regente. Asimismo, hubo varios casos a través de la historia de la India en donde las mujeres han gobernado o han sido regentes. La madre del maharajá Ram Singh de Jaipur y mi propia bisabuela en Kuch Bihar, a pesar de haber estado bajo un estricto *purdah* y de no haber visto la cara de los hombres a los que prestaban consejos, eran consultadas por los representantes de la corona británica acerca de asuntos de gobierno. La provincia de Bhopal también ha sido gobernada por una *begum* (dama), la cual siempre aparecía con velos hasta cuando presentaba discursos o presidía reuniones. Similarmente, en los años de la década de 1890, cuando el joven maharajá de Gwalior se convirtió en gobernador, su madre fue su exitoso regente; el residente británico solía consultarla casi diariamente a través de una pantalla situada en los patios del palacio.

Después de que todas estas ceremonias habían terminado, comenzábamos nuevamente nuestra vida familiar. Yo quería mucho el pueblo de Kuch Bihar. Era hermoso y muy acogedor. Las casas eran principalmente de bambú y paja ya que no había ninguna roca local que se pudiera utilizar. Estaban instaladas sobre columnas para protegerse así de las inundaciones del monzón y sus techos eestaban cubiertos con grandes penachos de hibiscos color escarlatina. Las grandes calles de piedras rojas estaban alineadas con palmeras y a través de la ciudad había jardines con pequeños templos blancos, los cuales se reflejaban en las aguas limpias de sus tantos lagos oblongos donde los rituales diarios de purificación tomaban lugar antes de presentarse ante Dios. En el centro de la ciudad estaba el tanque más grande llamado Sagar Diggi, el cual estaba rodeado de árboles, parques y bancas para el publico. A su alrededor se hallaban las oficinas gubernamentales, todas pintadas de blanco; la tesorería, la casa del consejo con la estatua de mi abuelo en el frente. Estos edificios, y la casa del virrey, eran las únicas construidas con ladrillos. En esos tiempos ya había algunos automóviles en el pueblo: el nuestro y otros dos pertenecientes al residente británico y al doctor del pueblo; pero las bicicletas, las cuales parecían multiplicarse en la India casi tan rápidamente como su población, estaban llenando las calles junto con los carros de bueyes y los de caballos.

Un poco afuera del pueblo estaba nuestro palacio, un largo edificio construido con ladrillos con grandes alas que comenzaban desde el centro del *darbar*, o la sala de audiencia. Fue diseñado en 1870 por un arquitecto inglés que ganó gran reputación dentro del circulo de príncipes indios gracias a sus diseños de palacios estéticos y espaciales, lo cual los adaptaba al clima riguroso de la India. Los maharajaes de Kolhapur, Panna, Mysore y Baroda contrataron al talentoso arquitecto para que les diera a sus respectivos palacios grandeza y comodidad a la vez.

El palacio de Kuch Bihar, a pesar de haber sido destruido en parte por el terremoto de 1896, es aún bastante grande y, desde afuera de sus paredes, parece todavía más grande debido a su forma angular. Como la mayoría de los palacios de la India, fue construido bajo el terrible calor de los veranos indios; todas sus habitaciones estaban protegidas del sol por grandes balcones que tenían, a cada lado, sillas, sofás y alfombras.

En los días antes de que la influencia británica se viera en todas las facetas de la vida india, los palacios de los principados estaban amueblados y decorados principalmente con tapices, murales y alfombras. Había camas de plata, oro o marfil, y tal vez algún baúl exquisitamente tallado, pero principalmente había plataformas bajas de madera, colchones y traveseros que actuaban como asientos. Pero, para principios del siglo XIX, se comenzó a copiar las salas británicas de Delhi y Calcuta, a pesar de ser totalmente inconvenientes dentro del contexto de la India.

Decorar y arreglar una casa era una de las cosas en las cuales mi madre era excelente. Tenía un gusto impecable y siempre coleccionaba muebles, telas y piezas de arte de los lugares que visitaba. Nuestro palacio en Kuch Bihar, así como nuestras casas en Calcuta y Darjeeling, el lugar oficial de veraneo en las montañas de Bengala, estaban llenos de cosas que ella había comprado en los diferentes lugares que había visitado: mesas y sillas de Inglaterra y Francia, telas y candelabros de Italia, alfombras de Cachemira, tapices de seda, cuarzo rosado, jade del barrio chino de Calcuta, además de muchas cosas más que mostraban, a través de casi todo el palacio, su gusto y personalidad.

Recuerdo, sin embargo, que había dos habitaciones que parecían mostrar claramente nuestras vidas en Kuch Bihar y eran las únicas habitaciones en las cuales Ma no hizo modificaciones: la sala principal con su enorme mesa central y grandísimos aparadores llenos de trofeos de oro y plata ganados en carreras por mi abuelo, padre y tíos, y luego por mi hermano, y la biblioteca con sus altas estanterías blancas que contenían ediciones de libros europeos muy valiosos y donde nosotros a veces teníamos nuestras lecciones y Ma sus reuniones de consejo.

Afuera, el palacio estaba rodeado por un gran y tranquilo parque donde solíamos jugar y andar en bicicleta . Había numerosos y pequeños lagos, los cuales atraían especies raras de pájaros; una de ellos tenía un pabellón blanco con cornisas redondas, pequeño y ventilado, y que era fresco incluso en el verano. En las tardes, desde las barandas del palacio podíamos ver a los aguaceros bailar sobre el agua. Atrás del palacio, lejos del pueblo, estaba el rió tenebroso y traidor. Después del monzón, solíamos andar en bicicleta sobre su terraplén para así poder mirar cómo el torrente caía sobre él.

Teníamos probablemente alrededor de cuatrocientos a quinientos empleados dentro de nuestro servicio en el palacio de Kuch Bihar. Había veinte jardineros para mantener los parques y jardines, veinte personas para mantener los establos, doce personas en los garajes, casi cien personas en el *pilkhanna* (los establos donde se mantenían a los elefantes), un profesor profesional de tenis y su asistente, doce mozos para recoger las pelotas, dos personas encargadas de las armas de fuego, diez barrenderos para mantener los caminos inmaculados y, finalmente, los guardias.

Dentro del palacio, había tres cocineros, uno para la comida inglesa, uno para la comida bengalí y otro para la comida maratha. Cada uno tenía su cocina, con su propia trascocina y sus propios asistentes. Aparte, había seis mujeres encargadas de los vegetales y dos o tres *sowars* en bicicleta, los cuales se encargaban de traer las provisiones diarias del mercado.

Nosotras, las niñas, teníamos una mucama cada una, aparte de nuestra institutriz y tutores, mientras que Indrajit tenia un sirviente personal y Bhaiya tenía cuatro sirvientes para él. El séquito de Ma incluía a una secretaria (que, a su vez, controlaba a la otra secretaria y mecanógrafa), damas de compañía y varias mucamas personales.

Cinco o seis asistentes, de buenas familias y bajo ninguna circunstancia consideradas sirvientes, tenían la responsabilidad de manejar las distintas secciones de la casa. También acompañaban a Ma a donde ella fuera, ayudándola a entretener a los invitados en el palacio — de los cuales siempre había muchos — y actuaban como tope entre Ma y quien viniera a visitarla, separando de entre los visitantes genuinos a los que solamente querían verla por curiosidad, y aquellos que venían con quejas o peticiones. Finalmente, había una banda provincial de alrededor de cuarenta músicos que tocaban todas las noches antes de la cena como también durante ocasiones especiales.

Para poder manejar este extensivo menaje, Ma podía y tuvo que delegar gran parte de sus responsabilidades a los contadores, secretarios, asistentes personales y hasta a parientes que vivían con nosotros, aunque siempre la decisión final era de ella. Comparado con la rigidez de las familias reales de la India en los años veinte, las vidas casi medievales que éstas

47

vivían, la dominación de sus cortes por los ritos y etiqueta, y el esconder a sus mujeres bajo *zenanas*, o habitaciones de *purdah*, nuestra vida en Kuch Bihar tenía un ambiente confortable parecido al de una casa de campo. Nosotros, los niños, podíamos correr por todo el palacio, desde la gran sala de darbar bajo la cúpula hasta las habitaciones de almacenaje y los cuartos de los sirvientes.

A temprana edad descubrí cómo se organizaba una casa y a qué hora abrían las habitaciones del almacenaje. También aprendí que si estaba por ahí a la hora correcta, el encargado de la comida me daría un trozo de chocolate. Cuando Menaka, mi hermana menor, me preguntaba de dónde había sacado el chocolate, yo le explicaba que una gran lechuza blanca que vivía en la cúpula me lo había encontrado. Para no ser descubierta, le advertí que si ella iba sola a pedirle chocolate a la lechuza, ésta se iría para siempre. Menaka, crédula, me creía cada palabra.

Menaka y yo compartíamos una habitación, un baño y una sala de estar en la parte del palacio que ocupaba mi abuela, las alcobas *zenana*. Teníamos una habitación enorme con camas y cortinas para los mosquitos ubicadas, de la forma típica india, en el centro de la habitación. Tenía un sofá y sillones tapizados, armarios y un tocador que eran míos. Menaka tenía su propio vestidor con acceso a nuestro dormitorio, y qué bueno que lo tuviera. Ella era extremadamente delicada y quería que toda su ropa estuviese en el orden preciso; le encantaba vestirse y ponerse joyas. Yo, por otro lado, era desarreglada y sin cuidado, siempre apurada, contenta cuando podía ponerme unos pijamas y túnicas cómodas y grandes, las cuales son prendas informales para nosotros, desdeñando las joyas y en agonía cuando Ma me decía que tenía que ponerme un sari para las ocasiones formales. Yo hubiese vuelto loca a Menaka si hubiésemos compartido un vestidor.

Las paredes de nuestra habitación estaban pintadas de azul con dibujos de margaritas en blanco y amarillo. Las partes de madera de nuestros muebles eran de laca color azul, y hasta el día de hoy recuerdo la tranquilidad que sentía al dormirme bajo la cortina para mosquitos, gracias a la mezcla del color celeste y los dibujos de margaritas.

De cada lado del dormitorio había una baranda, a la cual se llegaba después de atravesar tres grandes puertas francesas. Ahí teníamos nuestras lecciones, del lado que miraba a las canchas de tenis, la pista de patinaje, y más allá de éstas, a lo lejos, la vista fantástica, durante los días claros, de las cimas cubiertas de nieve de los Himalayas. La baranda del otro lado de nuestra habitación miraba hacia los patios donde solíamos jugar bádminton y a donde, más adelante se erguían, los *mandaps*, o los pabellones para el casamiento.

Todos teníamos a nuestros favoritos dentro del personal de servicio. El mío era Jammir, uno de los mayordomos, él cual solía cantarme las canciones más bonitas. Yo pensaba que él era la persona mas inteligente y comprensiva de todo el mundo. Escuchaba mis problemas y calmaba mis sentimientos heridos. Cuando nadie más podía hacerme comer, Jammir era el único que podía hacerlo. Lo quería mucho más que a nadie, incluso que a Buri, mi buena y gentil mucama. Ijahar, el edecán de Bhaiya, era popular entre nosotros. Él acompañaba a Bhaiya a Inglaterra y se quedaba con él durante sus días en el colegio Saint Cyprian, Harrow y, más tarde, en Trinity Hall, Cambridge. Su hermano, Jaffar, era nuestro mayordomo principal, inmensamente conocido a través de todo Calcuta por sus espléndidas bebidas, especialmente la bebida Alexander: vermouth con crema de cacao y ligeramente seducida con crema. Jaffar era el tipo de mayordomo de PG Wodehouse, el cual siempre recordaba quién era cada persona y qué tipo de bebida le gustaba. Y tal vez recordaba mucho más que solamente esta información. Los asistentes eran un grupo excelente como también objeto de admiración y broma. Uno de ellos había viajado con nosotros a Inglaterra, donde obtuvo un acento excelente de la BBC. Solíamos preguntarle, por lo menos diez veces al día, qué hora era para escucharle decir, "Son ahora las dos y media y treinta y cinco segundos," o cualquiera que haya sido la hora en ese momento. Otro tenía menos conocimiento del inglés y siempre decía cosas cómicas. Una vez estábamos viajando en tren y Ma dijo que perdió un punto en su tejido, por lo que éste conscientemente se agachó en el camarote y comenzó a buscarlo. Luego había otro que era más serio, y al cual le teníamos miedo de que 'hablara' con Ma si hacíamos alguna travesura. Nuestro favorito era Biren Babu, el cual adorábamos por ser un gran tenista y excelente cazador.

Como en muchas familias indias, varios parientes vivían en el

Yo, durante un picnic en una casería de tigres (1930)

Mi primera pantera a los doce anos de edad.

palacio con nosotros durante días o meses, o por el resto de sus vidas. La viuda de uno de mis tíos-abuelos vino a ayudarnos con la administración del hogar y vivió con nosotros hasta su muerte. Su hija era una de nuestras compañeras de juego, como también lo eran sus primos, Nidhi y Gautam, los hijos de nuestro tío Víctor. Él era el único hermano vivo de mi padre; él alegraba nuestros días con su gran vitalidad y amor por los niños. Era un hombre grande, siempre alegre, y si uno estaba medio triste, él nos agarraba y nos tiraba en el aire y luego nos volvía a agarrar, así haciéndonos sentir que éramos especiales. Para Bhaiya, él era especialmente importante. Al principio, el tío Víctor le enseñó a cazar y cómo comportarse cuando iba a cazar. Pero para todos nosotros él era igualmente importante, bromeando con nosotros y dándonos sentido de proporción, alternando entre cosas serias y totalmente frívolas y cocinando cosas deliciosas para nosotros, pues él mismo era un excelente cocinero.

Nosotros sabíamos que Ma le pedía consejos a él porque él conocía Kuch Bihar muy bien y hablaba el dialecto perfectamente. Él tenía algo de información de cada persona. Desgraciadamente, su hijo mayor Nidhi murió muy joven y al poco tiempo mi tío Víctor llevó a Gautam a Inglaterra. Yo me di cuenta, ahora mirando hacia atrás, cuanto esta decisión nos había afectado ya que él era el único miembro cercano que quedaba de la familia de mi padre. En realidad, el palacio de Kuch Bihar perdió mucho su personalidad del lugar, y la gente que ahora asistía a mi madre en gobernar la provincia eran de otras partes de la India.

Uno de los nobles de la provincia de Hyderabad, Nawab Khusru Jung, se encargó de los asuntos financieros de Kuch Bihar. Él también era un excelente jinete profesional, por lo que pronto comenzó a encargarse de supervisar el cuidado y entrenamiento de los cazadores de Ma, como también de todos nuestros ponis. Nos dio lecciones de equitación e alentó a los niños a que lograran perfeccionarse en ello. Su hija más joven, a la cual llamábamos Baby a pesar de que su nombre verdadero era Kamal, llegó a ser tanto parte de nuestra familia que ella vivía y viajaba con nosotros casi tanto como lo hacía con su padre, en ese entonces viudo. La secretaria privada de Ma, varios miembros del séquito de la casa y hasta los tres acompañantes de Bhaiya procedían de otros lugares, no de Kuch Bihar.

Como familia, éramos todos muy unidos y compartíamos los mismos intereses, sentido del humor y chistes. A pesar de nuestra unión, no éramos expresivos, pero sí teníamos nuestro propio código de honor: nunca nos delatábamos ni desilusionábamos a otro miembro de la familia. Los triunfos y éxitos de cualquiera de nosotros eran compartidos por todos y cuando uno de nosotros tenía un problema, los otros estaban a su lado y lo ayudaban. Éramos todos animosos y alegres, pero teníamos nuestras propias personalidades. Ila, con sus ojos enormes y dulces y sus manos y pies pequeños, era la más ingeniosa. Ella era especialmente buena en equitación y tenis, una imitadora excelente y hablaba el dialecto de Kuch Bihar a la perfección. Bhaiya, de niño, mostraba un poco de arrogancia y egoísmo, pero creció para convertirse en alguien sin pretensiones, a pesar de la admiración que recibía por ser guapo y por su gran estilo al jugar al tenis y el criquet. Él era muy divertido y un compañero muy intelectual, pero podía convertirse en alguien serio dependiendo de la ocasión. Le encantaban las carreras de caballo y años más tarde mantuvo sus propios caballos de carrera. Indrajit, igualmente alto y guapo, era el más travieso, siempre metiéndose en los más impensables tipos de problemas. Menaka parecía callada y tímida debido a su delicado estilo, pero era muy sociable y tenía un gran sentido del humor.

En lo que se refiere a mí, era una muchacha traviesa. Indrajit solía llamarme 'la escoba' porque era muy delgada y con pelo muy lacio; pero también siempre estaba soñando despierta. Odiaba cuando me embromaban acerca de estas dos características e inevitablemente Ila e Indrajit se dieron cuenta enseguida y constantemente me embromaban porque yo reaccionaba con mucha furia, llanto y resentimiento. Bhaiya nunca me embromaba. Ila era la mayor y por lo tanto la líder natural de la familia; cuando ella siempre me daba órdenes, entonces yo acudía a Bhaiya, que era mucho más amable, para que me ayudara. Éramos tan cercanos que se crearon ciertos lazos dentro de nuestra familia que duraron por el resto de nuestras vidas. Bhaiya era para mí un héroe natural, tan atractivo, tan bueno en los deportes, tan divertido y sobre todo muy protector pero lo hacía de una forma muy sutil.

Algo que todos compartíamos era nuestro amor por Kuch Bihar.

Era ahí donde nos gustaba estar y donde pasamos los momentos más felices y variados de nuestra niñez. Kuch Bihar no ofrecía una gran vida nocturna o negocios elegantes o fiestas, fuera de las que solían haber en el palacio, pero el tiempo pasaba rápido y los días parecían estar llenos de cosas por hacer.

Cada mañana, nuestros caballos nos esperaban fuera del palacio y cabalgábamos a través del pueblo para llegar al viejo campo de polo, ahora un aeropuerto, o íbamos mas allá de este a campo abierto. La gente del pueblo se levantaba y se preparaba para la jornada y el aire poseía una agradable fragancia de leña recién encendida. La gente que cruzábamos cuando íbamos camino al campo, al templo o al río siempre nos saludaba con afecto.

Después de nuestra cabalgata, regresábamos al palacio para tomar nuestro baño y el desayuno, siempre una comida completamente informal y divertida acompañada de mucho ruido, charlas y chismes acerca de lo que había pasado la noche anterior o durante nuestra cabalgata en la mañana, o acerca de los planes para el día. Casi nada podía interferir con nuestra rutina diaria o nuestras lecciones. Teníamos dos aulas en el palacio, una para los niños más grandes, Ila, Bhaiya y sus acompañantes, y otra para nosotros los más pequeños, donde nos acompañaban nuestros primos Guatam y Nidhi. Pero al crecer, algunos de nosotros fuimos a colegios fuera del palacio y otros tuvieron tutores individuales. En un momento, Indrajit tuvo un tutor Italiano que le enseñaba latín, lo cual era necesario para poder ingresar a Harrow, donde entraría para estar con Bhaiya. El resto de nosotros tenía una institutriz inglesa llamada Miss Hobart, la cual nos enseñaba inglés e historia y literatura inglesas, y algo de francés y dos tutores de Bengal, uno para matemáticas e historia de la India, y otro para los idiomas bengalí y sánscrito. La rutina era bastante estricta y no podía ser interrumpida. Como cualquier otro colegio, se destinaban distintos periodos para diferentes materias y, como cualquier niño en el colegio, esperábamos impacientemente que nuestras clases terminaran para poder ir corriendo afuera.

Aparte de los deportes, que nos encantaban —para todos nosotros era la equitación, el tenis y la caza, y los varones también tenían hockey, fútbol, criquet y boxeo— el palacio en Kuch Bihar tenía un gran jardín donde uno se podía perder fácilmente y cada uno de nosotros teníamos bicicletas para pasear por donde quisiéramos. Mientras éramos niños, nuestras vidas rodeaban alrededor de una casa miniatura que mi padre había construido para Ila. Era blanca con una cúpula y una cochera donde estacionábamos los automóviles de juguete. En la planta baja había dos habitaciones y una baranda y una escalera de madera que conducía al segundo piso, donde también había dos habitaciones, una baranda y una terraza sobre un porche. Aquí teníamos fiestas de té y cocina, era la forma en que Ma nos introducía a las labores domésticas y jugaba, al mismo tiempo, con nosotras. Cerca de ahí había un árbol *Banyan* del cual colgaba una enorme hamaca que podía soportar a cuatro personas; ésta siempre fue muy popular. Ocasionalmente íbamos a la *pilkhanna* a mirar cómo bañaban a los elefantes, lo cual era muy emocionante, sobre todo después del nacimiento de un elefante. Normalmente los elefantes no tienen época de celo cuando están en cautiverio porque el elefante varón es atado en cuanto está listo para *masth* (listo para la época de celo), pero una de los elefantes hembra escapó hacia la jungla y, para nuestro gran asombro, regresó preñada. Entonces el bebe elefante nació en Kuch Bihar, en la *pilkhanna*, lo cual parecía ser el mayor acontecimiento de nuestras vidas.

Naturalmente, la mayor parte de nuestro interés se centraba en la personalidad magnética y las cosas que Ma hacía. La hora del día que más me gustaba era temprano en la tarde, cuando Ma se preparaba para la cena. La noche viene muy rápida en Kuch Bihar, mucho mas temprano que en otras partes de la India. El atardecer estaba acompañado del sonido de las campanas del templo a la hora en que las oraciones de la tarde eran cantadas y se ofrecían las ofrendas de comida, flores e incienso a los dioses.

Entonces el palacio regresaba a la vida después del largo y enervador calor de la tarde. La mesa del comedor estaba adornada con oro, plata y flores, la banda estatal lista para tocar durante la tarde y nos permitían ir al departamento de Ma para ver cómo ella se preparaba.

El aire estaba lleno de un aroma delicioso de *dhuan*, un incienso que los sirvientes llevaban de habitación en habitación dentro de una urna de plata, hamacándola de un lado al otro mientras espantaban a los mosquitos. Pero, en cuanto nos acercábamos a la habitación de Ma, el aroma de su perfume francés comenzaba a mezclarse con el del *dhuan*. Sus departamentos no estaban en lo que usualmente solía ser el lado del palacio para las mujeres, sino en el lado del palacio donde estaba la sala *darbar*. Su gran vestidor estaba adjunto a su baño de mármol, donde había un baño de vapor diseñado especialmente para ella, donde podía recostarse en vez de sentarse solamente. El alto techo de su baño estaba decorado en blanco y dorado, su sala para rezar estaba detrás de éste y luego estaba la habitación donde todos nos juntábamos, su *boudoir*, una habitación larga y fresca con paredes azul oscuro y columnas doradas. Dentro de su *boudoir* había dos alcobas llenas con artefactos de jade Chino y cuarzo rosado, un gran diván, muebles de laca roja y algunas grandes urnas con plata de Hyderabad. En el piso había una alfombra redonda y enorme de piel de leopardo, hecha con catorce pieles por Schiaparelli. Todas las habitaciones estaban comunicadas con el exterior por una gran veranda de mármol delineada con plantas en macetas. Aquí, Ma se sentaba durante el día, en un diván de mármol cubierto con un colchón ancho y lleno de almohadones.

Verla vestirse para la cena era para nosotros, los niños, uno de los momentos más especiales de su jornada. El dormitorio estaba lleno de mucamas, mujeres parientes, amigos y nosotros los niños; ella hablaba con todos, cambiando rápidamente de un idioma al otro: inglés para sus amigos, marathi con los parientes de Baroda, francés con su mucama francesa y bengalí con nosotros o cualquier otra persona de Kuch Bihar que estuviese presente. Al mismo tiempo se arreglaba el cabello, algo que le gustaba hacer ella misma, o bien hacía notas en su pequeño cuaderno, el cual mantenía delante de ella, y así planeaba algunos proyectos futuros: tal vez una lista de invitados, o una reunión con sus ministros, o una fiesta de veinticuatro horas en Calcuta. Nosotros, los niños, tomábamos turnos para tomar nuestro baño y vestirnos adecuadamente antes de regresar a sus aposentos. De algún modo, ella siempre salía de todo este alboroto exquisitamente vestida, a pesar de que a veces cambiaba de opinión con respecto a que sari quería ponerse justo cuando todos se paraban listos para que ella saliera; entonces sus mucamas tenían que correr de un lado al otro para ayudar a cambiarla nuevamente.

Ma era muy exigente con su ropa y era considerada una de las mujeres mejor vestidas de la India. Ella fue la primera persona que comenzó a usar saris de chifón, los cuales eran mas frescos que las típicas telas de seda y mas formales que las de algodón. Ella convenció a una casa de modas parisina de que le consiguieran chifón de 45-pulgadas, la medida necesaria para los saris. También solía ir a los negocios en Delhi y Calcuta y decirle a los dueños que modificasen los diseños de los materiales para ella: eliminar una flor aquí, agregar un nuevo color allá. Al siguiente año, después de que ella vistió su nuevo diseño, que era inevitablemente más atractivo que los otros diseños, le permitía a los dueños de los negocios que copiaran el diseño para sus otros clientes.

La pasión mas grande de Ma eran los zapatos. Tenía cientos de pares y aún así seguía ordenando más zapatos de manera compulsiva, principalmente de *Ferragamo* en Florencia. A pesar de que ella los regalaba de cien en cien pares a la vez, su almacenamiento de zapatos seguía creciendo. Sus pies eran muy elegantes, angostos y siempre hermosamente cuidados, al igual que sus manos, que estaban siempre con una manicura perfecta. Cuando, finalmente, ella estaba vestida, y la larga espera llegaba a su fin, un mensaje era enviado a los hombres en la sala de billares para que fueran a la sala. La función nunca comenzaba hasta que Ma entraba en la sala.

Ella era indudablemente la mejor anfitriona de India, conocida internacionalmente por sus excelentes fiestas y en el país porque abrió puertas para las mujeres indias. Ella demostró que una mujer, incluso viuda, podía entretener a sus invitados con gran confianza y calidez sin estar bajo la sombra protectora de su esposo o padre. Ella era una gran cocinera y cualquier nuevo descubrimiento gastronómico era bien recibido. Ella alentaba a sus cocineros para que experimentasen y los introdujo a una variedad de platos nuevos. En una ocasión, llevó a uno de sus cocineros al restaurante *Alfredo* en Roma porque quería que él conociera el sabor de la lasaña en ese lugar. El cocinero era abstemio, pero en Italia ella le insistió: "Tiene que probar el vino, va con la comida."

Conocía el mejor lugar en donde comprar cualquier cosa y hacía compras en todo el mundo. Su hospitalidad era famosa, en parte porque su gran atención a los detalles hacía que sus amigos y familiares se sintieran

La sala de recepciones en el palacio de Kuch Bihar

Arriba - Una hilera de elefantes en Kuch Bihar
Abajo - Caza de tigres en Kuch Bihar

bastante cómodos. En el palacio de Kuch Bihar, y todas nuestras otras casas, había sábanas de lino casi como gasa y las toallas eran tan absorbentes que uno estaba seco en cuanto tocaban el cuerpo. A pesar de que contaba con un gran personal a su disposición, todos entrenados de acuerdo con sus altos estándares, antes de que cualquier invitado llegase, ella iba de cuarto en cuarto para inspeccionarlo todo. Hasta se acostaba en las camas para verificar que las lámparas para leer se hallaban en la posición correcta. No era sorprendente que todos quisieran ser entretenidos por 'Ma Kuch Bihar'.

Los invitados que venían a Kuch Bihar siempre llegaban en el tren de medianoche desde Calcuta, teniéndose que levantar en la madrugada para cambiar a la línea angosta del ferrocarril, el cual los traía a la ciudad. Cuando llegaban al palacio se les daba una bienvenida eufórica. Toda la familia y el servicio salían a los escalones del pórtico para darles la bienvenida y brindarles una guirnalda de flores antes de entrar a la sala para el desayuno. Tanta gente venía de visita que nunca sabíamos realmente quiénes eran. Una vez le pregunté a un hombre que conocía bien a Ma acerca de sus amigos. El me respondió: "Oh, todos, desde el príncipes de Gales hasta abajo."

Quienes sean que fueran, para nosotros los niños los invitados de Ma representaban una de nuestras fuentes de entretenimiento más grandes. Nos gustaban todas las conversaciones de adultos y el espectáculo constante de los adultos jugando al tenis, al billar o al *backgammon*, o participando en algún evento organizado por Ma. A pesar de que no teníamos que participar, y teníamos que sonreír amablemente y hablar sólo cuando nos dirigían la palabra, de vez en cuando estas restricciones eran demasiado para controlarnos. En una ocasión, Ma decidió que sería divertido si los invitados ingleses vistiesen ropas indias. Cuando los vi a todos parados en la veranda, los pálidos brazos y piernas a través de los saris y *dhotis*, dije en vos alta, "¡Qué indecentes lucen!"

Para nosotros y todos nuestros invitados, la atracción más grande y apasionante de Kuch Bihar era sin duda la cacería. Era una de las mejores que India ofrecía. Las junglas de Kuch Bihar estaban enlazadas con el Terai, una gran cadena de jungla que corría a lo largo del noroeste de la India, al sur de los Himalayas y hacia Nepal. Este era un terreno fantástico para los animales salvajes, los cuales podían viajar cientos de millas sin cruzar un sólo camino construido por el hombre. Se podían encontrar todo tipo de animales en un radio de unas cuantas millas desde nuestro palacio: tigres, rinocerontes, panteras, osos, búfalos salvajes, bisontes, puercos, ciervos, jabalíes salvajes y *sambars*. Recuerdo que una vez nos habían prohibido ir al jardín de vegetales del palacio porque un elefante salvaje estaba ahí.

Fue mi abuelo quien comenzó la tradición de caza en Kuch Bihar. Su libro de juegos da la siguiente cuenta de los animales cazados durante un periodo de treinta y siete años en las junglas de Kuch Bihar y Assam: 365 tigres, 311 leopardos, 207 rinocerontes, 438 búfalos, 318 antílopes, 259 *sambars*, 133 osos y 43 bisontes. En tiempos recientes yo me he interesado bastante en organizaciones que han sido fundadas para la protección de animales salvajes, por lo que debería mencionar que a pesar de que el deporte de la caza era una actividad muy importante en Kuch Bihar, la actual disminución de la caza en la India no se debe a la imprudente matanza cometida por los deportistas. La disminución se ha debido a la destrucción constante del medio ambiente de los animales. Incluso hasta en los tiempos de juventud de mi abuelo, las junglas eran despejadas de flora para dar lugar a tierra para plantaciones, lo cual ha incrementado desde el tiempo de la Independencia. Hoy, solamente el 13 por ciento de la India está cubierta por jungla, mientras que el mínimo de tierra necesario para sostener la vida salvaje se estima en 30 por ciento.

Mi abuelo era un cazador de primera línea y consiguió alcanzar un récord especial al haber cazado dos rinocerontes, de derecha a izquierda. Durante la cacería, vio a un rinoceronte corriendo en el lado izquierdo. En el momento que levantaba su escopeta —de ocho calibres— otro rinoceronte apareció por el lado derecho. Muchos cazadores piensan que los rinocerontes son los animales más peligrosos; sus cuernos pueden abrir el estomago de un elefante. Pero, con gran presencia y capacidad, mi abuelo dio dos tiros, primero a la izquierda e inmediatamente hacia la derecha, hiriendo a ambos animales y terminando de matarlos más tarde. Un rinoceronte es un animal imponente, incluso cuando yace muerto. Solamente una vez vi la caza de un rinoceronte y recuerdo cómo la sangre salía a borbotones en una fuente color escarlata. También recuerdo que era imposible llevar al animal hasta el campamento y que un guardia tuvo que montar al animal para que la gente del pueblo no se llevase el cuerno, el cual supuestamente es un afrodisíaco muy poderoso.

Durante mi niñez, la caza ocupaba un gran lugar en nuestras vidas, al igual que nuestras lecciones, pero era mucho más emocionante. En ese entonces había campamentos de caza dos o tres veces al año en una de las dos reservas de la provincia, ya sea en Patlakhawa, la cual estaba adjunta a las junglas de Assam y Terai, o en Takuamari en el sur. En esos días, los campamentos de caza de los príncipes indios eran sumamente distintos a lo que un inglés o estadounidense podría entender como 'campamento'. Es cierto que había carpas, pero hasta ahí llegaba la similitud de la palabra. Nuestras carpas indias eran enormes y tenían habitaciones separadas para la sala, el comedor, dormitorios y baños. Estaban completamente amuebladas con alfombras, sillas, mesas y todo lo necesario para estar cómodos. Nuestros campamentos consistían de entre diez a doce carpas de esta naturaleza, con carpas pequeñas para el servicio, todas instaladas alrededor de una gran fogata que se encendía en las noches para espantar a los animales.

Fui a mi primer campamento de caza cuando tenia cinco años. Cada mañana, después del desayuno, íbamos a las habitaciones de los ayudantes de campo para ver si había algún *khubbar*, alguna noticia, lo que quería decir qué animal habría que cazar y cómo. La gente del pueblo venía constantemente con noticias de que alguna pantera, o a veces un tigre, había matado a una cabra o a una vaca. Si la noticia era legitimada por el ayudante de campo, se invitaba a almorzar a la persona que traía la noticia mientras todos nosotros nos preparábamos para la caza. Sólo durante ese periodo nos permitían romper la rutina de las lecciones, siempre y cuando hubiéramos terminado nuestra tarea. Si el tigre había sido visto lejos del palacio, entonces íbamos en auto parte del camino hasta un punto de encuentro donde los elefantes nos esperarían para llevarnos el resto del camino hasta otro punto de encuentro. En el segundo punto de encuentro, los elefantes *howdah* con sus *mahouts* nos estaban esperando. Los elefantes *howdah* actuaban como 'barreras' hacia las que los demás elefantes, cumpliendo la función de plataformas, conducían la caza. Los elefantes *howdah* estaban equipados con bolsos donde se guardaban las armas y quien era responsable de matar al animal en la caza, se sentaba al frente; mientras que detrás de él había lugar para un par de personas más. Pronto aprendimos que se podía elevar los asientos, y debajo encontrábamos galletas de chocolate y jugo de naranja para la jornada. Ma solía decirnos que uno de los encantos más grandes de la caza era el poder comer las galletas de chocolate.

Durante una primavera, cuando Ma estaba en Delhi e Ila y Bhaiya estaban lejos en el colegio, yo tuve mi momento de gloria. Temprano por la mañana, alguien del pueblo vino para informar que había que matar a una pantera en algún lugar cercano; entonces, después del almuerzo Indrajit, Menaka y yo nos pusimos en camino. Cada uno de nosotros montó un elefante *howdah* con un ayudante detrás de nosotros e Indrajit tenía instrucciones específicas de dejarme dar el primer tiro.

Naturalmente, todos sabíamos cómo tirar al blanco, pues nos enseñaban desde muy pequeños, cómo tener cuidado, cómo disparar un tiro sin lastimar a los elefantes y demás. Esa tarde estábamos en una jungla muy pequeña, cerca de un pueblo; podíamos escuchar a los elefantes barritar como lo hacían cuando veían a un animal peligroso en la vecindad. Entonces comenzaba el jadeante momento de iniciar la caza.

De acuerdo con los estándares de los cazadores con mas experiencia, mi primer triunfo como cazadora puede parecer un poco amansado. Cuando la pantera finalmente estuvo acorralada, estaba paralizada, mirando al elefante. Mi ayudante me dijo que disparara, y lo único que puedo decir a favor mío es que no tuve miedo. Levante el rifle —usaba uno de calibre veinte— y lo mate con el primer tiro en la cara. En ese momento hubo mucha alegría y jubilo; hasta los mahouts y los cazadores profesionales estaban contentos. Me llenaron de felicitaciones y cuando regresamos al palacio todos me festejaron con gran alharaca. Le mandamos un telegrama a Delhi para Ma diciéndole que había cazado mi primera pantera. Tenía doce años y estaba muy orgullosa y contenta.

Un tigre herido es, tal vez, el animal más peligroso de la jungla y aun moribundo puede saltar y alcanzar alturas increíbles. Lo mismo

Arriba: Mis hermanos y hermanas en los escalones del palacio de
Kuch Bihar (en la década de 1930)
Abajo: Bobby y yo en el palacio de Kuch Bihar

Arriba: Uno de los dibujos, de Bhaiya, de Kuch Bihar
Abajo: La casa del consejo en Kuch Bihar

sucede con las panteras. Recuerdo que durante una casería en Kuch Bihar, cuando todavía éramos bastante pequeños, una pantera herida saltó contra el elefante que llevaba a mis dos hermanos. Bhaiya, sin tiempo para pensar en el peligro, lo golpeó con su rifle y, con la ayuda del *mahout*, pudo sacarlo del elefante. Por suerte los niños no se lastimaron, pero desde ese día me di cuenta de que Ma no les permitió estar en el mismo elefante a la vez.

Kuch Bihar era célebre por sus conocidas *pilkhannas* y todos nuestros elefantes, sesenta en total, estaban perfectamente entrenados. Se les utilizaba para todo tipo de actividades aparte de la cacería. En realidad, la mejor forma, y a veces la única forma, de llegar a Kuch Bihar, era en elefante. La topografía era casi plana, a pesar de que hacia el norte uno podía ver las cimas nevadas de los Himalayas, pero estaba cubierta de pastorales de más de diez pies de altura, la mayoría pantanos que anchos ríos cruzaban y cuyos cursos variaban de año en año. De chicos, siempre montábamos en elefantes y por lo general después de las cacerías, hacíamos carreras de elefantes hasta llegar a casa.

Montar un elefante no es difícil si éste ha sido bien entrenado. Todos sabíamos las palabras claves a las que los elefantes responderían; las habíamos aprendido de los *mahouts*, cada uno de los cuales podría fácilmente pasar toda su vida adulta con el mismo elefante, desarrollando una relación intima de confianza, afecto y protección mutua. Había palabras claves que eran comunes, *"beth"*, siéntate, *"ut"*, levántate, y luego las palabras más especiales que se decían en forma de canto para cuando el *mahout* llevaba al elefante a través de la jungla y se encontraba con un árbol que tenia que derribarse o cuando había que construir un sendero. Luego este cantaría "Dalai, dalai, *dab*. Dalai, dalai, *dab*." En cada "dab" el elefante hacia un esfuerzo extra para aplanar el obstáculo que estaba en su camino.

Los elefantes son animales extremadamente inteligentes y sensibles a los insultos y el mal trato. Los mahouts cambiaban el tono de su orden de acuerdo a lo que estaban siguiendo, ya sea un tigre o un leopardo, o simplemente si estaban guiando al elefante a través de la jungla, pero su tono de voz es siempre muy gentil. Hay ocasiones cuando hay que pegarle al elefante detrás de las orejas, y a veces incitarlos con un garfio de hierro que se siente a través de su piel, aunque esto se hace en raras ocasiones.

La única vez que un elefante varón es peligroso es cuando esta en época de celo. En estos momentos hasta la bestia más dócil puede volverse loca y tiene que ser encadenada hasta que la época de celo llegue a su fin. Pero usualmente se toma precaución ya que se hacen dos pequeños agujeros en las sienes de los elefantes, los cuales supuran justo antes de que la temporada comience. Solamente una vez en nuestro *pilkhanna* un elefante se soltó y mató a su *mahout*. Todo mundo lo lamentó, pero también reconocimos que había sido una ocurrencia fuera de lo común.

Se decía que mi abuelo de Kuch Bihar poseía un entendimiento notable, casi telepático, con los elefantes. En una ocasión, cuando uno de sus mejores elefantes estaba estancado en medio de un pantano, los mahouts le tiraron una rama de un árbol para que pudiera salir, pero nadie podía ayudarle a salir y el animal se hundía cada vez más. Entonces llamaron a mi abuelo. Después de unos minutos de hablar con el elefante, lo calmó y despacio lo ayudó a salir del pantano. Cuando mi abuelo falleció y sus cenizas fueron traídas a Kuch Bihar, todos sus elefantes estaban alineados en la estación de trenes para brindarle tributo. La historia dice que, con lagrimas en sus ojos, todos levantaron sus trompas y barritaron al unísono mientras el tren paraba en la estación. Todos los colmillos de sus elefante favoritos fueron puestos, con sus respectivos nombres, en la sala de Kuch Bihar.

Para mí, los elefantes siempre fueron criaturas muy importantes y queridas. Solía pasar horas con los *mahouts* y sus esposas, aprendiendo la ciencia de los elefantes y escuchando las canciones que las esposas cantaban cuando sus maridos iban en una gira de trabajo, ya que los elefantes no eran solamente utilizados para la caza sino también para recoger los impuestos y alquileres, así como para acorralar elefantes salvajes y domesticarlos con aquellos que estaban totalmente entrenados en la *pilkhanna*.

La esposa de un *mahout* cantaba *sunar bandhu re*, "mi amigo de oro" (esto es, su esposo), describiéndolo sentado sobre una bestia noble, su elefante, y que pequeño se veía en contraste, pero también cómo el elefante tenía una cadena alrededor de su cuello, por lo que el *mahout* era realmente su amo. Otra canción era acerca de un elefante nuevo que había sido capturado y narraba cómo sus cuatro patas eran encadenadas para que así este no pudiera moverse mucho. Luego había una canción que describía como éste tenia que acostumbrarse a la presencia de humanos, cómo el *mahout* lo acariciaba con las hojas de bambú para acostumbrarlo al tacto de las manos de los humanos y cómo ponían antorchas delante de sus ojos para que no le tuviera miedo al fuego. Y durante todo el tiempo le cantaban: "No estas más en la jungla. Ahora tienes un amo y un dueño que te quiere y mirará por ti, y a cambio lo obedecerás con amor y gratitud."

Cuando yo iba a Kuch Bihar, le pedía a los *mahouts* que cantaran. Recuerdo los días cuando Bhaiya regresaba de su escuela en Inglaterra antes de ir a Cambridge y los *mahouts* le cantaban una canción de despedida: "Nuestra Majestad se va, nuestro gobernante se va, nuestro amigo se va. Pero esperamos que regrese pronto. Y cuando regrese, esperamos que nos traiga un montón de conocimientos acerca de cosas que serán útiles aquí. Y esperamos que los venenos del Oeste no lo influyan." (Con la palabra 'venenos' ellos querían decir alcohol y mujeres fáciles.)

Nuestros elefantes tenían una gran variedad de nombres, algunos llamados como los dioses, otros como los miembros de la familia. Recuerdo que uno se llamaba Ayesha, era extremadamente lento y que se veía viejo, y que mis hermanas y hermanos solían embromarme al respecto: "¡Ese elefante tuyo es igual a ti!"

Recuerdo que cuando Ma tenía invitados para la cacería, íbamos muchas veces a los lugares de encuentro con los elefantes. Mientras esperábamos, siempre le suplicaba al *mahout* que me dejara tomar su lugar, sentada en el cuello del elefante. Ahí solía recostarme, con mi cabeza entre las orejas del elefante, sintiendo la suave brisa mientras él movía sus orejas, escuchando el zumbido de las abejas, saturada con el olor peculiar del elefante y sintiendo a toda la jungla alrededor de mí. Me sentía completamente fuera de la vida restringida del palacio. Sola. Solamente el elefante y yo en la jungla.

De los *mahouts* aprendimos un poco del dialecto local, lo suficiente como para conversar con el servicio del palacio y sus familias. En esos tiempos me solían llamar "*pagli rajkumari*" lo que significa 'la princesa loca' porque solía tener mucho interés acerca de las vidas de los mahouts y el resto del servicio en el palacio. Solía dibujar planos para casa nuevas que tendrían que ser construidas para ellos. "Aquí", les explicaba apuntando al dibujo mientras captaba a uno de ellos con miradas enigmáticas, "éste será tu baño".

"Pero no tenemos baño propio", me decían. "Tal vez no ahora", les explicaba cautelosamente, "pero lo tendrás cuando construya tu nueva casa. Y tendrán otra habitación separada para los niños".

Usualmente su respuesta era: " "Sí, Princesa, como usted desee".

Solía preguntarles a los mahouts cuánto dinero ganaban al mes, acerca de las condiciones de sus viviendas, y les insistía en que tendrían que ganar más dinero y tener mejores casas. Bhaiya solía hacerme callar diciéndome: "Vas a ocasionar una huelga en la *pilkhanna* si sigues haciendo esto".

Una de las memorias más obsesivas de mi niñez en Kuch Bihar es de cuando regresaba a casa en un elefante, justo antes del atardecer, cansada de todo un día de caza. El aire estaba lleno del aroma de la flor de mostaza y desde la distancia llegaba el solitario y lindo sonido de las flautas. Lejos hacia el norte, todavía visibles después de un día claro, estaban las cimas blancas de los Himalayas. el recuerdo de este momento me hace recordar inmediatamente mi niñez tan feliz y segura y la época cuando mi vida estaba exenta del cambio y la pérdida de las personas más queridas. A veces, mientras me duermo en la noche durante el calor húmedo de la época del monzón, parece que todos estamos todavía ahí: Ma y Bhaiya, Ila e Indrajit, mi esposo Jai y yo, y que Menaka y yo no somos las únicas sobrevivientes.

CAPÍTULO 5

Los deberes y placeres de la realeza

A pesar de que éramos, como familia, muy cercanos y la mayor parte del tiempo manteníamos una relación bastante casual, y a pesar de que nuestra casa en Kuch Bihar tenía un informal ambiente feliz y relajado, era, a pesar de todo, un palacio y hasta cierto punto, una corte. Todos estábamos conscientes de la posición de Bhaiya y desde temprana edad nos enseñaron a tratarlo con respeto; el cumpleaños de Bhaiya era uno de los festejos más importantes del año. Los prisioneros eran perdonados, a los pobres se les servia comida en los templos estatales y toda la gente tenía un día feriado. Por la tarde había un *darbar* en el palacio, el cual era atendido por la nobleza y oficiales. Pero el entretenimiento, con sus fuegos artificiales, procesiones de elefantes y todo el espectáculo, era para la gente del pueblo, que venía a la ciudad para esta ocasión.

También teníamos recordatorios diarios de que nuestra casa era el centro del gobierno de la provincia. El entrenamiento de Ma para sus responsabilidades administrativas fue sumamente bueno. Por lo general estaba bajo la dirección de su padre, el Gaekwar de Baroda, quien discutía con ella acerca de problemas de la provincia y siempre decía que ella tendría que haber sido su hijo mayor ya que era muy buena para manejar asuntos del gobierno. En una de sus visitas a Kuch Bihar dijo que estaba muy contento con la forma en que Ma manejaba todos los asuntos. Desde temprana edad, recuerdo que ella caminaba por los jardines de Kuch Bihar con gente del gobierno de un lado y Bhaiya del otro, hablando acerca del presupuesto o los planes para un nuevo hospital o escuela al mismo tiempo en que miraba los jardines y las flores y tomaba nota mental de las cosas que tenía que decirle al jardinero. Ella era muy seria cuando la gente venía a consultarla o a informarle algo. También estaba muy asombrada y orgullosa de que Bhaiya, sin preguntarle, siempre la siguiera y escuchara con atención a todo lo que se decía.

El resto de nosotros también sabíamos que ocupábamos un lugar especial en la provincia. Teníamos muchos compañeros que venían al palacio a jugar con nosotros, pero puesto que eran todos de familias de Kuch Bihar, hasta en nuestros juegos bruscos ellos nos trataban diferentemente. No nos bromeaban y empujaban, tal como nosotros hacíamos con ellos. Creo que esto era entendible. Después de todo, teníamos este palacio enorme, un lugar fantástico para que un niño crezca y tome el lugar como su casa, lo cual debe de haber avasallado los lugares comunes donde los otros niños jugaban. Luego, a pesar de que teníamos mucho contacto con la gente del pueblo y nos hablaban con familiaridad y afecto, no dudaban en ningún momento de que éramos sus princesas y teníamos que comportarnos de acuerdo a este titulo. En cuando podían confiar que nos comportaríamos adecuadamente, nos dejaban atender eventos públicos. Si había un evento de entrega de premios en el colegio o la inauguración de un nuevo edificio, teníamos que asistir y permanecer callados sin poder correr o jugar con los otros niños. Por lo tanto, desde el principio, teníamos conocimiento del sentido de responsabilidad e inconvenientes que venían con el hecho de pertenecer a la realeza.

También Ma, de alguna manera, había comenzado el proceso de entrenarnos y, como siempre, lo hacía de una manera divertida. Los edecanes y las secretarias eran responsables de la rutina del palacio y la correspondencia y mensajes gubernamentales, pero muy seguido Ma evitaba usarlos y nos daba la responsabilidad de responder los mensajes, llamándonos del jardín o de donde sea que estuviéramos. Éramos como sus mensajeros y cada uno de nosotros deseaba ser el elegido para llevar el mensaje o mandar un telegrama. Para cuando teníamos diez años, ya éramos totalmente capaces y competentes para llevar a cabo estas pequeñas tareas.

Para las niñas, parte del entrenamiento era aprender cómo entretener y recibir invitados. Ma llamaría a Ila, Menaka y a mí para decorar la mesa para una fiesta, elegir las flores, los cuencos de plata y oro y los trofeos que agregarían esplendor a la mesa. Ila y Menaka eran bastante buenas en esta tarea, mientras que yo era terrible. Aprendí mucho simplemente escuchando a Ma manejar los asuntos del palacio, preparar los menús, asignar los asientos para la mesa, elegir la platería y las decoraciones. Ella también nos enseñó cómo manejar el dinero. Primero nos dieron dinero para pequeños gastos personales, para comprar película para una cámara o historietas y otra cosa que deseáramos, luego recibiríamos una pensión con la cual teníamos que comprarnos ropa y los gastos de entretenimiento.

Cuando estábamos fuera de Kuch Bihar, en Calcuta o Darjeeling, las cosas eran más fáciles y era posible formar parte de un grupo de niños. La única diferencia era que no éramos tan libres como ellos. Por ejemplo, los otros niños podían ir solos a ver una película mientras que nosotros no podíamos ir a ningún lado sin nuestras institutrices o edecanes.

Nuestra niñez formaba un entramado de responsabilidades y privilegios, las restricciones de ser parte de una familia gobernante en una provincia con principado. Había ocasiones serias en las cuales la gente de Kuch Bihar venia directamente a presentar una queja o a pedir ayuda en épocas malas, pero afortunadamente Kuch Bihar era una provincia comparativamente rica y fértil, con tierras irrigadas y un alto porcentaje de lluvias anuales. La gente del pueblo podía cultivar arroz y también cosechar yute, mostaza o tabaco para exportación. Por lo tanto, a pesar de que la mayor parte de la gente vivía una vida muy simple, raramente teníamos que sufrir las terribles sequías que periódicamente se encontraban en otras provincias de la India.

Una serie de festivales espléndidos están marcados por el calendario lunar indio y nuestra familia desempeñaba un papel importante y entusiasta en ellos. En India adoramos los festivales y nos encanta hacer espectáculos maravillosos. Hasta la gente más pobre festeja con esplendor, ya que les da una razón para vestirse de fiesta, decorar sus casas, templos y carretas. No encuentran nada incongruente en la yuxtaposición de un despliegue tan extravagante con sus vidas diarias. Mirando hacia atrás a nuestra niñez en Kuch Bihar, recuerdo que siempre estábamos ocupados preparándonos para algún evento especial. El festival más lindo era Diwali, el festival de las luces que marca el calendario hindú, cuando el pueblo y el palacio estaban llenos de lucecitas que se reflejaban en los estanques. El más divertido era Holi, una celebración impresionante en la primavera, cuando todos tenían una chance de colorear a los adultos y a otros niños con polvo rojo.

Tal vez el festival más impresionante era el *Durgapuja*, cuando celebrábamos la victoria de Rama sobre Ravana, el rey demonio de Lanka. Durante este periodo se le rinde tributo a la diosa Durga con ofrendas de flores, frutas y comida. Para la mayoría de las familias reales pertenecientes a la casta Kshatriya, o la casta guerrera, el *Durgapuja* posee una importancia muy especial. Bhaiya encabezaba todas las oraciones y ceremonias que tomaban lugar en honor de la guerra: caballos, armamento, carretas. Pero, había un templo dedicado a Durga en la antigua capital, en ruinas, llamada Gosanimare, donde ninguno de nosotros podía rezar o siquiera entrar. La leyenda cuenta que uno de mis antepasados hizo una ofensa mortal contra la diosa Durga. Este escuchó que en las noches la diosa tomaba forma humana y bailaba, en secreto, dentro del templo. El se escondió ahí una noche, la espió y vio su representación mágica, pero, por supuesto, ella lo descubrió y se enfureció. Como penitencia por lo que este había hecho, lo maldijo a él y a toda su familia, prohibiéndoles entrar al templo y dejándole una ajorca de plata para el pie como recordatorio y advertencia.

El darbar de *Puniya* era muy formal, pero era, dignamente, más colorido que otras ocasiones especiales. Por lo general se celebraba a finales de abril, justo cuando la temperatura comenzaba a ser muy calurosa e incómoda, celebrando así la acumulación de los ingresos del maharajá después de la cosecha de primavera. La tierra en Kuch Bihar, como en la mayoría de las provincias de la India, estaba organizada bajo el sistema feudal y dividido en tierras bajo las distintas coronas, o *khalsa*, y los pífianos eran obtenidos de la corona, algunos de los cuales eran subarrendados una segunda, tercera o cuarta vez. Los ingresos del *khalsa* iban directamente al maharajá, mientras que los impuestos de todas las otras tierras se mantenían por separado, pero el dinero de las otras fuentes era recolectado por funcionarios públicos, los cuales viajaban en elefantes desde las cinco jefaturas.

Después de recaudarlos, los ingresos eran formalmente presentados al maharajá durante el *darbar* de Puniya. Desde la madrugada, el aire estaba lleno de alegría, todos preparándose para este gran día. Recuerdo cómo me gustaba ver la prisa que todos tenían, cómo los elefantes llegaban de la *pilkhanna*, de uno en uno a la vez, a nuestro patio. Ahí se sentaban con sus

Ma y sus hijos montando a caballo en Uty.

Mi primer carro.

caras y trompas que los *mahouts* habían decorado, con diseños elegantes y en diferentes colores. Luego, los grandes almacenes del palacio se abrían y se sacaban todas las telas para cubrir a los elefantes. Primero les ponían las telas lisas, después las espoladas y luego la joyería, que consistía en ajorcas de oro y plata y placas para sus frentes. Luego los *mahouts* se vestían de fiesta, recibían sus varillas de plata y colocaban los *howdahs* de plata, los cuales estaban tallados y pintados, sobre los elefantes. Aún ahora recuerdo la gran emoción que sentía al ver la presentación y al escuchar el barritar de los elefantes. A través de todas las preparaciones, nosotros, los niños, estábamos llenos de preguntas para los mahouts. Finalmente, cuando todo estaba listo y la gran procesión ya en camino, nos dejaban al bullicio de prepararnos y estar listos para el regreso de los elefantes.

Eventualmente, los elefantes se formaban para la celebración y regresaban al palacio trayendo consigo los ingresos en tarros de arcilla decorados con colores fuertes. En una punta de la sala de mármol para el *darbar*, Bhaiya se sentaba en su trono de plata bajo una cúpula hecha con un paraguas de plata, mientras que el ministro encargado de los ingresos provinciales se sentaba, con las piernas cruzadas, en el piso delante de él. El resto de la sala estaba llena de guardias del palacio y funcionarios de la corte todos con sus uniformes y turbantes ceremoniales, los cuales estaban bordados en oro. Los elefantes llevaban hasta la puerta de la sala los tarros con los ingresos. Ahí, los tarros se recogían y eran llevados dentro de la sala del *darbar* para así ser ofrecidos a Bhaiya. Luego, el ministro encargado de los ingresos provinciales encabezaba una oración para dar gracias por los ingresos y, cuando el darbar llegaba a su fin, la procesión de elefantes llevaba los ingresos recogidos a la tesorería provincial. Mis hermanas y yo, vestidas con nuestras mejores joyas y saris de oro y seda de Benarés, mirábamos la ceremonia, al lado de mi madre y otras mujeres del palacio, desde la galería sobre la sala del *darbar*.

Cada año, justo después del *darbar* de Puniya, cuando las temperaturas en Kuch Bihar eran insoportablemente calurosas y el aire insufriblemente húmedo, solíamos ir a pasar el verano en las montanas. La señal que marcaba nuestra partida era la llegada del monzón en mayo. La lluvia repentinamente caía del cielo y se lanzaba contra la tierra, chisporroteando y bailando por horas sin parar. Solía recostarme en la cama en la noche y escuchaba los diferentes sonidos que el chaparrón emitía contra los ladrillos, la estaña, o las piedras, mientras que las mucamas corrían por el palacio cerrando las ventanas y dándonos bebidas calientes. Luego, en las mañanas, todos corríamos al encargado de la casa para ver cuántas ventanas se habían roto durante la noche. Afuera, los ríos estaban llenos de agua turbia y, solamente después de unos días, las praderas se convertían en un color verde brillante, casi innatural.

Con las tormentas venían los insectos y las serpientes, que por lo general se refugiaban en el palacio. En Kuch Bihar se podía encontrar casi todo tipo de insecto y serpiente conocido en la India; mi abuela, Suniti Devi, había catalogado más de cien variedades de insectos voladores. Escarabajos gigantes de tres pulgadas de largo, con una armadura negra y brillante, caminaban sobre las alfombras como tanques de miniatura, o iban contra las paredes y techos produciendo un siniestro sonido. Había otros, conocidos como 'bombas de olor' que largaban un olor hediondo si uno los pisaba, mientras que mosquitos pequeños y discretos, engañosamente insignificantes, nos dejan ampollas enormes si unos los aplastaba con las piernas o los brazos descubiertos. Los escorpiones y los insectos acuáticos invadían nuestros baños, y en todos lados, por supuesto, había mosquitos. Durante la época del monzón, mi abuelo solía vivir bajo una carpa de malla gigante, la cual era del tamaño de su habitación, e ingeniosamente arreglada con puertas dobles para así protegerlo de los mosquitos. A través de la estación de lluvias, todas las comidas se servían dentro de esta carpa. Por mi parte, yo adoraba la época de lluvia. Para nosotros, los niños, los peligros como las serpientes y los escorpiones solamente parecían brindarnos una diversión extraordinaria dentro de nuestra rutina diaria. Pero, una vez que el monzón llegaba a Kuch Bihar, nos íbamos a las montanas donde nos quedábamos hasta que el otoño llegaba a Kuch Bihar, después de que las lluvias y el calor denso y vaporoso de la época después del monzón llegaban a su fin.

Durante los primeros años después de la muerte de mi padre, pasábamos los veranos en Utacamund, un pueblo en las montanas en el sur de la India y donde mis abuelos de Baroda tenían una casa. Estaba a

Arriba: Ma rodeada por sus hijos.
En frente: Mis hermanos.

más de mil millas de Kuch Bihar, de modo que nuestro viaje para llegar ahí nos tomaba más de una semana, pero nuestra partida era siempre un alboroto, por lo que la distancia era algo insignificante. En nuestros viajes a Utacamund, nuestro grupo constaba de mucha gente, así como también de treinta caballos y maletas que llenaban varios camiones.

Usualmente, la lista de gente que nos acompañaba era la siguiente: Ma y sus cinco hijos, una mucama para cada una de las niñas y una ayuda de cámara para cada uno de los niños, un grupo de familiares y acompañantes, dos edecanes y sus familias, seis mayordomos, cuatro *jamedars* o lacayos, ocho guardias, una institutriz inglesa, dos tutores indios, nuestro chofer inglés y su esposa e hija, un cocinero indio y otro inglés, cuatro asistentes de cocina, un oficinista para la cocina, un encargado para la casa, su asistente, un contador y su asistente, y treinta gentilhombres para los caballos. Llevábamos cuatro o más mucamos para llevar todas las cosas personales que necesitábamos —sillas y frenos, los utensilios de la cocina, la ropa de cama, los cubiertos y los vasos— y una vez que llegábamos, tomaba por lo menos cuatro días acomodar todo en la casa.

El viaje comenzaba con un tren de toda la noche desde Kuch Bihar hasta Calcuta. En esos días, una cabina de primera clase en el tren era amplia y completamente independiente, con su propio baño y una habitación separada para el mucamo personal del viajero. Muchos de los maharajaes tenían sus propios vagones provinciales y su respectivo emblema dibujado en el exterior de este. Estos vagones tenían accesorios especiales y muebles elegidos personalmente por el maharajá y sus dueños nunca viajaban en ningún otro vagón mas que el suyo. Pero nosotros siempre utilizábamos transporte publico.

De Kuch Bihar a Parbatipur, lo que es ahora Bangladesh, el ferrocarril andaba por líneas de vía estrecha, teníamos que cambiar a la línea de vía ancha una vez que el tren llegaba a Calcuta, a medianoche. Medio dormidos y vestidos con nuestra ropa de cama, nos llevaban a través de las plataformas hacia nuestro nuevo compartimiento. A la mañana siguiente nos despertábamos en Calcuta. Por lo general, pasábamos un par de noches en nuestra casa, 'Woodlands', antes de viajar a Madrás, donde nos quedábamos por un par de días en el hotel Connemara. Otra noche en el tren nos llevaba hasta el pie de las montanas Nilgiris. El último trecho era un viaje en auto de tres horas que subía las montañas, las cuales llegaban a alrededor de 7000 pies de altura. Finalmente, llegábamos al destino, preguntándonos como cualquier otra persona que iba a Utacamund, o Uty como todos lo llamaban, si la campiña, tan placentera y verde, podría ser parte de la India, o si era un pedazo de Inglaterra que había sido transportado en forma intacta con sus casas inglesas con nombres como 'Cedarhurst' y 'Glen View', mostrando sus tejados victorianos o caprichosos torreones de terracota, con jardines llenos de malvas, campanitas y huertas con manzanas y peras inglesas.

Guardo un recuerdo poco menos que sentimental de Uty. Fue ahí donde mi futuro esposo, el maharajá de Jaipur, nos visitó por primera vez. Yo tenía cinco años y estaba totalmente desinteresada en el niño gordinflón de trece años que le había escrito a Ma una carta invitándose a un almuerzo en nuestra casa, incluyendo una petición de que se sirviera comida india en vez de británica. Estaba más interesado en que le sirvieran una comida buena y deliciosa —sus tutores estaban tratando de ponerlo en una dieta de comida inglesa— que en cualquiera de las niñas pequeñas de la familia. Luego, Ma recibió una carta de uno de los tutores del maharajá pidiéndole que nunca más le sirviera comida india.

A pesar de la belleza de la campiña alrededor de Uty y la pureza del aire de las montañas durante nuestras cabalgatas matutinas, yo seguía prefiriendo Darjeeling, el pueblo en las montañas de los Himalayas y donde pasábamos nuestros veranos cuando yo tenía alrededor de doce o trece años. Una ciudad encantadora a 7000 pies de altura, estaba fuera de los bordes limítrofes de la provincia de Kuch Bihar, aunque durante varios siglos fue parte de las propiedades personales del maharajá de Kuch Bihar. Cuando el gobierno británico de Calcuta comenzó a ir ahí durante los meses de verano, mi abuelo les otorgó parte de la tierra para que construyeran una casa gubernamental. Nuestra casa en Darjeeling se llamaba 'Colinton' y había sido construida a mediados del siglo XIX. Situada mucho mas alta que el resto del pueblo, al final de la avenida de las magnolias con un gran jardín conectado al gran bosque del norte, 'Colinton' estaba perfectamente ubicada con una magnifica vista de todos los Himalayas.

La campiña ofrecía caminatas y lugares para picnic espectaculares. A veces, temprano por las mañanas, íbamos a Tiger Hill, la Colina del Tigre, un lugar panorámico en Darjeeling, para ver el amanecer sobre el Everest. A veces, visitábamos los monasterios budistas o los pequeños altares a lo largo de las montañas, los cuales estaban cubiertos con pequeñas y ondulantes banderas. El mercado en el centro de Darjeeling estaba siempre lleno de gente de Tibet y de Bután, los cuales se vestían con sombreros de piel y botas bordadas, vendiendo sus artesanías o frutas y vegetales.

Me encantaba caminar por Darjeeling mirando a la gente local y estableciendo conversaciones con ellos, a pesar de que me entristecía su pobreza y la ropa remendada de los niños. Una vez, les di nuestros abrigos, que eran caros e importados de Fortnum and Mason en Londres, contenta de poder deshacerme de esas cosas feas y espinosas.

Mis memorias de Darjeeling están llenas de melodramas familiares mezclados con días libres y placenteros. Por ejemplo, una de las ceremonias religiosas que Ma insistía que Ila, Menaka y yo lleváramos a cabo regularmente era la de la *puja* al dios Shiva. Esto comprendía el orar y darle ofrendas A Shiva para que él nos brindara buenos esposos, lo cual era bastante fácil. Pero también significaba que teníamos que ayunar los lunes, desde el amanecer al atardecer, sin tener algo para comer o beber y lo cual resultaba más difícil porque teníamos que ir a cabalgar, tener nuestras lecciones y comportarnos como si se tratase de cualquier otro día. Recuerdo que un lunes entraba en el comedor de 'Colinton' y estaba la mesa puesta para el té; ahí, por sobre toda la comida, estaba una magnifica torta de chocolate. La tentación fue demasiada, por lo que rápidamente robe un pedazo. De lo que no me había dado cuenta era que Indrajit me había seguido al comedor y había presenciado todos mis movimientos sin detenerme. No dijo nada, pero durante varios días después lograba que yo hiciera cualquier cosa que él quisiera. Ningún otro miembro de la familia se podía explicar por qué yo corría a servirlo.

Este incidente no era poco común para Indrajit. Recuerdo que cuando estábamos en Londres, teníamos revistas cómicas como *Tiger Tim* y *Puck*, las cuales llegaban a nuestra residencia. En esos días, costaban dos centavos cada uno, e Indrajit, quien siempre los agarraba primero, solía cobrarnos a Menaka y a mí unos centavos a cada una para darnos permiso a leerlos. Su razonamiento era que en este arreglo todos ganábamos: Menaka y yo podíamos leer la revista por sólo un penique, mientras que él hacia su ganancia. No podíamos encontrar algún problema con su razonamiento. Hasta Ma una vez se enredó en uno de los razonamientos de Indrajit. Indrajit le había escrito desde la escuela: "Estarás contenta de escuchar que salí segundo en matemáticas." Cuando su boletín llegó a casa, y con éste su puesto en la clase, Ma vio que él era el penúltimo de la clase. Indrajit protesto y dijo: "pero yo no te dije segundo en qué parte de la lista."

En Darjeeling todos teníamos una vida muy activa al aire libre. En esos tiempos, las carreteras eran consideradas muy peligrosas para los automóviles. Ahora, por supuesto, todos pueden viajar en jeep, pero cuando yo era niña, los vehículos no se permitían en la zona, así que teníamos que ir a pie, o a caballo, o con un *rickshaw*. Todas las casas de los príncipes tenían sus propios *rickshaws* con el emblema pintado a sus costados. Tres o cuatro cargadores lo tiraban mientras que, delante de nosotros, iban un par de edecanes a caballo. Nosotros los niños caminábamos o cabalgábamos por millas cada día. Por ejemplo, durante nuestras expediciones dos veces por semana, cuando íbamos a patinar al club Gymkhana, siempre caminábamos unas cinco millas de ida y otras tantas de regreso.

La preocupación de Ma, debido a mi reputación de ser traviesa, era que pasaba la mayor parte de mis días trepando por las montanas. Algunas veces llevaba conmigo a Menaka o a uno de nuestros primos de Baroda. Pero yo tenía más valentía que talento. Muchas veces quedaba atrapada en algún lugar y, después de muchas maniobras, lograba regresar a casa empapada y con sanguijuelas en los calcetines. El único problema en esta vida atlética y sin preocupaciones era que Ma nos hacia usar nuestras chisteras de sol cuando íbamos a cabalgar. Yo odiaba mi casco, una vez hasta llegue a tirarlo por la cascada de Darjeeling, pero desafortunadamente el suministro de cascos parecía ser ilimitado.

Como familia, amábamos a los animales y llegamos a obtener una cantidad considerable de fieras. Ma tenía un dálmata incontrolable, Indrajit una garza real a la cual estaba apegado con locura, mientras que yo tenía una serie de perros y dos cachorros de panteras. Todos teníamos monos, y Ma tenia dos tití. Ila, que tenía un talento increíble con los animales, coleccionaba todo tipo de criaturas abandonadas. Tenía un ciervo con una pierna rota; cuando todos pensábamos que el ciervo iba a morir, Ila insistía en que lo podía salvar, por lo que lo cuidó, en la casa, hasta su recuperación. Luego, cuando Ila fue a la escuela en París, el ciervo fue al zoológico de Calcuta. Cuando ella regresó, el primer lugar que visitó, incluso antes de 'Woodlands', fue el zoológico. Ella estuvo fuera de casa por dos años y medio, pero el ciervo la reconoció inmediatamente y vino a la cerca a acariciar su mano. En otra ocasión, cuando uno de los caballos de caza ingleses de Ma se lastimó la cabeza y todos lo daban casi por muerto, Ila no dejó que lo matasen y le hizo guarda en el establo toda la noche, lo cual nadie ni siquiera los lacayos pudieron hacer. Para la sorpresa de todos, por la mañana el caballo estaba mejorado.

Aparte de nuestros viajes a las montañas, cuando éramos más grandes íbamos también a otros principados, principalmente al palacio de mis abuelos en Baroda. Recuerdo una vez haber ido a Bhopal, en el centro de la India, donde Bhaiya e Ila jugaban al hockey y otros deportes con las tres hijas del Nawab, y una vez había ido yo con Ma a Bikaner en una casería imperial.

Pero nuestros veranos en Darjeeling se encuentran dentro de mi más maravillosos recuerdos, y todo tipo de eventos, triviales y estimados, de nuestra vida ahí me vienen a la mente. Por ejemplo, ir a mi primera película con sonido, por ejemplo, y de no poder escuchar ni una sola palabra por el ruido de la lluvia en el tejado. Ir al club Gymkhana, donde mi abuelo había sido la primer presidenta, y patinar con nuestros amigos al sonido de la banda de música, y que Indrajit era muy bueno y siempre los escogían para bailar el vals con su maestra; cómo Ila imitaba el terrible hindi o inglés de los invitados cuando hablaban con la gente del servicio; cómo Ma, como de costumbre, era el centro de lo que era una gran y permanente fiesta en casa. Recuerdo tener frío, las pocas veces que esto ocurría, en la India y protestar porque teníamos que ponernos unas túnicas de seda para nuestras lecciones de baile y luego tener que bañarnos. En 'Colinton', como era normal en la India, no teníamos baños al estilo occidental, sino que nos sentábamos en un banco de madera con un aguamanil de plata enfrente de nosotros. Teníamos que enjabonarnos y enjuagarnos antes de salir de la bañera. Ma decía que esto era mucho más limpio que bañarnos en una bañera llena de agua, pero en Darjeeling esto era, definitivamente, mucho más frío.

No he regresado a Uty o Darjeeling durante dos años y no tengo demasiadas ganas de regresar. Imagino que ahora deben de ser lugares bastante depresivos; ciudades pequeñas donde ni el gobierno o las familias reales van durante los veranos. Pero nada puede cambiar el esplendor de los Himalayas y nada puede borrar de mi memoria esas cabalgatas a la madrugada con mis hermanos y hermanas, mientras mirábamos al sol asomarse sobre la nieve eterna.

CAPÍTULO 6

Inglaterra, el Continente y Calcuta

Cuando tenía nueve años, regresamos a Inglaterra por primera vez desde la muerte de mi padre. Ma estaba preocupada de que si Bhaiya se quedaba en Kuch Bihar llegara a estar malcriado. Incluso antes de la muerte de mi padre, Bhaiya estaba muy consciente de su posición, e incluso, para sorpresa de mis padres, le gustaba que lo llamaran por el nombre Yuvraj o 'Príncipe de la Corona'. Después de que se convirtió en maharajá a los siete años de edad, nadie le decía que no y casi siempre se hacía lo que él quería.

En el palacio había una cancha donde el publico venía a jugar al criquet, fútbol y hockey con los miembros de nuestra familia. Bhaiya jugaba al criquet con los niños del pueblo Ma se daba cuenta de que cuando era su turno al bate y lo ponchaban, ninguno de los jugadores pronunciaba el típico, "¿Qué te parece eso?" el arbitro se mantenía en silencio.

Para Ma, esa fue la gota que derramó el vaso. Ella pensaba que ese tipo de trato solamente podía arruinara Bhaiya, por lo que el no debía quedarse en Kuch Bihar. Pero estaba preocupada de lo que tenía que hacer, ya que nuestro padre, que había ido a Eton, le había dicho que la educación inglesa no era apropiada para una persona india y que en su propio caso ello le había hecho desconocer el país que debía gobernar. Él siempre dijo que quería que sus hijos fueran educados en la India.

Eventualmente, Ma consultó al virrey Lord Irwin, cuyos hijos estaban en un colegio inglés en Eastbourne llamado St. Cyprian. Seguramente habrá quedado impresionada con los consejos del virrey, ya que al poco tiempo registró a Bhaiya en esa escuela y lo mandó en barco a Inglaterra, donde, después de un corto plazo, nosotros lo seguimos allá, puesto que Ma no quería dividir a la familia.

Ila fue al internado Ravenscroft en Eastbourne, Indrajit fue a la escuela Gibbs School en Londres, mientras que Menaka, yo y Baby, la hija de Nawab Khusru Jung, quien vivía en Londres con nosotros la mayor parte del tiempo, fuimos a la escuela Glendower en Londres. Nuestro primer día en la escuela fue de lo más alarmante. Estábamos incómodas con nuestros extraños uniformes violeta y, como éramos las primeras estudiantes indias, éramos objeto de miradas curiosas. A causa de la falta de adiestramiento sobre los salones de clase ingleses, tuvimos bastantes problemas en entender la rutina y saber qué esperaban de nosotras. Durante semanas, estuve preguntándome qué era esa palabra misteriosa que cada niña repetía cada mañana cuando se tomaba lista y su nombre era mencionado; eventualmente descubrí que decían "Presente, Miss Heath." Pero, dejando de lado lo raras que éramos en todas las cosas, pudimos compensarlo siendo buenas para los deportes.

Mucho mas interesante que la vida dentro de la escuela era la vida fuera de la escuela. La vida social de Ma en Londres era muy activa. Teníamos una casa en la calle South Audley y por lo general nos encontrábamos con ella en las mañanas en el atrio de entrada cuando ella regresaba de una fiesta y nosotras nos marchábamos a la escuela. Durante las vacaciones de invierno, íbamos a una casa en Melton Mowbray, donde Ma solía cazar en Quorn y Cottesmore. Compró un caballo de caza al príncipe de Gales y con amargura nos contó que se había caído al intentar probarlo. Durante las pascuas íbamos de cacería a New Forest, pero las temperaturas eran tan frías y el tiempo tan miserable que en cuanto llegábamos, Ma nos decía que era imposible estar ahí y que era mejor ir a Francia. Nos fuimos de inmediato a Le Touquet.

Ma estaba decidida en que nos hiciéramos de un paladar sin prejuicios pero discriminatorio; la primera cosa que hacía en cuanto llegábamos a Francia era tratar de convencernos de comer patas de ranas diciéndonos que eran gallinitas. En teoría nuestra vida en Le Touquet se concentraba en ir a la playa y en emprender muchas actividades saludables al aire libre, mientras que Ma se concentraba en las mesas de juego donde mostraba su presencia exótica y deslumbrante. La señora Evelyn Walsh de Filadelfia, una amiga de ella, la describió como "la personificación de gracia y encanto, la princesa de las mil y una noches". Ella me escribió comentándome de cuando vio a Ma por primera vez en el casino de Le Touquet:

> La mujer más fabulosa y hermosa de la
> India, llevando con ella la cigarrera más

larga que he visto y vistiendo un sari de seda brillante cubierto con perlas, esmeraldas y rubíes. Tenía un rostro impasible, pero con una pila de fichas en frente de ella que daban testimonio de su éxito y para completar su presentación llevaba con ella una pequeña tortuga, la cual tenía en la espalda tres tiras de esmeraldas, diamantes y rubíes y a la que usaba como su talismán. Cada tanto la criatura caminaba a través de la mesa, pero ella siempre la agarraba. La gente estaba deslumbrada con ella.

Como de costumbre, estábamos muy intrigados con la vida social de Ma, la cual parecía mucho más interesante que la nuestra. Por las tardes, ella practicaba con nosotros los distintos sistemas que inventaba para tener un *chemin-de-fer* y luego en las noches cuando se iba al casino nos sentábamos y seguíamos jugando el juego y comiendo chocolates hasta mucho después de nuestra hora de ir a dormir. Incluso las mucamas de Ma estaban interesadas en su buena suerte. Habían hecho un acuerdo según el cual, después de una noche exitosa, ella dejaría sus zapatos bocabajo fuera de su puerta como signo de su triunfo.

Pero la suerte de Ma tuvo una vida muy corta y pronto esta nueva vida llena de sorpresas y deleites llegó a su fin. Una noche, ella perdió una enorme cantidad de dinero y decidió que no nos podíamos quedar en Le Touquet. Nos fuimos en el mes de abril, un día nublado y con vientos fuertes, lo cual yo asocio con el clima de la costa inglesa y el noreste de Francia; parecía imposible que nuestro pequeño avión pudiera volar. Cuando finalmente tomamos vuelo, estuvimos en el aire con una turbulencia terrible durante varias horas hasta que finalmente pudimos aterrizar en Croydon. Inlcuso el piloto estaba nervioso. Ma fue la única que no parecía estar perturbada, sino algo enojada debido al retraso.

Al comienzo del siguiente año, Menaka tuvo una infección en las glándulas que los doctores predecían que podría ser tuberculosis, por lo que la enviaron a un sanatorio en Leysin, en Suiza. Baby y yo la acompañamos e íbamos a una escuela cercana llamada Les Noisetiers, mientras que Ila y los niños se quedaron en la escuela en Inglaterra. Ma nos mandó con una lista de instrucciones, la cual indicaba que estudiáramos mucho y aprendiéramos francés, en que nos portáramos bien y que teníamos que insistir en tomar un baño todos los días. Sobre todo, no podíamos permitir que la escuela nos sirviera carne de res, que es prohibida para los hindúes.

Al final, la carne de res y los baños no fueron causa de problemas, pero sí los otros estudiantes. En ese entonces sólo hablábamos inglés y bengalí y nuestro único intérprete era un niño pelirrojo bastante tenaz. El primer día de escuela me empujó contra la pared mientras los otros chicos gritaban 'Demand lui ça!' y me interrogaban. ¿Era realmente una princesa india? Y si lo era, ¿por que no había llegado a la escuela en un elefante? ¿Cuántos elefantes tenía? ¿Cuántas joyas? etc. La única cosa que los hacía creer en mis respuestas era que nos daban pollo en vez de carne de res durante los almuerzos; asumían que esto sucedía porque éramos de la realeza.

A pesar de lo irritante o interesante que fue la variedad de escuelas y países que visitamos, siempre soñaba con regresar a la India. No era porque extrañaba mi hogar —mi hogar era donde estuviese Ma— pero sentía, de forma ambigua, que mi vida 'verdadera' estaba en India y que comenzaría otra vez luego de que el viaje por Europa llegase a su fin.

Para mi alegría, al año siguiente, cuando tenía once años, Ma decidió llevarme de regreso a la India. Ella por su parte quería regresar antes del *Keddah*, una ceremonia de elefantes que tomaba lugar en Mysore, por lo que ella voló de regreso mientras que yo regresé en barco con mi abuela de Baroda, que estaba de vacaciones en Europa. En esos días, volar en avión era sólo para la gente aventurera, por no decir imprudente, y Ma se fue sin decirle a su madre y dejando instrucciones con el edecán de que nos diera la noticia después de que ella hubiera subido al avión. Mi abuela estaba, por supuesto, horrorizada cuando escuchó la noticia y con lágrimas en los ojos reprochó al pobre edecán de Kuch Bihar no haber tomado buen cuidado de Ma. La mañana siguiente, la primer pagina de todos los diarios ingleses decía que el avión de Ma había chocado con el mar justo al norte de Libia. Todos los pasajeros estuvieron forzados a trepar y sentarse encima del fuselaje hasta que fueron rescatados. Toda la experiencia no cambió su actitud de volver a volar.

Arriba: Nosotras, las tres hermanas
Pagina opuesta arriba: Ma en una reunión de té en Calcuta
Pagina opuesta abajo: Bhaiya y su equipo de criquet en Calcuta

Arriba: Mis abuelos de Baroda, mi madre, mi hermano y hermanas después de
Una audiencia con el Papa en el Vaticano (en la década de 1930)
Pagina opuesta arriba: Ma llegando a Londres (en la década de 1920)
Pagina opuesta abajo: Con Ma en Venecia (en la década de 1930)

Mi viaje de regreso a casa puede parecerle a un extraño mucho mas formal ya que fue en un barco bajo el cuidado de mi abuela de Baroda, pero para mí significó gozar de una libertad como nunca la tuve. Hasta ese entonces, había estado o en la escuela o bajo el cuidado de una institutriz que verificaba que yo estuviese bien vestida, que comiera mis alimentos y demás. Pero en el barco estaba en un camarote de primera clase con mi propio baño, andando sin supervisión por todos lados y gastando mi dinero en limonadas para otros niños. La única persona que me supervisaba era Ijahar, el mucamo de Bhaiya, quien también regresaba a India para las vacaciones.

Una vez que llegamos a Bombay, las restricciones que me impusieron parecían imposibles de sostener, pero pronto regresamos a Calcuta. Fue en el invierno cuando comencé a apreciar nuestra casa ahí y la vida que ésta contenía. 'Woodlands' en Calcuta era como mi 'tercer' casa, sobrepasada en status solamente por 'Belvedere', como el virrey Lodge solía llamarla, y la Casa de Gobierno. Era un edificio grande y blanco construido por la colonia británica en el estilo clásico de la *East India Company*, con columnas jónicas y grandes barandas alrededor de la casa, ventanales y habitaciones con buenas proporciones. Una vez, los hijos del sultán Tipu, gobernador de Mysore, se rebelaron contra los británicos, fueron asesinados en 1799 y fueron encarcelados en esa casa. Se dice que todavía sus espíritus rondan por la casa. Un verano escuchamos unos sonidos extraños en el techo de la casa, así que Ma llamó a un exorcista. Era un hombre pequeño que llevaba puesto un *topi* para el sol y se manejaba con mucha certeza; cualquiera que haya sido su magia, funcionó ya que no volvimos a escuchar de los fantasmas.

Mi abuelo de Kuch Bihar compró 'Woodlands' a los británicos unos cien años después del tiempo del sultán Tipu y se transformó rápidamente en uno de los centros sociales de Calcuta, una tradición que, evidentemente, Ma continuo magníficamente. 'Woodlands' estaba en un área residencial de Calcuta, situado en un jardín tan vasto que ningún otro edificio se veía desde la casa. En cuanto uno cruzaba los enormes portones de hierro con el emblema de Kuch Bihar e iba por el camino de piedras rojas, uno estaba rodeado por árboles enormes y una gran cantidad de arbustos. Había un hermoso jardín con todo tipo de flores tropicales: jazmín, *frangipani*, rosas,

Mi abuelo de Baroda, mi madre y mis hermanos

poinsettias y *baku*, una flor blanca en forma de estrella y con un aroma muy fuerte. Dentro del terreno de la casa había también un campo para jugar al criquet y dos canchas de tenis.

Detrás de la casa estaban los cuartos del servicio y los establos. Había seis ponis para los niños, tres o cuatro caballos para Ma y una docena o más para los invitados y los ayudantes de campo. En los garajes el chofer ingles, Mr. Davidson, se encargaba de la colección de automóviles, desde el Sedán último modelo de Ma hasta los autos deportivos más antiguos y los cuales pertenecían a mi padre. Mr. Davidson tenía la reputación de haber sido el primer hombre en manejar en Calcuta y yo solía pasarme los días hablando con él en el garaje. Su hija era una gran amiga mía y también su casa era un lugar donde los jinetes profesionales se juntaban, por lo que sus consejos durante la época de carreras acerca de los caballos eran maravillosos. Gracias a lo que aprendí de Mr. Davidson, pude convertirme en una gran consejera para los invitados de Ma. El primer invitado que me escuchó fue el hijo del virrey Lord Rattendon, el cual se excusó del almuerzo un día diciéndole a Ma que tenía que ir a poner una apuesta en un caballo llamado Royal Air Force, el cual yo le aseguré iba a ganar esa tarde la competencia Copa del Virrey. Ma dijo que yo no sabía nada acerca del tema, pero Lord Rattendon siguió cuidadosamente mis consejos. Al final, Royal Air Force salió primero en la carrera y ello sorprendió mucho a Ma.

Dentro de 'Woodlands' Ma dejó libre su imaginación y decoró cada habitación con un estilo diferente. El estilo para la sala estaba regido por una hermosa mampara China hecha de madera con jade y cuarzo rosa, mientras que las otras habitaciones conservaban un estilo francés, inglés o italiano. Su propia habitación era la más oriental de la casa, llena de sillones y alfombras persas y dominada por una fabulosa cama de marfil tallado con los enormes colmillos de elefante que sobresalían peligrosamente de las patas de la cama, y la cual se puede ver ahora en el museo de la familia en Baroda. Pero el centro de nuestra vida social en 'Woodlands' se encontraba en la baranda ancha que miraba sobre el jardín y donde a Ma le gustaba estar con sus invitados y familiares. Creo que fue el primer lugar en Calcuta amueblado en el nuevo estilo de 1930. En ese entonces era considerado muy moderno y poco usual, con mesas de vidrio y todos los muebles cuadrados y gruesos pero cómodos. Estábamos muy orgullosos de tenerlo. Sorprendentemente, parecía que quedaba perfecto con la sala formal en la habitación contigua.

'Woodlands' estaba siempre lleno de gente. Cuando estábamos en India, ahí era donde pasábamos las Navidades, un tiempo especialmente importante porque el virrey siempre venía de Delhi por varias semanas. Como no había suficiente lugar en la casa para todos nuestros invitados, algunos eran hospedados en carpas instaladas en el jardín. Durante mi niñez, Lord Willingdon era el virrey y había viajes constantes entre 'Woodlands' y 'Belvedere' donde estaba su residencia. Uno de los recuerdos más incómodos que tengo es de una fiesta de mujeres en 'Woodlands', donde Menaka y yo tuvimos que bailar para Lady Willingdon. El bailar no fue divertido, pero lo peor fue que al final del espectáculo tuvimos que presentarle un ramo de flores. A ella le gustaba mucho el color de malva, pero por alguna razón, la gente del servicio me dio un ramo de rosas, mientras que a Menaka le dieron un ramo de flores de color malva para la esposa del gobernador. Nunca me olvidaré de lo terrible y desconcertante que fue escuchar a Lady Willingdon decir en voz alta y firme, 'No, querida, no creo que estas flores sean para mí."

En teoría, entretener al virrey exigía perfección, pero en la practica tratar de llegar a conseguir ese estándar invitaba al desastre y en 'Woodlands' siempre había algo que no estaba bien. La situación más inexplicable y terrible para Ma fue la preparación de un menú para una cena especial. Después de que ella paso días planeándolo, imprimieron el menú en francés, en hermosas tarjetas con el emblema de Kuch Bihar. Pero la noche de la cena, el *chef* ruso de Ma, que había sido teniente en la armada del zar, produjo una cena suntuosa donde ninguno de los platos estaba mencionado en el menú. No creo que la gente se haya ofendido, excepto Ma, quien estaba muy enojada.

De todas las personas que vinieron a 'Woodlands' algunos permanecen en mi memoria: el maharajá de Cachemira, que siempre llegaba en la época de las carreras y a veces dejaba sus caballos ahí; el príncipe Aly Khan, a quien, como cualquier otro amigo musulmán de Ma, le desconcertaba que yo tuviese un nombre musulmán; y el particularmente cautivador Douglas Fairbanks Sr., el bravucón estrella de cine. Recuerdo que llegó a 'Woodlands' en la tarde y durante los dos días antes de su llegada yo estaba silenciosamente preocupada de que él llegase tarde y que yo no pudiera recibirlo porque tener que ira la cama antes de su llegada. Cuando llegaba el anochecer, el prospecto de su llegada antes de mi hora de ir a dormir era cada vez más diminuta con el pasar de cada minuto, pero por suerte, llegó a tiempo. Los admiradores lo detuvieron en el puente Howrah, el cual era el único puente sobre el río Hooghly en Calcuta. Cuando finalmente llegó a 'Woodlands' todos los botones de su ropa habían sido arrancados por la gente para guardarlos como recuerdo. Finalmente lo saludé, él era muy simpático. Nos dio a cada uno su fotografía. La mía decía "Recuerda el 23 de mayo", no podía creer la coincidencia de que los dos teníamos el mismo cumpleaños. Todavía conservo su fotografía. Después él viajó a Kuch Bihar para filmar y ahí tuve un poco más de suerte. Mi nariz comenzó a sangrar y Douglas Fairbanks me ayudó poniéndome una llave en mi espalda para que parase de sangrar.

Pero bajo los ojos de la gente joven de la familia, la visita más encantadora fue la del maharajá de Jaipur, quien se quedó con nosotros durante sus vacaciones de Navidad en 1931, cuando yo tenia doce años.

CAPÍTULO 7

El maharajá de Jaipur

La semana antes de que el maharajá de Jaipur llegase a Calcuta para la temporada de polo, Ma nos decía a Menaka y a mí que teníamos que dejar nuestras habitaciones para que él las utilizase porque 'Woodlands' estaba, por lo general, lleno. Esto era insignificante, si se consideraba la experiencia de tener de visita a un héroe como él.

Una escritora inglesa, Rosita Forbes, lo describió de esta manera:

> Debido a su aspecto y calidez, sus posesiones y sus proezas al montar, este joven extremadamente guapo, famoso como deportista en tres continentes, ocupa, en la imaginación de la gente de la India, la misma posición que el príncipe de Gales ocupaba en las mentes de los trabajadores en Inglaterra. De ninguna otra forma se puede sugerir la popularidad universal que, combinada con la pasmosa maravilla de ver lo que haría a continuación, que rodeaba a este popular gobernador indio.

Naturalmente, éramos la envidia de todos nuestros amigos y nuestra excitación llegó a un estado febril cuando sesenta de sus hermosos ponis para polo, con sus lacayos luciendo los turbantes extravagantes de Rajput, llegaron de Jaipur. Finalmente, al anochecer, llegó él, una figura apuesta, manejando un Rolls Royce verde.

Jai, como lo llamaban sus amigos, tenía en ese entonces alrededor de veintiún años de edad y acababa de completar su entrenamiento en la academia militar Woolwich en Inglaterra. Era muy delgado y apuesto y vestía impecablemente, aunque por lo general con ropa de estilo informal. Sus edecanes, en contraste, estaban siempre vestidos formalmente y sus lacayos lucían el uniforme del estado con turbantes brillantes color naranja. Toda la gente en Calcuta lo encontraba encantador y relajado, pero al mismo tiempo tenía un aire de elegante confianza que resultaba muy imponente. Se reía y hacia bromas con todos en su voz lenta y pesada y coqueteaba mucho, lo cual lo hacía más atractivo. Lo más me atrajo de él fue su sentido del humor y su simpatía, a pesar de que a lo largo de mi niñez siempre hablaba de él como el maharajá de Jaipur y lo llamaba 'su alteza', mientras que mis hermanos lo llamaban Jai Dada.

Para mí que amaba los deportes, su encanto especial yacía en que él era el mejor jugador de polo de la India. Creó el equipo de polo de Jaipur, un poco después de su regreso de Woolwich con el famoso jugador de polo Rao Raja Hanut Singh, su hermano Rao Raja Abhey Singh y Prithi Singh de Baria. Recién comenzaban con esta vocación que eventualmente daría al equipo reconocimiento mundial. De 1933 a 1939, el equipo ganó la copa del campeonato de la Asociación de Polo de la India (*Indian Polo Association*), y cuando Jai llevó a su equipo a Inglaterra, ganaron ahí todos los campeonatos y su handicap era de hasta nueve.

En la India, el polo ocupa un lugar no muy distinto que el fútbol en Inglaterra y los Estados Unidos, por lo que Jai, durante la década de sus treinta años, era un héroe popular. Cuando iba a un partido, la policía tenia que abrir camino entre la multitud y cuando el equipo de Jaipur ganaba, los aficionados entraban de miles en miles al campo de polo para tocar, como tributo, los pies de Jai. Muchos miembros de la comunidad de negocios de Calcuta eran de Rajputana, lo que ahora es Rajasthán, y aparte de la lealtad local, pensaban que hacer altas apuestas a favor del equipo de Jaipur podías generar buenas ganancias.

Por mi parte, a partir de 1931, cuando Jai se quedó con nosotros en Calcuta, comencé a soñar despierta —algo opuesto al cuento de hadas común— que milagrosamente, algún día, fuese transformada de princesa en lacayo para poder estar con su caballo y entregarle su palo; así él, sin darse cuenta, tocaría mi mano. Desde el comienzo, él se preocupó mas por Menaka y por mí que por otros huéspedes en 'Woodlands'. Usualmente en el mundo de Ma, nosotros éramos los espectadores, no estábamos restringidos a nuestras habitaciones pero tampoco estábamos alentados a entablar conversaciones o hacer lío. Pero Jai no nos trataba como niños sin interés para los adultos.

Una tarde, cuando él no estaba en el campo de polo, vino a jugar al tenis con nosotras, llevando con él a un edecán o a algún miembro de su equipo para así tener a cuatro personas para el partido. No me di cuenta de que él estaba haciendo el juego fácil para Menaka y para mí. Me di cuenta de esto cuando jugó un partido de tenis con Ma. En esos días, Ma era buena en el tenis y yo le dije que el partido iba a ser fácil para ella. "Vas a ganarle fácilmente Ma. Él no es bueno."

Ma me dijo, "¿Estás segura? Él es joven y atlético."

"Oh", le dije, "es fantástico en polo, pero realmente no es un buen jugador de tenis."

Jai jugó sin menoscabo contra Ma y le ganó fácilmente; ella no ganó ni un sólo partido. Ma estaba furiosa conmigo. Ella me dijo, "¿Cómo pudiste decirme que no jugaba bien? ¿No te diste cuenta de que él no jugó bien cuando jugo contigo?"

Más tarde, Jai decidió que yo no tenía que ganar todos los partidos. Menaka, Baby y yo formamos el Club Desafío en el cual nos retábamos las unas a las otras a hacer cosas peligrosas como trepar al techo. Habíamos formado el club en la sala de billares y yo había puesto un poco de tiza azul en la punta de mi nariz para mostrar que era la presidenta del club. Cuando Jai me vio preguntó por qué tenía tiza azul en mi nariz. Le explique acerca del Club Desafío y enseguida me retó a una carrera de bicicletas. Me ganó sin problemas a pesar de que yo creía ser una ciclista buena y temeraria. Lamentablemente, me di cuenta de que no importaba cuan amable era Jai conmigo, yo pertenecía al grupo de los niños y Jai estaba fuera de mí circulo.

Al año siguiente, Jai regresó a Calcuta para la temporada de invierno y otra vez ganó el campeonato de la Asociación de Polo de la India (*India Polo Association*). En medio de todas las felicitaciones, Ma sin darse cuenta le dijo que él podía tener "cualquier cosa que quisiese". Para sorpresa mía, él inmediatamente dijo que quería que yo lo acompañara a una cena de celebración en Firpo, uno de los restaurantes más famosos de Calcuta. Lo más sorprendente fue que Ma aprobó su petición. Encontraron un sari para mí; todavía en ese entonces yo vestía con las túnicas y pijamas comunes de los niños en esta parte de la India, pero encontrar zapatos fue una tarea más dificultosa. La mucama de Ma y yo caminamos por todo el mercado durante horas hasta que pudimos encontrar algo de mi tamaño.

En el restaurante Firpo, Jai insistió que yo me sentase al lado de él y que yo eligiera mi otro vecino. Elegí a uno de sus edecanes, que tenía solamente diecisiete años y por lo general hablaba con nosotros y se unía a nuestros juegos, por lo que era menos íntimimante que elegir a uno de los amigos de polo de Jai. Nos sirvieron perdices, las cuales yo no sabía cortar, por lo que Jai tuvo que ayudarme. Luego, después de la cena, el chofer me llevo a casa, sin que yo pudiera todavía creer la experiencia que había vivido.

Poco después de esta noche extraordinaria, Ma concedió otra insólita petición. Jai desarrolló agua dentro de su rodilla y tuvo que quedarse en casa. Le preguntó a Ma si Menaka y yo podíamos tener una cena con él mientras que el resto de la familia iba a cenar fuera de la casa. Ella accedió. Nos estábamos divirtiendo cuando, de repente a las nueve de la noche, nuestra institutriz vino a recogernos para llevarnos a nuestras habitaciones. Creo que Jai vio nuestras caras de desilusión porque pudo persuadir a nuestra institutriz de que nos dejara quedarnos un rato mas ya que Ma, aunque no era verdad, nos había dado permiso para quedarnos hasta mas tarde. Como si eso fuera poco, le tiro un pedazo de tostada por la espalda a la institutriz y nos ofreció champaña de su vaso para celebrar el éxito de su equipo de Jaipur. Con remilgo le dije que nunca bebía del vaso de otra persona y me dieron un vaso lleno solo para mí, lo cual enfureció a Menaka.

Todo acerca de Jai nos fascinaba y poco a poco comenzamos a aprender cosas acerca de su vida. Jai no había nacido maharajá, sino que era el segundo hijo de un noble de Jaipur que pertenecía a la familia real. Según la historia, cuando él tenía dos años, la mamá de Jai lo miraba jugar con lágrimas en sus ojos. Le preguntaron por qué lloraba y ella dijo que tenía la premonición de que la iban a separar de su hijo, ya que él estaba destinado para cosas mayores.

Lo que sucedió fue que el maharajá de Jaipur, Sawai Madho Singh II no tenía hijos y, al envejecer, decidió que era hora de elegir a su sucesor.

El llamo a Jai y a su hermano mayor, hijos de su primo, Thakur de Isarda, a que vinieran a Jaipur a presentarse ante el gobernador. Le dieron una audiencia en el Palacio de la Ciudad Palacio de la Ciudad y cada niño llevaba consigo una moneda de oro en sus manos, según el protocolo, para dársela al gobernador como tributo. La leyenda de Jaipur dice que mientras el hermano de Jai se paraba de la forma correcta, Jai, que en ese entonces solamente tenía diez años, estaba muy impaciente porque el rey tardaba mucho en aceptar su moneda de oro, así que bajó sus manos y guardó la moneda en su bolsillo. A los ojos del maharajá , este acto pareció un signo de independencia, el carácter apropiado para ser príncipe, por lo que decidió adoptar al joven niño.

Cuatro meses después de esta visita a la capital, despertaron a Jai en medio de la noche y le dijeron solamente que iba a emprender un viaje. Todo era muy misterioso y el pobre niño estaba muy triste y sorprendido. Fue hasta que llegó a Jaipur que descubrió que había sido adoptado por el maharajá para ser su sucesor y que él se convertiría en el maharajá Kumar, o sucesor aparente, de Jaipur. Todo esto era insignificante para un niño joven que había sido separado de su familia, amigos y cuyo nuevo hogar era el gran Palacio de la Ciudad en Jaipur, bajo el cuidado de la primer esposa del maharajá. Le explicaron que tenía que estar cuidadosamente atendido puesto que otra familia que podía tener herencia al trono, pero todo esto no ayudó a aminorar su nostalgia. Tanto era el miedo de que alguien lo hiriera que raramente lo dejaban salir del palacio.

A menudo pedía que su familia viniera a visitarlo y así sucedía, pero estas eran resultaban incómodas. Los conducían a una habitación donde Jai estaba sentado. Por supuesto que él se levantaba y abrazaba a su madre y saludaba a sus hermanas y hermano, pero luego todos se sentaban y regresaba el ambiente formal a la habitación. Hay una gran diferencia entre una recepción semi-formal en la sala y una reunión de familia con los niños jugando alrededor. Él era, después de todo, un niño y estaba muy incomodo con la deferencia que su familia tenía que mostrarle por ser ahora el sucesor del maharajá. Sus hermanas se sentaban sin moverse, contenidas de una forma no natural. No se podía hacer ruido ni hablar sobre la familia o divertirse ya que las mujeres de la *zenana* estaban presentes; a veces estaban también las maharaní, las cuales no le permitían tener la libertad a la cual estaba acostumbrado, o llevar a cabo las travesuras que hacía con sus primos, los juegos y prácticas de polo sobre caballos imaginarios, o tener una vida cotidiana de una familia feliz. La corte de Jaipur estaba rodeada de muchas ceremonias por lo que ese tipo de vida era imposible de llevar. Años después él me dijo que éste fue el periodo más triste de su vida, a pesar de que las mujeres de la *zenana* lo consentían, le daban muchos dulces, lo acariciaban, lo cuidaban y trataban de ser buenas con él. Pero para un niño joven y atlético todo esto era, naturalmente, muy desagradable y solitario, por lo que se puso cada vez más gordo y más triste.

Un mes después de su llegada a la *zenana*, tomó lugar su adopción formal y fue un día de gran jubilo a través del estado cuando Kumar Mor Mukut Singh de Isarda se convirtió en maharajá Kumar Man Singh de Jaipur. Gradualmente, durante los meses sucesivos, las medidas de seguridad se relajaron y Jai comenzó a participar en cacerías e ir a otros lados de visita. También comenzó a tomar algunas de las obligaciones propias de un príncipe, como asistir a funciones de estado y a veces presidir funciones como maharajá.

En 1922, un año después de que Jai llegó al Palacio de la Ciudad, el maharajá se enfermó. Hombre realista y valiente, sabía que pronto moriría, por lo que hizo todos los arreglos necesarios para la gobernación del estado durante los años de minoría de Jai. La vida del maharajá Sawai Madho Singh llegó a su fin el 7 de septiembre de 1922. Él había gobernado desde principios de siglo y había alcanzado gran popularidad y había hecho grandes cosas para modernizar al estado de Jaipur. Pero siempre se mantuvo bajo las costumbres y creencias tradicionales del hinduismo. Poco después de su sucesión al trono, lo invitaron a asistir a la coronación de Eduardo VII en Londres. Para él, esta era una situación rara ya que mientras que no quería ofender al rey-emperador, quería mantener su creencia hindú de no poder cruzar los mares ya que esto se vería como una polución del alma bajo los ojos de los dioses, así como de su gente.

Después de consultar a los *pandits*, se tomó una decisión. El maharajá fue a Inglaterra y a la coronación en Westminster Abbey, pero solamente pudo ir después de tomar muchas precauciones bastante elaboradas. Antes de abordar el barco en Bombay, se arrojaron al mar regalos de plata, oro y seda desde el muelle. La embarcación era un nuevo

Arriba: Jai con su primer tigre (en la década de 1910)
Abajo: Jai con diez años de edad

barco de la línea *P. and O.* y el cual fue rediseñado con sus requerimientos. Esto incluía una habitación exclusiva como templo para sus oraciones. El barco también estaba cargado con comidas preparadas especialmente para él, todas cocinadas de la forma adecuada y agua del río Ganges fue llevada al barco barriles grandes de plata, mas altos que un hombre y especialmente construidos para esta ocasión. El maharajá y sus acompañantes estuvieron en Inglaterra por seis meses y ocuparon tres casas en Kensington. Durante este tiempo, el agua del Ganges era regularmente enviada a Inglaterra desde la India. Los contenedores de plata que contenían el agua todavía se pueden ver en el Palacio de la Ciudad.

Cinco días después de la muerte de su padre adoptivo, Jai ascendió al trono de Jaipur. Los británicos consultaron con los ministros del antiguo maharajá y con los nobles del estado de Jaipur y juntos conformaron una asamblea de minoridad para administrar el estado hasta que Jai obtuviera su mayoría de edad. El residente británico, quien fue uno de sus guardianes, se encargó de que se trasladara lo antes posible a Rambagh, un palacio afuera de las murallas de la ciudad. Ahí se comenzó una escuela a la cual asistían los hijos de la nobleza de Jaipur, incluyendo el hermano de Jai, Bahadur Singh. Fue así como su vida comenzó a tomar un camino mucho mas agradable.

De ahí, los niños fueron a Mayo College en Ajmer, una escuela fundada por el virrey Lord Mayo para los hijos de la nobleza. Su deseo era que los "hijos de la aristocracia en la India" pudieran disfrutar de los beneficios de "Eton en la India". Pero no fue fácil aceptar la idea de un colegio internado inglés en la India y los primeros directores del colegio deben de haber encontrado el trabajo difícil. En ese entonces, a cada niño se le permitía, oficialmente, traer a tres edecanes con él, excluyendo el lacayo. Desde el principio esta regla fue ignorada y muchos de los estudiantes vivían en sus propias casas con una plétora de sirvientes y establos con docenas de caballos. Era un estilo muy distinto a las rigurosas condiciones de los dormitorios de los colegios ingleses.

Otro problema perenne que tenían los profesores del Mayo College era que los estudiantes no regresaban a la escuela a tiempo después de las vacaciones y, en muchos casos, los niños no regresaban durante todo el año escolar. Pero, si al principio resultó difícil para las autoridades de la

Jai a los veintiún años de edad

escuela establecer la disciplina necesaria de un internado al estilo inglés, las cosas fueron bastante distintas para cuando Jai estuvo en esa escuela. El temprano desfile en la mañana y los deportes eran obligatorios. Se tenían que usar los turbantes durante todas las clases y los *achkhans*, las largas y formales chaquetas indias, tenían que estar abotonadas hasta el cuello excepto durante la semana de exámenes. Pero, como todos los maharajáes y sus herederos, Jai tenía permiso de vivir en una casa separada con un servicio de varias personas, como así también con su guardianes indios e ingleses. El Mayo College se hizo popular gracias a sus deportes y fue aquí donde Jai comenzó a jugar al polo. Su guardián indio, Donkal Singh, era uno de los mejores jugadores de la India, por lo que Jai tuvo suerte de recibir lecciones de primera clase desde el comienzo.

Ante de morir, el maharajá Sawai Madho Singh había arreglado dos matrimonios para Jai, ambos con princesas de la casa de la ciudad vecina de Rajput, en el estado de Jodhpur. Rajputana no era distinta a Escocia, con sus clanes y donde el gobernador de Jaipur era la cabeza del clan Kachwa de los Rajputs. El compromiso de Jaipur con las princesas de Jodhpur era una elección excelente bajo los ojos de las dinastías.

Poco después de que Jai fue al Mayo College se casó con su primer esposa. Eso fue en 1923, cuando él tenia doce años. Era la hermana del maharajá de Jodhpur y era bastante más grande que Jai, pero como no había nadie de entre los Rajputs con un rango suficientemente alto como para desposarla, su casamiento se arreglo con la casa real de Jaipur. Jai y su séquito viajaron al gran fuerte de Jodhpur para el casamiento, una ocasión resplandeciente, que fue atendida por todos los nobles con sus vestidos ceremoniales y donde procesiones de elefantes, caballos y camellos iban por las calles. En medio de toda la celebración, el niño conoció por primera vez a la que sería su esposa. Presenciando todo esto se hallaba un interesante espectador: la princesa de cinco años, sobrina de la novia y quien se convertiría en la segunda esposa de Jai. Años después, ella me dijo que durante el casamiento le mostraron a Jai y le dijeron que él sería su futuro esposo y, a pesar de que ella no entendía lo que eso significaba, sus primos la bromearon muchísimo por esto.

Después del casamiento, la primer esposa de Jai lo acompañó a Jaipur y se instaló en el apartamento *zenana* dentro del Palacio de la

Ciudad. Jai siguió viviendo en Rambagh. De vez en cuando, cuando iba a visitar a la viuda del maharajá Madho Singh en el Palacio de la Ciudad, también lo llevaban a que visitara a su esposa. En junio de 1929 nació su primer hija, seguida, a los dos años y con gran alegría, de un hijo. Después de dos décadas, este niño era el primer heredero que había nacido de un gobernante maharajá de Jaipur y tanta champaña se había tomado por la ocasión, que su niñera inglesa le puso el sobrenombre 'Bubbles' (burbujas). Sus amigos y familiares todavía lo llaman Bubbles y usa su nombre oficial, Bhawani Singh, solamente durante eventos oficiales. Su hermana, Prem Kumari, también tuvo un sobrenombre dado por su niñera, de manera que permaneció como 'Mickey' para la mayoría de las personas.

Su segunda boda tuvo lugar en 1932, al poco tiempo de su primer visita a 'Woodlands' en Calcuta para la época de polo. Todos en Kuch Bihar sentíamos curiosidad por conocer a su segunda esposa. Fue en ese entonces cuando yo cacé mi primer pantera. Cuando le mandamos un telegrama a Ma a Delhi diciéndole sobre mi gran caza, ella le debe de haber pasado el mensaje a Jai porque casi tan maravilloso como mi éxito fue recibir un telegrama con sus felicitaciones. Con mi telegrama de agradecimiento, aproveché la oportunidad para pedirle que me mandara fotos de su boda y de su nueva esposa. Por supuesto que nunca lo hizo pero Ma la conoció y nos dijo que era muy bonita y delgada y con un aire muy alegre y lleno de vida. Yo escuché la descripción con gran interés.

Durante el invierno, cuando Jai regresó a la India después de un gran triunfo con su equipo de polo en Inglaterra, nosotros, en Kuch Bihar, teníamos que emprender una de nuestras visitas periódicas a Baroda. En el camino Ma iba a ver a Indrajit, quien estaba en el Mayo College. Puesto que Ajmer estaba cerca de Jaipur, ella decidió que podíamos visitar a Jai. Estábamos todos contentos con esta propuesta a pesar de que Indrajit le escribió una carta urgente a Ma diciéndole que no llevara a Ila, Menaka o a mí al Mayo ya que las hermanas de los otros niños estaban en *purdah* y nunca iban de visita. Llegamos a Jaipur temprano en la mañana y Jai ya estaba en la estación listo para recibirnos, luciendo muy guapo en su uniforme militar y rodeado por sus ayudantes, un secretario militar y una flota de automóviles. Manejamos despacio a través de Jaipur, camino a su palacio. A esa hora del día, el lugar ostentaba un extraordinario ambiente

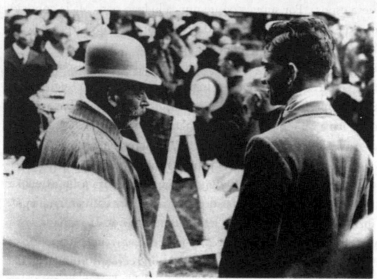

Arriba: El famoso equipo de polo de Jaipur (en la década de 1930)
Abajo: Jai con el rey Jorge V (George V)

Un retrato de Jai

color pastel, como de cuentos de hadas; algo muy distinto a cualquier cosa que había visto antes.

La ciudad yace en una planicie, rodeada por montañas desérticas de color café con fuertes y murallas a su alrededor. La capital es la más bonita que he visto, un complejo de cúspides y torres, enrejados y barandas todo de color rosa. Por las calles anchas, las mujeres vestían con faldas, blusas y chales en vez de los saris y todos los hombres llevaban turbantes de maravillosos colores: rojo, magenta, amarillo y un rosado pálido y penetrante a la vez. Era un efecto increíble; todo el rosado contra el desierto y el cielo azul. Pero creo que lo que más me atrajo fue la diferencia entre este lugar y Kuch Bihar, el idioma, el clima, el paisaje, todo. En Jaipur, la gente habla jharshahi, un dialecto local de Rajasthán. El aire es crespo y seco mientras que en Kuch Bihar es caluroso y húmedo. En todas las direcciones se veía un paisaje hermoso y la riqueza de los edificios, todos construidos con arenisca del lugar. En Kuch Bihar, debido a los terremotos e inundaciones, la gente construía sus casas sobre bambúes solamente con las necesidades básicas, pero en Jaipur se podían encontrar algunos de los palacios y templos de piedra más magníficos de la India.

El palacio de Jai, Rambagh, estaba fuera de las murallas viejas y a unos cinco minutos por auto desde la ciudad. En un tiempo, había tenido varios pabellones rodeados por jardines y piscinas donde las mujeres de las *zenana*, atendidas por las mucamas, venían a tener picnic, a caminar durante las tardes frescas y a escapar de los confines del Palacio de la Ciudad. Mas tarde, el abuelo adoptivo de Jai utilizó el lugar como un alojamiento durante la época de caza, por lo que añadió dormitorios, salas y otros cuartos necesarios para la visita de los maharajáes y otros huéspedes importantes. Cuando Jai estaba en Woolwich, emprendió la renovación de Rambagh para que tuviera el mismo estilo de los edificios en la ciudad de Jaipur, con arcos, barandas y cúpulas, todas alrededor de patios y pintadas de blanco. Quería hacer de Rambagh su residencia en vez de vivir en el Palacio de la Ciudad. Todo adentro del edificio fue modernizado. Toda la gente del servicio vestía ropa dorada y turbantes bien atados, mientras que los ayudantes vestían el uniforme militar, de chaquetas abotonadas, de Jodhpur. Las nueve entradas al palacio estaban protegidas por los guardias personales de Jai.

Mas tarde ese día, Jai nos llevó por la antigua ciudad de Amber, a siete millas de ahí, en las montañas hacia el este. Caminamos por todo el palacio desértico, el cual había sido construido para hospedar una gran corte y se mantenía independiente dentro de sus murallas. Era muy viejo, un recuerdo de la vida guerrera de los Rajputs y Jai nos dijo que cuando sus ancestros vinieron a Jaipur por primera vez, habían capturado el fuerte de una tribu local. Uno podía ver, dentro de lo complejo del edificio, cómo la extrema simplicidad de las partes viejas iba cediendo, pues los reyes de Amber lo convirtieron en un lugar con mucha seguridad, al lujo de las partes construidas durante la época mogola, decoradas con pinturas en las paredes y espejos ornamentales.

Por la tarde, Ila, Menaka y yo fuimos con Ma a visitar la *zenana* donde las esposas de Jai y sus hermanas vivían bajo *purdah* y ahí conocí a las esposas de Jai por primera vez. Entramos en las alcobas *zenana* del palacio de Rambagh y fuimos a la sala de la maharaní menor. La descripción de Ma acerca de ella fue exacta: era pequeña y bonita. Pero por alguna razón no esperaba que ella usara maquillaje y tuviera un corte de cabello a la moda ni que hablase inglés a la perfección. Tampoco esperaba encontrarme con que los muebles de su apartamento fuesen muy modernos y tuvieran un aire de sofisticación; todo eso bien podría haber estado en cualquier lado —en Inglaterra, en Europa o en Calcuta— y solamente la vista desde las ventanas hacia los patios cubiertos y las hileras de árboles en los jardines de la *zenana* nos recordaban dónde estábamos.

Sin embargo, fue la maharaní mayor quien primero saludó a Ma y luego a todas nosotras. Era pequeña y con dignidad pero mucho mayor. No usaba maquillaje ni se vestía a la moda, pero sus modos eran reales e impecables. Se sentó con Ma y habló exclusivamente con ella. Era la maharaní menor quien estaba llena de alegría y vida y la que hablaba, —ordenando el té, bebidas frías o cualquier cosa que quisiéramos— y la que actuaba más o menos como la anfitriona. Todo esto me hizo sentir muy joven y rara, y mientras que los grupos se formaban en sillas y sofás, estaba contenta de que las dos maharaní hablaran más con Ma e Ila y que nos dejaran a Menaka y a mí a la compañía de las jóvenes princesas de Panna, las sobrinas de Jai, quienes eran más o menos de nuestra edad.

La próxima tarde en la *zenana* hubo una fiesta en el jardín que fue mucho más grande y grandiosa. Un número de esposas de los oficiales, tanto indios como ingleses, habían sido invitados, al igual que las esposas de muchos nobles de Jaipur. Se sirvieron refrescos y una banda tocó para nuestro entretenimiento. Había una cancha de badminton y recuerdo que me divertí jugando con las otras niñas. Jai vino por unos minutos, seguido de sus hijos, escoltados por las niñeras inglesas. Siempre conservaré en la memoria la imagen de Jai jugando con Bubbles, tirándolo por el aire, sacándole su sombrero, uno de esos sombreros típicos de la época que los niños usaban, con un elástico alrededor del mentón, y tirando el sombrero hacia el aire lejos del alcance de Bubbles. Habló con algunos de los invitados pero pronto se retiró y, a pesar de que era una fiesta hermosamente organizada y linda, el placer de estar ahí se esfumó un poco en cuanto el se marchó.

El segundo día, Jai le preguntó a Ma si me podía llevar a cabalgar, y Ma me dejo ir. Fuera de la ciudad no había ningún edificio excepto los palacios; era un hermoso terreno para cabalgar y donde uno podía galopar por varias millas. Por todos lados había conejos negros y pavos reales, ya que la tierra alrededor de la ciudad estaba reservada para el maharajá y nadie podía cazar ahí. Yo estaba muy contenta pero incómodamente consciente de la presencia de Jai. Él estaba, como siempre, muy relajado. Estaba curioso de ver cuan bien yo cabalgaba y a veces corregía mi postura y mis manos. Cuando regresamos a casa le dijo a Ma que yo era una buena jinete profesional pero que cuando él me dijo de algunas mejoras que yo podía hacer, yo no le presté atención. Después, Ma me preguntó por qué no había seguido sus consejos y yo le respondí: "haré lo que él me diga, pero no en su presencia."

En ese entonces, yo tenia catorce años y a pesar de todas mis fantasías cuando soñaba despierta, una cosa estaba clara. Me estaba enamorando de Jai. Y no tenía esperanzas de que algo surgiera de todo eso.

CAPÍTULO 8

Mi compromiso

Poco después de nuestra visita a Jaipur, Ma me dijo que Jai le había dicho que quería casarse conmigo cuando fuera mayor y que ella le había contestado: "¡Jamás había escuchado semejante tontería sentimental!"

No podía hacerme a la idea de que alguien tan lejano a mi órbita, un héroe que llevaba una vida plena y fascinante, pudiera estar realmente interesado en mí. Pero, si no lo pensaba, ¿por qué iba a decirlo? Cuantas más vueltas le daba, más increíble me parecía la idea. Alimentaba mis propios sentimientos leyendo todo lo que podía encontrar sobre él, y él siempre estaba en el candelero. Si alguien hablaba sobre él, yo escuchaba con muchísimo interés. Cualquier cosa que él vistiera era correcta a mis ojos. Cualquier cosa que decía tenía que ser imitada. Me gustaba la manera en que hablaba. Me gustaba todo de él.

Hice locuras de amor. Por ejemplo, Jai siempre llevaba una venda alrededor de su muñeca cuando jugaba al polo. Una vez encontré uno de los vendajes que había desechado. Era la única cosa de él que yo poseía. Le saqué un par de hilos y los guardé en un relicario que llevaba a todas partes.

Durante los años siguientes vimos bastante a Jai. Venía a Calcuta cada invierno a pasar la temporada. Ma se lo encontraba a menudo en Delhi, donde se celebraban exhibiciones de caballos y partidos de polo en febrero y marzo. Ma nos informaba de las cosas que él decía o hacía, y sus criadas, que lo adoraban porque siempre bromeaba y se reía con ellas, me contaron alguna vez que había dicho cosas como: "Ah, ¡ese princesa vuestra! ¡Cómo pisotea por el palacio! ¿Es que no tiene feminidad?" Pero cuando realmente nos encontrábamos nunca me trató como algo más que una buena amiga, y eso era suficiente para que yo me emocionase.

En aquella época Bhaiya había vuelto de Cambridge después de haber cursado un solo año. Estaba amargamente decepcionado por no poder continuar, pero el virrey, Lord Willingdon, estaba a punto de retirarse de India, y antes de irse quería entregar personalmente a Bhaiya todos los poderes de gobernación. Así que nuestro hermano volvió con diecinueve años para recibir algo de entrenamiento en la administración. Para Menaka y para mí era maravilloso tenerlo de vuelta en Kuch Bihar. Si Jai era un héroe a mis ojos, Bhaiya era otro; en realidad, tenían mucho en común y eran muy buenos amigos. Yo adoraba a Bhaiya, tan apuesto, tan bueno en los deportes, tan bueno en todo. Al mismo tiempo era delicado y cariñoso, divertido y travieso, y llorábamos de risa con los maliciosos apodos que daba a los dignatarios. La diversión parecía surgir a su alrededor. Aunque cuando quería, podía cautivarnos con su impresionante memoria para hechos históricos y para historias poco conocidas.

Cuando yo tenía quince años Ma decidió que no estábamos hablando suficiente bengalí (en Kuch Bihar hablamos un dialecto), así que nos envió a Ila, a Baby y a mí a Shantiniketan, el colegio dirigido por el poeta y ganador del premio Nóbel Rabindranath Tagore. Shantiniketan estaba en el campo, en Calcuta, y estaba considerado tanto muy progresista como un centro para lo mejor de la cultura tradicional india. Indira Nehru había estudiado allí recientemente. Nuestras clases se impartían bajo los árboles, en lugar de aulas, e Ila se apuntó al curso de arte, mientras que yo, puesto que todavía no me había graduado, continué con mi formación normal. Nos acompañaron al colegio un ayuda de cámara, su mujer e hijos y también una sirvienta.

Al principio las otras chicas nos trataron mucho como a princesas, utilizando el tratamiento bengalí de cortesía para dirigirse a nosotras, *apni*, en lugar del familiar *tumi*. Afortunadamente, la manera en que yo vivía en Shantiniketan hizo imposible continuar con estas formalidades durante mucho tiempo. Aunque Ila tenía su propia habitación, yo dormía en un dormitorio común con otras chicas.

Rabindranath Tagore, al que llamábamos *gurudev,* era una figura imponente, con su larga túnica azafranada y su larga y blanca barba. Ya había dejado la enseñanza pero todavía le veíamos muy a menudo. Vivía en una encantadora cabaña en la que pintaba y escribía, mostrando sus obras en un árbol del campus. Sus únicas apariciones fijas eran durante las reuniones de oración semanales, pero siempre fue accesible y parecía saber todo al detalle sobre los estudiantes. Yo solía ir en bicicleta a verlo cuando me apetecía y una vez, para mi consternación, me preguntó si había mejorado mi escritura (no conseguía dejar el hábito de escribir la "s" bengalí al revés). También nos envió un mensaje a Ila y a mí diciendo que dejásemos de celebrar la *Shiv puja* (ritual celebrado en honor del dios Shiva), con sus oraciones y su ayuno, en el que Ma siempre nos había insistido. *Gurudev* no creía en la adoración a ídolos. En otra ocasión, tras una fuerte tormenta eléctrica me preguntó si me había asustado. Cuando le contesté que no me dijo que era bonito que una chica joven se asustase con una tormenta. También me preguntó una vez que porqué había dejado la danza y añadió que era una pena que una chica no bailase. Me pregunto qué tanto sabría de la creciente simpatía de Ila por un compañero, el primo del maharajá de Tripura.

Estuvimos en Shantiniketan casi un año. En 1935, volví a Kuch Bihar para hacer el examen de graduación. Fui a hacerlo al instituto de Kuch Bihar y Bhaiya estuvo pasando junto a la ventana en su nuevo Bentley, animándome con sus saludos. Estaba segura de que su apoyo fraternal tenía mucho que ver con que yo pasase con notable. Después de esto, Ma no sabía muy bien qué hacer conmigo. Estaba decidida a mantenerme ocupada. Finalmente decidió que debería ir a una escuela de señoritas en Suiza, mientras que Ila iba a hacer otro curso de arte en la Sorbona. Así que a principios de la primavera de 1936, de nuevo empezamos los preparativos para partir a Europa. Mi abuela de Baroda se llevó a Ila y Menaka con ella en barco, mientras que Ma y yo volaríamos un poco después.

Inmediatamente después de su partida, alguien le preguntó a Ma, en una fiesta en Calcuta, si era verdad que su hija mayor se había casado con un primo del maharajá de Tripura. Ma negó categóricamente el rumor, añadiendo un comentario sobre qué cosas inimaginables inventaría la murmuración después. Sin embargo, sólo para asegurarse, y para tranquilizar a su ligeramente preocupada cabeza, hizo una pequeña investigación y descubrió que ciertamente, Ila se había casado con Romendra Kishore Dev Varma en un juzgado de Calcuta.

Pandemonio asegurado. Ma se sintió muy herida e insistía en que era muy distinto a su propio matrimonio con nuestro padre. Ella por lo menos había pedido permiso a sus padres y, aunque sin aprobación, su matrimonio se había celebrado abiertamente. Pero Ila había ido más lejos y se había casado a escondidas. Por supuesto que no había mucho que Ma pudiese hacer ya, pero pensó que, por lo menos, debíamos llegar a Paris cuanto antes y traer a Ila de vuelta a la India para celebrar una verdadera boda hindú en Kuch Bihar. En realidad, no conseguía sobreponerse al hecho sin precedentes de que una princesa india se casase en un juzgado. Esa boda no parecía válida a sus ojos.

A nuestra llegada a Paris vinieron a recogernos Ila, que se veía feliz, y mi abuela de Baroda, con aspecto siniestro. No se habló una palabra hasta que llegamos a la casa de mis abuelos en la avenida Van Dyck, desde donde se veía el Parc Monceau, y las tres se quedaron a solas. Nuestro primo Udai Singh Rao Gaekwad esperó ansiosamente en el salón mientras duró la reunión, esperando que Ila no lo estuviese pasando demasiado mal. Para su sorpresa, pronto apareció sonriendo, mientras que tras ella, los ruidos de voces provenientes de la habitación se elevaban en una agria discusión. En respuesta a sus apremiantes preguntas, Ila le describió complacida cómo había llevado la conversación al tema del matrimonio de Ma, y ahora Ma y mi abuela estaban reviviendo el conflicto minuto a minuto, con desacuerdos y enfados, y se habían olvidado completamente de Ila.

A mis desconcertadas preguntas de por qué había hecho algo tan extraordinario de una manera tan furtiva, Ila contestó, como si fuera la mayor obviedad del mundo, que estaba segura de que Ma no habría aprobado su matrimonio con Romendra Kishore Dev Varma debido a que él todavía era un estudiante y estaba viviendo con su familia, así que había pensado que lo mejor era casarse primero y pedir permiso después. Así, si saltaban chispas y se les prohibía casarse, podrían decir sencillamente: "Bueno, ya estamos casados, así que no hay necesidad de dramatizar." Después de que hubieron dado el poco ortodoxo paso en el juzgado, Ila volvió tranquilamente a Kuch Bihar y su marido volvió al instituto en Tripura para hacer sus exámenes finales. Ambos habrían mantenido el tema en secreto, continuando con sus vidas por separado y esperando a tener el valor necesario para decirlo o a que Romendra Kishore Dev Varma se hubiera establecido por sí mismo y llevase el tipo de vida que le permitiese solicitar la mano de Ila formalmente. Pero las cosas no sucedieron así.

Pasamos un par de semanas en París, en la casa de mi abuela, elegante como sólo lo puede ser una casa francesa, mientras que Ma empezaba a realizar los preparativos para la boda de Ila y compraba su ajuar. Desde allí fuimos a Londres, donde Ila y Ma se alojaron en el Hotel Dorchester y prosiguieron con sus compras, y Menaka y yo nos instalamos en un piso en Pont Street, bajo la tutela de una baronesa alemana. De cualquier modo hubiésemos disfrutado de estar de vuelta en Londres, visitando las tiendas y yendo al cine, pero para mí aquella visita se convirtió en algo especial por el hecho de que Jai estaba también en Inglaterra, jugando a polo con el equipo de Sir Harold Wernher. Puesto que no iba a ir al colegio suizo sino hasta septiembre, dentro de cuatro meses, Ma estaba convencida de que debía aprovechar mi tiempo haciendo algo útil. Lady Zia Wernher recomendó un colegio de señoritas llamado Monkey Club al que acababa de enviar a su propia hija. Ma me llevó inmediatamente para inscribirme.

Mi primera impresión de las chicas del Monkey Club fue que nunca iba a estar cómoda allí. Todas parecían tan sofisticadas, tan seguras y con tanto mundo que no me tranquilizó nada que la directora me recibiese con el comentario: "Tú eres la primera mona (*monkey*, en inglés) india que hemos tenido." Pero las cosas mejoraron pronto, las chicas resultaron se bastante más amigables y sencillas de lo que me parecieron en un principio y la hija de los Wernhers, Gina, que conocía a Jai, era alguien con quien podía hablar de él con toda naturalidad. Las chicas del Monkey Club jugaban al tenis en Roehampton, donde también había un campo de polo, y todos los días que había tenis yo iba allí con la esperanza de ver a Jai. Intentaron convencerme de que lo invitase a comer, pero nunca tuve valor para hacerlo.

En mayo, Ma se llevó a Ila de vuelta a Kuch Bihar para su boda, dejándonos a Menaka y a mí en el piso de Pont Street, a cargo de la baronesa y de mi abuela, quien ocupaba su suite habitual en el Hotel Dorchester. En diversas ocasiones, Jai trató de verme con el permiso de mis guardianas, pero los intentos fueron fallidos. Mi abuela de Baroda siempre era inflexible y firme. En una ocasión, Jai nos invitó a Menaka y a mí a las finales de la copa Wetchester, un torneo de polo entre Estados Unidos e Inglaterra que se jugaba alternativamente en cada país. Nos moríamos por ir y nos sentimos decepcionadas cuando nuestra abuela nos lo prohibió, convencida de que allí se acabaría la cuestión. Pero Jai, tan lleno de recursos, convenció a su amigo y compañero de juego, Hanut Singh de Jodhpur, de que nos invitase él en su lugar. Esta vez mi abuela, no viendo ningún peligro en la invitación, nos permitió que la aceptásemos. Al llegar allá, naturalmente yo me fui a ver el partido a solas con Jai.

Cuando acabó el periodo escolar en el Monkey Club, Menaka y yo teníamos que ir a Dinard para pasar nuestras vacaciones, después de las cuales yo iba a ir a una escuela de ciencias domésticas llamada Brillantmont, en Lausana. Poco antes de que partiésemos hacia Francia, fui, llevada por un impulso, a consultar a un vidente. Me dijo que mi destino estaba íntimamente trabado con el de un hombre joven que iba a volar en un aeroplano y con el que debía ponerme en contacto antes de que se fuera. El único hombre joven que yo conocía que probablemente iba a volar era Jai, así que le llamé con la excusa de que Menaka y yo nos íbamos a ir pronto y de que me gustaría despedirme de él.

"¿Te importaría venir sola?", me pregunto. "Hay algo de lo que quiero hablarte."

Me dijo que fuera al Hotel Dorchester. Me recogió en la recepción y me llevó a dar una vuelta en su coche alrededor de Hyde Park. Sin ningún preámbulo y como si fuera lo natural, dijo: "¿Sabes?, tiempo atrás le dije a Ma que me gustaría casarme contigo cuando crecieses."

No dije nada, sin atreverme a pensar que venía después.

"Ahora sólo tienes dieciséis años, pero una ocasión así tengo que planearla por anticipado y hacer todo tipo de preparativos, de modo que me gustaría saber si quieres casarte conmigo." Mantuvo su mirada en la carretera, sorteando el tráfico con habilidad. "Antes de que se lo pida a Ma y cumpla todas las formalidades requeridas, me gustaría saber qué piensas tú. Recuerda que juego a polo, conduzco y vuelo, y que puedo sufrir un grave accidente; aún así, ¿te casarías conmigo?"

"Sí," contesté inmediatamente, demasiado emocionada como para dar mayores explicaciones.

Por primera vez pareció un poco desconcertado. "No me contestes inmediatamente," me dijo. "Piénsalo un poco. Todavía tienes que acabar tu formación. Hay mucho tiempo por delante; no tienes que decir "sí" si no estás segura."

"Estoy completamente segura."

"Me refiero a que si algo sucede y quedo mutilado o alguna cosa horrible, no esperaría que mantuvieses tu palabra."

"¡No, no!", insistí. "No me importaría lo que te hubiese ocurrido, aun así querría casarme contigo."

Jai prosiguió de manera muy práctica, sugiriendo que yo escribiese a Ma y se lo contase, tras lo cual él hablaría con ella cuando volviese a India. Mientras tanto, durante el poco tiempo que quedaba hasta que Menaka y yo nos fuésemos a Dinard, decidimos guardar el secreto ante nuestros mayores, pero tratar de encontrarnos cada día.

Tanto mi abuela como la baronesa eran guardianes pertinaces, pero a pesar de su vigilancia Jai y yo conseguimos vernos cada día, habitualmente en el Hotel Berkeley. El interés de Jai por mí era ya evidente, y el *maître* del hotel disfrutó con la confabulación de nuestro romance. Mucho después, cuando Jai ya no estaba en Londres, siempre que cenaba en el Berkeley con un grupo de amigos antes del baile de puesta de largo de alguien, me susurraba: "No es lo mismo sin Su Alteza, ¿verdad?" Otro recuerdo de ese verano, con sus alegrías y sus frustraciones, es la cabina de teléfono de Pont Street, a la que solía ir para llamar a Jai. En el piso, la baronesa siempre escuchaba por el supletorio, traicionándose a sí misma por un ligero "clic".

Al teléfono, Jai solía preguntar: "¿Puedes salir, por ejemplo esta tarde o esta noche?"

Y yo le respondía, "Sí, me las arreglaré de algún modo. Recógeme a las seis." Entonces volvía al piso y decía con naturalidad que iba a ir al cine con alguna de mis amigas.

Detrás de Pont Street hay una plaza llamada Wilton Crescent. Jai conducía hacía allá y aparcaba su Bentley. Yo salía del piso vestida como para una ocasión habitual, paseaba hasta Wilton Crescent, entraba en el coche y nos íbamos. Una vez se olvidó del secretismo y me dejó en la puerta principal de Pont Street. Menaka, con su vista de lince, al vernos llegar desde una de las ventanas del piso superior, me saludó (sin que lo oyese la baronesa) con un "¿Desde cuándo tus amigas tienen hermosos y brillantes Bentleys?"

Él llevaba una vida muy ajetreada en Londres, jugando a polo y con una intensa vida social, de modo que era tan difícil para él escaparse como lo era para mí. Algunas veces sólo conseguíamos tomar un tentempié en *Berkeley Buttery* y otras veces nos encontrábamos en el Banco de *Harrods*, un corto paseo para mí desde Pont Street. Simulábamos no conocernos cuando nos encontrábamos en el banco. Él salía primero y yo después, y no hablábamos hasta que estábamos en el Bentley. Para entonces, yo no sentía tanta timidez con Jai, aunque todavía me imponía un poco, pero recuerdo que nos reíamos mucho y teníamos nuestros chistes privados y, además, estar enamorado brinda muchos temas de conversación. Uno habla incesantemente de sí mismo y escucha cautivado los más nimios detalles sobre la vida del otro o sus opiniones.

Algunas veces Menaka, Baby o Indrajit, quienes participaban en nuestra confabulación, y yo decíamos que íbamos juntos al cine. Jai venía a encontrarse con nosotros allí, y él y yo nos íbamos a pasar juntos un rato, mientras que los otros iban solos al cine. Los recogíamos cuando acababa la película. Participaban muy atinadamente en todo el enredo y me explicaban cuidadosamente la historia y los detalles que yo debería saber de la película durante nuestra vuelta a casa.

Ahora, al mirar atrás, me doy cuenta de que aquélla época fue mucho más divertida de lo que hubiera sido un cortejo aceptado y ordinario. Estaba el reto de ser más astutos que nuestros mayores, de organizar encuentros secretos, de ingeniárnoslas para enviar cartas sin que los supieran los ayudas de cámara, los edecanes, o los asistentes que habitualmente se hacían cargo de ello. Y una y otra vez estaba la maravillosa, increíble libertad de conducir por el campo con Jai, de una cena robada en *Bray*, o de una salida por el río en barca. En conjunto, fue una época hermosa y embriagante. Para dejar nuestra impronta, no regalamos el uno al otro anillos de oro con nuestros nombres grabados en el interior. Yo había ahorrado cuidadosamente mis pagas para poder comprar el suyo.

Era fácil ser valiente cuando hablaba con Jai, pero cuando estuve a solas y me enfrenté a la tarea de escribir a Ma como había prometido, simplemente no pude conseguir escribir una carta tan abruptamente poco convencional. Ello suponía que Ma se iba a enterar de todas las estratagemas que habíamos utilizado para vernos y para estar a solas, y de todas las mentiras que yo había contado y, además, sencillamente no era propio de una chica el organizar su propio compromiso. Pospuse una y otra vez el escribir la carta.

Cuando se acabaron nuestras vacaciones en Dinard y llegué a Lausana para ir a la escuela, todavía me preguntaba cómo iba a escribir la carta y qué trueno iba a recibir por respuesta. Entonces, para mi horror, recibí un telegrama de Jai diciéndome: NO PUEDO ENTENDER POR QUÉ NO HAS ESCRITO A MA. ¿QUÉ SUCEDE? Había hablado con Ma, pero ella le contestó que no sabía nada por parte mía. Estoy segura que debió pensar que había cambiado de opinión. Me sentí muy desgraciada y no sabía qué debía hacer después de aquello.

Aquel mismo día, mientras salía a pasear con otras chicas de Brillantmont, alguien me llamó de repente. Allí estaba, sorprendentemente, el ayudante indio de mi abuelo de Baroda. Me dijo que mi abuelo estaba en el Beau Rivage en Lausana. Por supuesto, fui a verlo tan pronto como pude y, para mi alegría, me encontré entre su séquito con un viejo y querido amigo, el Dr. Chandra Chud. Le solté toda la historia, mi angustia y la angustia de Jai y mi, aun mayor, angustia por la angustia de Jai, un embrollo incoherente que, según recuerdo, fue algo así:

"Doctor, me encuentro en un tremendo aprieto y no sé qué hacer y el maharajá de Jaipur me ha pedido que me case con él y yo le he dicho que sí, y se supone que debía escribir a mi madre y no lo he hecho y lo cierto es que no sé qué contarle y estoy muy preocupada y ahora él me ha enviado un telegrama y cree que en realidad no quiero casarme con él y, por el amor de Dios, no se lo cuente a mi abuelo."

El Dr. Chandra Chaud me escuchó con una paciencia admirable y después, con unas palabras de apoyo, me ayudó a escribir un telegrama para Jai: ME HAS MALINTERPRETADO. ESTOY ESCRIBIENDO. Muy sencillo, pero yo nunca hubiera podido ser tan directa por mí misma. Hay que recordar que yo era una chica de diecisiete años recién cumplidos, muy poco sofisticada, todavía muy impresionada por la imagen de hombre de mundo de Jai, todavía incrédula acerca de su proposición. No podía ni acostumbrarme a llamarlo Jai ante otras personas, sino siempre "el maharajá de Jaipur" o "Su Alteza."

Jai y yo en un centro nocturno.

Jai y yo, en la década de 1930.

El Dr. Chandra Chaud también me ayudó a redactar un borrador de una carta para Ma que decía así: "Creo que el maharajá de Jaipur debe haber hablado contigo. Espero que no te importe que lo hayamos decidido nosotros antes de consultarte. Cuando Su Alteza me pidió directamente que me casara con él no podía hacer nada, de modo que acepté."

A Jai le escribí: "Sé que hubiera debido escribir antes a Ma, pero no tuve el valor y no sabía qué decirle. Ahora ya lo he hecho y espero que nos estés molesto conmigo. No fue mi intención hacerte creer que no quiero casarme contigo, porque sí quiero."

Débil de alivio, le di los tres mensajes al Dr. Chandra Chud para que los enviase, de modo que no tuviesen que pasar por las manos de las autoridades escolares. Ma, manteniendo su actitud de no pronunciarse, replicó que Jai y yo tendríamos que esperar y ver cómo nos sentíamos después de un par de años.

Yo era feliz en Brillantmont, me encantaba el esquí y otros deportes, escribía incontables cartas a Jai y esperaba impacientemente que el correo trajese las respuestas. Aquel invierno tuvo un accidente de polo y se lesionó la espalda gravemente. Fue a Viena para el tratamiento y después de su larga convalecencia, vino a Lausana para verme. Yo estaba, por supuesto, entusiasmada por verlo, pero desde entonces tuve terror a que jugase al polo, a sabiendas de cuánto representaba para él el juego.

Las estudiantes de Brillantmont sólo podían salir de la escuela con miembros de su familia. Le dije al director que Jai era mi primo y temblé de nerviosismo hasta que apareció, no fuese que alguien lo descubriese y no me permitiesen salir con él. Después de una eternidad, llegó a Brillantmont. La mitad de la escuela estaba asomada a las ventanas mirando. Jai y yo pasamos juntos el día y por la tarde cenamos en el Hotel Palace. Estábamos tan absortos con nuestra mutua compañía que Jai casi perdió su tren, y yo volví a la escuela a las diez, en lugar de a las ocho. Poco después aparecieron fotos de los hijos de Jai en las columnas de sociedad de los periódicos, con pies de foto explicando quiénes eran ellos y sus padres. La jefe de estudios me llamó a su despacho y me preguntó por mi relación con aquellos niños. Descaradamente, le dije que eran mis primos y me sentí muy orgullosa de mí misma por ser capaz de mentir sin temblar. La jefe de estudios no dijo nada en aquel momento, pero algún detalle en mi actitud (quizá precisamente mi serenidad poco habitual) la hizo sospechar, porque me di cuenta de que desde entonces abrieron mi correspondencia.

Fue en Brillantmont donde oí el conmovedor discurso de Eduardo VIII cuando abdicó del trono de Inglaterra por "la mujer que amo." Los ojos se me llenaron de lágrimas mientras escuchaba, ya que Ma hablaba a menudo de él como de un querido amigo.

Aquel verano Jorge VI fue coronado y a todos los estudiantes de Brillantmont de la Commonwealth les dieron doce días de vacaciones para la ocasión. Muchos de los príncipes indios se habían reunido en Londres para la coronación, y yo me reuní con Ma, Bhaiya e Indrajit en la casa que había alquilado en Connaught Square para las fiestas y la emoción que acompañaría a este acontecimiento real. En cierto momento, Ma descubrió que los asientos que nos habían asignado a ella y a mí en la Abadía de Westminster estaban detrás de una columna. Reaccionó como era habitual en ella, decidiendo no ir a la coronación. Fuimos al Dorchester y, junto con mis primos de Baroda, oímos la ceremonia entera por la radio y vimos la procesión desde las ventanas que miraban a Hyde Park. Después supimos que la organización del transporte de vuelta desde la abadía de los ilustres invitados había fallado. Se veían duques y duquesas, en sus túnicas y armiños, correr por Whitehall, bajo la fina lluvia, tratando de conseguir un taxi. A mis abuelos de Baroda les trajo a casa un dignatario inglés cuyo coche había conseguido abrirse paso entre la confusión hasta las concurridas escalas de la abadía. Mi abuela no pudo evitar comentar que en ningún principado indio hubiera sucedido este tipo de revuelo. Todo se hubiera coordinado de manera mucho más eficiente.

Para mí éste podría haber sido un periodo problemático e incómodo. Difícilmente veía a Jai a solas. Su segunda mujer, así como sus hijos, estaban en Londres con él. A ella se le permitía mucha más libertad de la que tenía en India y a veces nos visitaba en Connaught Square. Indrajit se hizo su favorito; muchas veces iban al teatro y al cine juntos y ella estaba, además, muy acompañada por sus parientes de Jodhpur que también estaban en Londres para la coronación. Podía haber sido una situación difícil para mí, pero Jai, con su habitual tacto, llevó todas estas relaciones perfectamente.

La actitud de Ma era desconcertante y más tarde me di cuenta de que no sólo tenía sentimientos encontrados sobre nosotros sino que soportaba una gran presión por parte de amigos y parientes que se habían enterados de cotilleos y comentarios sobre la situación. Por una parte, Ma adoraba a Jai y hubiera estado encantada con la idea de tenerlo como yerno. Por la otra, no le gustaba la perspectiva de que yo fuera la tercera esposa de nadie o de que la segunda esposa de Jai, por quien había desarrollado un gran afecto, se sintiese herida.

Pocos preveían un futuro feliz par Jai y para mí y, cuando las noticias empezaron a correr, la gente advertía a Ma de que mi vida como tercera maharaní sería muy difícil. Al principio, Ma podía restar importancia a la situación como si fuese un enamoramiento de colegiala por mi parte y el habitual afecto de un buen amigo de la familia por parte de Jai. Pero después, cuando se hizo evidente que hablábamos en serio, Ma se vio obligada a escuchar lo que decía la gente. Le dijeron que yo podría quedar en *purdah* para el resto de mi vida, o que Jai podría volver a casarse. Jai tranquilizó a Ma diciéndole que no tenía ninguna intención de que yo guardase *purdah* y que quería que yo fuese una compañera y una anfitriona; pero aunque ella confiaba en él, inevitablemente tenía recelos sobre la unión. Simplemente, hubiera preferido que yo me casase con un soltero. Su política fue la de no tomar partido, no animarnos a que nos encontrásemos, pero sin prohibírnoslo expresamente, manteniéndome ocupada con muchas actividades, con la esperanza de que el tiempo y la distancia tuvieran su efecto y que yo me enamorase de algún otro.

Aun así, cuando finalizó el trimestre escolar y me uní con Ma en Cannes, descubrí que también Jai estaba pasando unos días allí. Cada mañana nos levantábamos temprano, antes de que Ma estuviese despierta, e íbamos a nadar juntos al mar. Pasábamos juntos la mayor parte del día, aunque también estábamos con otros amigos. A Menaka y a mí todavía nos consideraban demasiado jóvenes para incluirnos en la permanente rueda de fiestas y visitas al casino que llenaban las noches de Ma y de Jai. Habitualmente nos quedábamos en casa y jugábamos *boule* con la sirvienta de Ma y el chofer de Jai.

Fue en Cannes donde Jai y yo tuvimos nuestra primera pelea. Un día, cuando Jai iba a entrar en el mar para nadar, se quitó el anillo que yo le había dado en Londres y se lo pasó a Menaka para que se lo guardase. Yo me sentí celosa porque se lo había dado a ella en lugar de a mí, cogí el anillo de sus manos y lo lancé al mar. Jai me cogió por los hombros y me llevó hasta el final del malecón, explicándome con mucha dulzura mientras andábamos que no había sido su intención herir mis sentimientos. En el momento en que me calmé y mis agitados sentimientos volvieron a su lugar, me empujó al mar por sorpresa, completamente vestida.

Salí a la superficie furiosa y tiré sus zapatos al agua en revancha. Llegué tarde a comer, con mi pelo todavía húmedo, llevando pantalones cortos y todavía enfadada. Menaka, que en aquella época era muy remilgada, estaba muy consternada. Pero si yo había esperado algún arranque de furia por respuesta por parte de Jai, quedé contrariada. Su único comentario, dicho con el más irritante buen humor, fue que sus zapatos ahora le sentaban mucho mejor después de encogerse; antes eran una talla más grande. Sin embargo, nuestras peleas eran escasas y dejar a Jai se hizo cada vez más difícil. Cuando se fue de Cannes, recorrí toda la plataforma tomando su mano, mientras el tren arrancaba. Fue a Biarritz y desde allí me llamaba cada día. Sus llamadas siempre eran por la noche y, como no queríamos que las controlasen, me pasaba horas sentada en el suelo de la cabina de teléfonos del recibidor del hotel, de modo que nadie me viese esperando para recibir la llamada.

En el otoño, Jai volvió a India y Menaka, la baronesa y yo nos trasladamos a un piso nuevo en Grosvenor Place, en Londres. Allí me inscribí en la Escuela de Secretarias de Londres. En realidad, fue Jai el responsable de esto. Tenía miedo de que si volvía a India pudiese verme envuelta de repente en un compromiso, organizado por mis mayores, con alguien a quien no hubiese visto jamás y que no pudiese resistirme a las presiones familiares. Del mismo modo, no quería que me convirtiese en la novedad en Londres por asistir a demasiadas fiestas y bailes.

Como resultó ser, fui a bastantes fiestas. Muchas de mis amigas inglesas entraban en edad en esa época y se ofrecían muchas fiestas y recepciones para ellas. Indrajit estaba en la ciudad, así como mis primos de Baroda, que venían a menudo desde Cambridge, donde asistían a la universidad. Tanto el tío Víctor como mi tío Dhairyashil de Baroda me incluían en sus actividades. A menudo iba a ver criquet a Lord's o a la

Indian Gymkhana o al Great Weast Road, y por las noches me llevaban a los restaurantes, los centros nocturnos o alguno de los muchos cócteles o cenas o bailes que se organizaban para mis amigas.

Me encontré llevando una especie de doble vida. Durante seis horas al día era conocida como Miss Devi, aprendiendo taquigrafía, mecanografía, contabilidad, administración, correspondencia de negocios y otras habilidades útiles por el estilo. Se entendía que, igual que las demás, me preparaba para un trabajo, y recuerdo mi turbación cuando tuve una entrevista con la directora y me preguntó si me gustaría ser la secretaria de un médico, un político o un artista. Se hacían estas preguntas con objeto de encontrar trabajos apropiados para las alumnas. Pensando tan rápido como pude para sortear este cuestionario tan serio y bien intencionado, le dije que en realidad no necesitaba un trabajo en este país en absoluto y añadí: "Mi madre hace mucho trabajo social en India, y por eso estoy realizando este curso, para poder ayudarla." Nada más decirlo, me imaginé a Ma llamándome la atención: "¿Qué demonios estás haciendo, metida en un trabajo todo el día?"

Todas las demás en la escuela eran tremendamente serias. La mayoría provenían de familias de clases trabajadoras y yo estaba fascinada con ellas. Ninguna de ellas sabía quién era yo, hasta que un día apareció en la prensa una foto mía en una fiesta de puesta de largo. Entonces empezaron a hacerme preguntas, sobre todo: "¿De verdad eres una princesa?" Pero me alegré de ver que esto no afectó mucho nuestras comidas juntas o nuestros intercambios de información sobre qué tipo de futuro aguardábamos. Yo llevaba ropas occidentales, viajaba en autobús y en metro, y puedo decir con toda sinceridad que me gustaba hacer algo concreto, me gustaba trabajar duramente y con regularidad en un tipo de escuela y en compañía de gente que no había conocido anteriormente. Me gustaba el ambiente completamente práctico, en contacto con la vida diaria y real, en el que trabajábamos. De vez en cuando, alguien me invitaba a salir para tomar un té.

Durante las clases, necesité todo el esfuerzo que fui capaz de reunir para llevarlas al día, y como todas las demás, corría al quiosco para comprar mi ejemplar de *Pitman's Journal*, una lectura obligada para las secretarias. Llamaba a menudo para concertar algún encuentro social que me diera una excusa para escaparme de la última hora de clase, como gestionar los impuestos, y ahora me arrepiento. Sentía cierto orgullo de ser buena en taquigrafía (hasta hoy puedo hacerlo) y durante la guerra fui capaz de escribir las noticias de la radio y leérselas después a Jai. Después de casada, descubrí, también, lo útil que podían ser mis conocimientos de mecanografía y contabilidad. Mi correspondencia de negocios y mis cuentas siempre eran perfectas. En conjunto, a pesar de que eché de menos a Jai, fue un invierno feliz, colmado por unas Navidades que pasé esquiando con mis primos en Engelberg.

El siguiente junio, Ma y mis dos hermanos estaban en Europa, y yo viajé con ellos a países y ciudades que nunca antes habíamos visto: Carlsbad, Praga, Viena y Budapest. En todas partes nos vimos metidos en angustiosas discusiones con la gente que nos encontrábamos, sobre Hitler y los Nazis, sobre el Anschluss, el futuro de Europa y la amenaza de la guerra. Pero a pesar de las siniestras novedades y del ambiente premonitorio que podíamos percibir en las fiestas, el de un tiempo que expiraba, lo recuerdo como un verano dorado y encantado. Eso fue porque Jai se unió con nosotros en Budapest.

La ciudad parecía lucir su mayor esplendor, con flores por todas partes y las noches llenas del adorable sonido, que alternaba entre el lamento y la alegría, de las cítaras. Había un importante torneo de tenis y fuimos a ver los partidos. Todavía tengo fotos de ellos, con Jai sentado a mi lado; ambos parecíamos tan jóvenes y tan felices. Íbamos a nadar. Íbamos a ver caballos y exhibiciones de caballos, que a todos nos gustaban. Conducíamos por el campo y parábamos en posadas o restaurantes, alegres con las flores, bulliciosos con la música gitana. Bebíamos los vinos del lugar y dábamos largos paseos en las largas y densas tardes del verano europeo. Recuerdo bien la angustia cuando los chicos pedían a la banda que tocase "El vals de la alegre viuda" y entonces me decían, como si fuera gracioso, que pronto habría una guerra y que todos morirían y que yo me convertiría en la "alegre viuda."

Cuando lo describo parecen hechos sin importancia. Supongo que para mí fue tan mágico porque estuve rodeada de la gente que más amaba y, sobre todo, porque yo era joven y estaba enamorada y Jai estaba continuamente conmigo. A pesar del color rosa con que mi felicidad

Arriba: Ma en la década de 1930.
Enfrente: Jai y yo con nuestro perro.

pintaba el mundo, era difícil, a finales del verano de 1938, ignorar por más tiempo la amenaza de la guerra, y enseguida Ma pensó que ya era hora de volver a Londres. A pesar de lo aprensiva que era, no creo que ni ella ni ninguno de nosotros, imaginase lo que una nueva guerra significaría para nosotros personalmente. Todos teníamos muchas razones para intuir una tragedia inmediata para Europa y quizás entreveíamos que nuestras vidas, en lo que concernía a las visitas a Europa, cambiarían permanentemente. Pero nunca imaginamos que la guerra sería mundial y que traería tantos cambios también a la India.

Cuando volvimos a Londres a mediados de septiembre, nos encontramos con que mi abuelo de Baroda estaba muy enfermo. Lo único que deseaba en su desesperado estado era regresar a Baroda, sin importarle las consecuencias. Ma y mi abuela volaron a casa con él en un chárter. Poco después, Menaka y yo recibimos la triste noticia de que nuestro querido abuelo había muerto.

Unas pocas semanas después, Menaka y yo embarcamos hacia India. Cuando atracamos en Bombay, Ma estaba en el muelle para recibirnos y, para mi inenarrable deleite, Jai estaba con ella. Aquella misma noche tuve mi primer enérgico recordatorio de que estaba de vuelta en India. Estaba a punto de ir al anexo del personal de Jaya Mahal, el palacio de Baroda en Bombay, en el que nos alojábamos, cuando Ma me detuvo y me dijo que una chica joven no salía sin compañía en la India. Habíamos estado fuera dos años y casi había olvidado las normas que regían nuestras vidas. A pesar de que éramos más libres que muchas princesas indias y no teníamos que permanecer en *purdah*, aun así no iba a haber más salidas al cine o a restaurantes sin chaperones, e incluso para una simple salida de compras tendríamos que llevar a nuestras institutrices y a un ayuda de cámara. Al escuchar cómo me repetían estas restricciones, sentí una fuerte punzada de nostalgia por la vida libre de Londres, por los autobuses y el metro y, simplemente, por ser una más entre la multitud forcejeando durante las horas pico.

Más tarde, aquella misma noche, cuando ya estaba empezando a sentir pena por mí misma, Ma nos dijo que nos vistiésemos y que nos pusiésemos nuestros mejores saris porque íbamos al Willingdon Club y Jai iba a venir a buscarnos. Volví a la vida inmediatamente e inicié una incursión en mi vestuario a la caza del sari más favorecedor que poseía. Nunca había estado en el Willingdon Club de mayor. Mis únicos recuerdos de él eran de niña, viendo polo, así que ir ahora, y con Jai, me hacía ser tener sumo cuidado con mi aspecto.

El Willingdon ocupaba un lugar bastante especial en la vida de Bombay. Era el primer club verdaderamente elegante que estaba abierto tanto a indios como a ingleses, y en el que la elite de ambas sociedades se mezclaba en condiciones de igualdad. Poseía excelentes instalaciones para todo tipo de deportes y hermosos campos y céspedes bordeados con los brillantes colores de las flores tropicales, iluminados por las noches. Durante el día, el lugar de encuentro de moda en Bombay para el aperitivo era el Harbour Bar en el hotel Taj Mahal, pero por las tardes, toda la elegante comunidad de Bombay iba a tomar copas al Willingdon, sentados en sillones de mimbre sobre el césped, sabiendo que se encontrarían con todos sus amigos y que las mesas se moverían y alargarían según surgiesen las celebraciones o llegasen nuevos invitados. Los camareros, en sus largas túnicas blancas con turbantes y fajines verdes, revoloteaban entre las mesas sirviendo bebidas y deliciosos y picantes aperitivos con especias .

Cuando llegamos allí, los múltiples amigos de Ma y de Jai se acercaron para saludarlos o para quedarse, charlar y tomar una copa. Nuestra mesa fue creciendo y creciendo. Todo era muy distinguido, las mujeres en sus soberbios saris, los hombres en *achkans* o trajes, vestidos para cenar, otros aún en ropas deportivas, que llegaban de un último *round* de golf o de un partido de tenis tras el trabajo. Para mí había un toque extra de secreta intriga, ya que cuanta más gente se nos unía, Jai y yo teníamos que maniobrar para conseguir sentarnos uno al lado del otro todo el tiempo.

Nuestra estancia en Bombay fue corta y Ma enseguida nos llevó a Calcuta, donde la temporada estaba a punto de empezar. Yo estaba contenta, ya que sabía que Jai vendría pronto. Nos instalamos en el lujo familiar de "Woodlands" y nos preparamos para la plena temporada, cuando Lord Linlithgow, que acababa de reemplazar a Lord Willingdon como virrey, llegó con su familia para pasar las tradicionales dos semanas en Calcuta.

Para mí, aquel invierno fue la temporada de Calcuta más

extraordinaria que recuerdo. Era la primera vez que en "Woodlands" me consideraban una adulta y, a pesar de que no tenía la libertad de otras chicas de mi edad, lo que era especialmente irritante cuando veía a mis hermanos preparase para salir por la noche por la ciudad, había muchas fiestas a las que podía ir con Ma como carabina. Como siempre, el factor principal de mi felicidad era que Jai estaba con nosotros y le veía continuamente y en casi todas las comidas. La mayoría de las veces teníamos que estar en compañía de otros, pero ocasionalmente nos las arreglábamos para escaparnos juntos y algunas veces me dejaba conducir su coche. Por supuesto, temprano cada mañana íbamos a cabalgar juntos.

Jai, Bhaiya e Indrajit eran muy solicitados en sociedad y salían mucho juntos. Tenían un aspecto tan maravilloso, saliendo en sus chaquetas abotonadas hasta el cuello y con sus pantalones *jodhpur*. Todos eran altos, delgados y bien parecidos, y a menudo los tomaban por hermanos.

Ellos hicieron de "Woodlands" un sitio más vivo que nunca aquel año. Para entonces, mis hermanos y hermanas, así como Ma, invitaban a amigos para que vinieran. Era el centro de los deportistas. Bhaiya, que jugaba en los campeonatos de tenis del este de India, invitaba a sus compañeros de competición. También organizaba partidos de criquet en el terreno de nuestro jardín, invitando al equipo del virrey y al club de criquet Middlesex, entre otros, a jugar. Muchos de los amigos de Bhaiya e Indrajit eran oficiales de caballería del ejército indio y venían a Calcuta para los partidos de polo y vivían en tiendas en nuestro jardín. Uno de ellos se llevó el susto de su vida cuando al volver a su tienda tarde tras una fiesta, se encontró cara a cara con un enorme elefante, aparentemente preparado para embestirlo, en la oscuridad. Al día siguiente, no sabía si había sufrido una alucinación o si realmente había escapado de un terrorífico peligro. Nunca se lo aclaramos, aunque todos conocíamos al elefante. Lo habían traído a Kuch Bihar para enviarlo a mi abuelo de Baroda como regalo por su setenta y cinco aniversario. Sus colmillos habían sido incrustados con diamantes y se le había cambiado el nombre a Hira Prashad (Ofrenda de Diamante), y había sido llevado al muelle para ser embarcado hacia Baroda. Desgraciadamente, la grúa que lo alzaba se rompió. Cayó en el muelle y se rompió una pata. Después de eso fue imposible para él viajar a Baroda y lo teníamos en "Woodlands" en unas salas especiales, con grandes comodidades, mientras sanaba su pata.

"Belvedere", la residencia oficial del virrey, estaba justo enfrente de "Woodlands", y a Bhaiya y a mí nos pedían a menudo que jugásemos al tenis con nuestros vecinos. Esto trajo algunos momentos difíciles, ya que nadie se acordó de avisarme de que el virrey nunca cambiaba la posición cuando su compañero tenía el servicio. Recuerdo que me quedé dudando en la línea de saque, preguntándome cuándo se iba a mover y si yo tendría el valor de hacer el saque. Finalmente, se giró y me dijo, "Venga ya, Ayesha. ¿Qué es lo que te pasa? ¿Es que no vas a empezar nunca?" Bhaiya, que conocía la costumbre del virrey, se retorcía conteniendo la carcajada desde el otro lado de la red.

En una ocasión, la hija del virrey, lady Joan Hope, nos invitó a cenar a "Belvedere". Era la primera vez que yo cenaba en la Viceregal Lodge, y no estaba preparada para el momento, al final de la cena, en que las mujeres se retiraban. La virreina encabezó la procesión de salida del comedor, haciendo una reverencia a su marido a su salida. El resto de las mujeres la siguieron en parejas, cada una haciendo una genuflexión hasta el suelo en perfecta compostura, mientras que yo me preguntaba qué rayos debía hacer. Cuando llegué a la puerta, simplemente uní mis manos en *namaskar*, esperando que el virrey lo encontrase suficientemente respetuoso.

Las fiestas, el tenis, la cabalgata, ver el polo, explorar qué significaba ser adulto: ésas eran las cosas que constituían mi vida en Calcuta y disfruté de cada instante. Del mismo modo, cuando llegó el momento de volver a Kuch Bihar, creo que todos nosotros compartimos el alegre sentimiento de retorno al hogar que siempre nos producía Kuch Bihar. Como grupo de hermanos y hermanas, nos llevábamos muy bien. Encontrábamos entretenimientos e intereses dondequiera que estuviésemos, en Europa o en India. Pero Kuch Bihar era el lugar que más amábamos, y en esa vuelta en particular, lo encontré más absorbente que nunca.

Ma ya no era la regente porque Bhaiya ya tenía la edad, así que pasaba mucho tiempo fuera de la provincia visitando Delhi, o especialmente Bombay, para estar con mi abuela. En su ausencia, yo solía actuar como la anfitriona de Bhaiya. Era una gran diversión hacerse cargo de los invitados con él, planear las cosas que íbamos a hacer, discutir las salidas que íbamos a preparar. Yo acostumbraba a escuchar sus conversaciones con los consejeros y delegados, algunas veces hacía mis propias sugerencias. Siempre me escuchó, a pesar de que se sonreía y me hacía bromas sobre las sugerencias más alocadas y poco prácticas.

Por las tardes, después de bañarme y vestirme, en lugar de ir a la habitación de Ma como hacía cuando era una niña, iba a la de Bhaiya, incluso cuando Ma estaba en la casa. Esperaba a que estuviera listo y entonces iba con él al salón, andando tras él. De hecho, iba a todas las partes que podía con Bhaiya, hasta tal punto que Ila me apodó "Sombra." Me di cuenta de que, a pesar de que la temporada en Calcuta había sido divertidísima, yo prefería mucho más la vida de campo, informal y relajada, de Kuch Bihar, que las rondas sociales de las grandes ciudades.

Sin embargo, la vida campestre tiene sus momentos maravillosos. Una vez me encontré, sin darme cuenta, a cargo de una cacería. Un tigre había estado dando problemas a los aldeanos al matar a sus reses, así que Bhaiya y un amigo inglés, Sir Robert Throckmorton, decidieron ir por él. Se sentaron toda la noche en un *machan*, una plataforma construida en un árbol, pero sólo consiguieron herir al tigre. Bhaiya tenía que irse al día siguiente para asistir a una reunión de la Cámara de Príncipes, un cuerpo de todos los príncipes de las provincias que se reunía en Delhi una vez al año, para discutir sus problemas comunes y consultar e informar al virrey sobre la situación de sus provincias. No podía dejar pasar ese importante evento y tuvo que dejarnos a cargo de la situación: un tigre que, además de ser un devorador de hombres, estaba herido. Sir Robert, Baby y yo, junto con el ayudante de cámara a cargo de las cacerías, el jefe de cazadores del personal de Kuch Bihar y otro cazador experimentado, salimos en búsqueda del tigre. Necesitamos dos elefantes para montar, Baby y el ayuda de cámara en una *howdah*, Sir Robert y yo en la otra, y ocho elefantes más para acompañarnos; nos pusimos en marcha con mucha cautela, por el pequeño trozo de selva en la que se había rastreado al tigre.

Nos acercamos formando una larga hilera, cabalgando hacia el frente y manteniendo cada uno de los dos rifles en un extremo. Todo el mundo mantenía el mayor silencio posible y ante cada avance de los elefantes aumentaba la tensión. Entonces, de repente, los elefantes olfatearon al tigre y empezaron a barritar. El tigre soltó un tremendo rugido, cargó desde los matorrales y atacó al elefante más próximo, que era el que transportaba al jefe de cazadores. El elefante se agitó girando, lanzando al hombre al suelo, y echó a correr hacia la jungla, con el *mahout* intentando controlarlo desesperadamente. Entonces, el tigre se retiró a la jungla, dejándonos en la incertidumbre de si nuestra cacería había fallado o le habíamos matado. El silencio mortal duró una media hora, en la que nadie se atrevió a moverse. Entonces el tigre cargó de nuevo, esta vez contra el elefante que llevaba a Baby y al ayuda de cámara, que escapó hacia la jungla con sus pasajeros, dejándome a mí, extremadamente nerviosa, a cargo de mi primera cacería. Para mi alivio, Sir Robert consiguió acabar con el tigre en su última embestida, el cazador no estaba malherido y el día finalizó con todos los aldeanos rodeando alegremente el cadáver del tigre que tantos problemas les había causado.

En abril de 1939, Ma alquiló una casa en Cachemira. Con su habitual energía, se puso a redecorarla por completo, a pesar de que la había alquilado por sólo unos ocho meses. Parecía conocer, con un sexto sentido, dónde comprar las mejores alfombras y adornos, dónde encontrar a los mejores artesanos y tiendas. No se conformó con ningún objeto ya acabado de los que vio y, en su lugar, encargó muebles de nogal exquisitamente labrados, cojines bordados y una gran alfombra blanca de lana para su habitación. Para nosotros, el verano transcurrió agradablemente, con partidos de polo, torneos de tenis, picnics y visitas de amigos. Bhaiya, que en aquel momento estaba ligado al Séptimo Regimiento de Caballería Ligera, vino de permiso para alegría nuestra y para tomar parte en los torneos de polo. Indrajit, que estaba entonces en la academia militar en Dehra Dun, también se unió a nosotros para el polo. Ila, ahora madre de un pequeño y de una niña, vino para quedarse en la casa-barco que Ma había alquilado para ella. También mi abuela había alquilado una casa en Srinagar, la capital de Cachemira, y había traído con ella a siete de nuestros primos de Baroda. Añadiéndose a nuestro círculo social, el *nawab* de Pataudi, el famoso jugador de críquet, vino a Cachemira en su luna de miel, después de su boda con la princesa de

Bhopal y a menudo organizaba partidos de criquet o de jockey, en los que todos jugábamos con entusiasmo.

Cachemira es increíblemente hermosa y solíamos ir de picnic a los jardines ornamentales de Shalimar y Nishat Bagh, yendo en las encantadoras barcas con aspecto de góndola (*shikara*), con nombres del tipo "Dulce luna de miel" o "Nido de enamorados." Y cuando llegó septiembre, Jai llegó a Srinagar para hacer una visita oficial al maharajá de Cachemira en su palacio y después se quedó con nosotros. Desde entonces yo vivía en las nubes porque cada mañana cabalgábamos juntos, y con Baby y Menaka como carabinas, íbamos a cazar osos o de picnic o de paseo en *shikara*. Lo recuerdo como el último idilio de mi adolescencia.

Jai se quedó sólo por un corto periodo, ya que con la amenaza de la guerra tuvo que volver a sus obligaciones en Jaipur, entrenando a sus tropas y preparando la provincia para la guerra. Poco después, sentada en el exterior del Club Srinagar a la vera del río, tras un partido de tenis, oí que se había declarado la guerra en Europa. A pesar de que lo esperábamos, todos nos sobresaltamos. Para nosotros, el impacto más inmediato fue que todos los oficiales que estaban de permiso tuvieron que volver inmediatamente a sus regimientos. Nos dejaron en un Srinagar medio abandonado, todavía acostumbradas a los despreocupados veraneos.

Para mí, la primera noticia realmente seria llegó una tarde de noviembre, cuando volví del golf y encontré un mensaje urgente. El avión de Jai se había estrellado. Estaba inconsciente y peligrosamente herido. Creí que mi corazón había dejado de latir. A menudo había leído en las novelas románticas que el corazón de la protagonista dejaba de latir por un instante en cualquier situación de elevada carga emocional, pero nunca esperé sentir yo misma esa improbable reacción. Fue entonces, por primera vez, cuando me di cuenta de verdad de lo profundamente que le quería. Aquella noche no pude dormir; en su lugar, me senté, compungida, sin llorar, pero incapaz de pensar en nada más que en Jai y en cuánto quería estar con él. Ma lo entendía, pero me dejó claro que era imposible para una chica soltera el ir sola a Bombay. Al día siguiente llegó un telegrama que decía que, a pesar de que seguía grave, habían declarado que estaba fuera de riesgo inmediato.

Con un desmayo de alivio, escuché el relato de cómo había

ocurrido el accidente. Mientras el avión de Jai rodeaba Bombay, un buitre voló a una de sus alas. El piloto no se apercibió del daño que había causado ese extraño incidente y, cuando se acercaba al aeropuerto de Bombay, el avión cayó como una piedra desde una altura de 500 pies. El piloto murió al instante y a Jai lo arrastraron fuera de los restos, inconsciente y con ambos tobillos rotos. El gobernador de Bombay, Sir Roger Lumley, insistió en que Jai fuese trasladado desde la sala pública a la que había sido llevado, a la Casa del Gobierno, donde era cuidado por un equipo de doctores y enfermeras.

Continué obsesionada por el bienestar de Jai después de que hubimos dejado Cachemira y llegado a Nueva Delhi, e incluso después de que Jai ya estaba suficientemente bien como para ser trasladado a Jaipur. Ma había ido a verlo y yo esperé ansiosamente una carta o un telegrama. En su lugar, Ma telefoneó y me dijo que Jai quería verme y que enviaba un coche para que me llevara de Nueva Delhi a Jaipur. Durante el trayecto estuve muy nerviosa, imaginando cómo encontraría a Jai cuando llegase. Iba con muletas, pero tenía buen ánimo. Me quedé sólo dos días, no hubiera sido adecuado alargar la visita, pero fue suficiente para confirmar que Jai se estaba recuperando y tan optimista como siempre. Cuando me iba, prometimos escribirnos cada día y así lo hicimos, hasta que vino para quedarse con nosotros en Calcuta para la temporada de polo, a pesar de que esta vez sólo pudo ser un espectador. Para mí, su cojera tuvo sus ventajas. Necesitaba ayuda para salir y me permitió, para mi satisfacción, que le llevase conduciendo su nuevo coche deportivo de dos plazas.

Antes de que Jai dejase Calcuta, tenía que tener una seria conversación con Ma sobre nuestro futuro. Me permitieron estar presente como espectadora silenciosa. Jai mantenía que, a pesar de que los dos años que había prescrito no habían transcurrido todavía, la guerra había trastocado las cosas y convenció a Ma de que su boda conmigo era inevitable. Ma, creo, había llegado a la misma conclusión por sí misma. Dijo simplemente: "De acuerdo, la boda se celebrará antes de un año." Yo no estaba convencida de que lo dijese en serio y Jai compartía mi incertidumbre. Me regaló un hermoso anillo de diamantes y me dijo que no debía contarle a nadie que era un regalo suyo, pero que debería llevarlo siempre.

Me reí, y le dije que nadie que estuviese cuerdo pensaría que yo había salido y me había comprado un anillo como ese para mí. Él también se rió y decidimos que sólo lo llevaría por la noche, para ir a dormir. Yo sabía que a Ma no le gustaría que yo hubiese aceptado de Jai un anillo tan claramente valioso; yo misma no tenía gran interés en joyas en aquella época, y hubiera estado encantada con cualquier baratija que me hubiese regalado. Incluso hallaba un placer especial guardándolo para mí y admirándolo en mi dedo únicamente cuando estaba a solas.

Aquel mismo año, más tarde, Ma hizo su visita anual a Delhi; Jai se encontró con ella allí y la convenció de que la boda no podía realmente esperar hasta el año próximo. Quería casarse cuanto antes. En marzo de 1940, sólo unos meses antes de mi veintiún cumpleaños, nos dio su aprobación final y sus bendiciones, pero todavía tenía que mantenerse en secreto hasta que Jai hubiese informado a su familia y viniese a Kuch Bihar para la ceremonia de compromiso. Finalmente se consultó a los *pandits,* sacerdotes brahmanes y eruditos, y nos proporcionaron una fecha auspiciosa para nuestra boda: el diecisiete de abril.

PARTE 2

CAPÍTULO 9

Nuestra boda

La noticia de mi compromiso dio lugar a gran cantidad de murmuraciones y calamitosas predicciones en mi círculo familiar, junto con algunas preocupaciones reales. Había verdadera inquietud sobre el hecho de que fuera la tercera mujer, mezclada con la excitación de que me casaba con el distinguido maharajá de Jaipur.

Ila comentó que yo perdía tanto mi "columna vertebral" en presencia de Jai que no sabía cómo iba a lidiar con su coquetería. Indrajit se lamentó jocosamente de que Jai, su héroe, se hubiese doblegado a una alianza con el "palo de escoba". Ma predijo, pesimistamente, que yo sería "la última adición a la guardería de Jaipur".

Bhaiya, el más preocupado de todos, me llamó a su habitación para una charla privada. Tras un largo preámbulo, llegó al verdadero motivo de su discurso: yo tendría que aceptar la idea de que Jai era atractivo para las mujeres, y ellas para él, y ello no debería importarme o no debería hacer escenas al respecto.

Intentó aclararme el tema poniéndose él como ejemplo. "Tú sabes que yo tengo muchas amigas, nada serio, pero los hombres a menudo las tienen. Sólo porque él se case contigo no puedes esperar que deje a sus amigas."

Recuerdo haberme indignado. "Desde luego que lo espero. Después de todo, si se casa conmigo, ¿para qué necesita a todas esas chicas?"

"Escucha," dijo Bhaiya pacientemente, "hay una guerra. Jai o yo podemos ser enviados a cualquier parte. Cuando voy a un nuevo lugar y me encuentro con chicas, me gusta salir con ellas. A Jai no le van a dejar de gustar las chicas ni va a dejar de salir con ellas sólo porque está casado contigo. Y a ti, verdaderamente, no te debe importar."

"Pero me importará"

"Pero no debes; él no intenta hacerte daño."

"No puedo creerlo. Si yo soy su mujer, ¿cuál es la necesidad de otras chicas?"

"Ayesha, *escucha*. Yo no soy una mala persona, ¿verdad? Yo no haría daño intencionadamente a nadie."

"No, por supuesto que no."

"Pero ¿ves que podría continuar teniendo amigas aunque estuviese casado?"

"Tú eres diferente," le dije, sabiendo como hermana que Bhaiya nunca iba a cambiar sus costumbres, pero rechazando que Jai pudiese hacer lo mismo.

Bhaiya, exasperado, casi me gritó. "Pero recuerda que Jai *también* es un hombre. Él tiene muchas amigas. ¡Eso no *significa* nada!"

"Entonces, ¿Por qué no debería yo ser igual?" Pregunté con resentimiento, sabiendo que yo estaba tan perdidamente enamorada de Jai que no podría de ningún modo pensar en coqueteos.

"¡No, no!" Bhaiya casi se escandalizó. "Las chicas son distintas."

"Desde luego que lo son," reconocí con calidez. "Cuando Jai esté lejos, le echaré de menos y probablemente me deprimiré por ello…"

"Pero los hombres hacen estas cosas. Entiéndelo, *por favor*. Jai puede estar enamorado de ti y querer casarse contigo, pero eso no tiene nada que ver con que se sienta atraído por otras mujeres. Los hombres son así. *No significa nada.*"

Le dije, "Para mí significaría mucho. ¡Odiaría algo así!"

Bhaiya suspiró profundamente y empezó su conferencia de nuevo. Jai, explicó, era por naturaleza cálido y cariñoso. No podía evitar demostrarlo y, aceptémoslo, le *gustaban* las mujeres, y se *sentía* atraído por ellas, lo mismo que ellas por él. Yo continué insistiendo en que nada de esto sería verdad tras nuestro matrimonio; él me quería y nada le induciría a desviarse, sin importar cuántas mujeres se arrojasen a sus brazos. Bhaiya dijo con voz desesperada, "No digas que no te lo advertí."

Incluso entonces, bajo mis protestas, de algún modo sabía que Bhaiya estaba en lo cierto y, de hecho, después de casados, Jai y yo solíamos tener acaloradas disputas sobre su despreocupado hábito de decir "Hola, guapa" o " ¿Cómo está mi chica maravillosa?" a las mujeres que conocía, y de darles un beso en la mejilla. Al final de estas peleas yo siempre terminaba diciendo con enfado: "No sirve de nada. Simplemente, no lo entiendo."

Debido a que era época de guerra, Jai volvió a Jaipur inmedi-atamente después de nuestra ceremonia de compromiso, mientras que yo volví a Calcuta. Al día siguiente, temprano por la mañana, cuando Ma vino a despertarme para montar a caballo (siempre montábamos en la hípica al amanecer, saliendo de "Woodlands" cuando todavía estaba oscuro), me encontró con alta fiebre y la garganta dolorida. Se requirió la presencia de un médico que diagnosticó difteria. Esto era exactamente un mes antes del día de mi boda.

Durante toda mi convalecencia llegaron cartas impacientes de Jai. Él no podía importunarse por el consejo del doctor de que debiéramos esperar unos cuantos meses antes de casarnos, dándome tiempo para la larga convalecencia que la difteria requiere. Él estaba decidido a que la boda se celebrase el 17 de abril, como habían sugerido los astrólogos. Cuando Ma le explicó que yo estaba muy débil y que no debería es-forzarme sino descansar, descansar, descansar, Jai dijo que él no era un bárbaro; que me cuidaría bien y no me permitiría hacer ningún esfuerzo. Como siempre, se salió con la suya.

Los preparativos para nuestra boda comenzaron inmediatamente. Ma, con su notable previsión, ya había comprado parte de mi ajuar en Europa, sabiendo que era improbable que volviese durante algún tiempo. Había encargado sábanas y toallas en Florencia y Checoslovaquia, zapatos y bolsos a juego en *Ferragamo* en Florencia, camisones de *mousseline de soie* en París, y un sinnúmero de otros objetos. También típico de Ma, el ajuar había sido olvidado y nadie podía recordar dónde. Finalmente, fue localizado en el hotel Ritz de París y fue enviado a casa, adonde llegó cerca de una semana antes de la boda.

Tuvimos que comprar el resto de mi ajuar en Calcuta y yo estaba en esa difícil edad en la que me negaba a poner ningún interés en nada que no fuesen mis ropas de deporte. Los únicos lugares a los que acep-taba ir eran un par de tiendas británicas donde podía encargar camisas y pantalones de tenis. Ma finalmente me convenció de que verdaderamente tenía que encargar algunos saris, pero fue un desastre. Fui a una tienda de saris, *Glamour*, cuyo propietario conocía de toda la vida. A medida que yo hacía mis compras rápidamente y sin prestar atención, su cara se fue ensombreciendo. Tan pronto como me fui, llamó a Ma, rogándole que se acercase a ver la selección que yo había hecho. Ella llegó con la cabeza fría pero cuando vio lo que yo había escogido, no pudo contenerse. "¡Basura, basura!" exclamaba ante cada sari que yo había elegido. Dejó la tienda imperiosamente, apuntando que lo único bueno de mi selección era que quizá fuesen admirados en Rajputana, donde la gente gustaba de los colores fuertes y chillones. Para ella y para su hija no eran admisibles. Decidió que ella misma compraría por mí y cuando hubo acabado yo tenía unos doscientos saris de varios tipos: de *chiffon* de un solo color y estampado, con y sin festonear, algunos bordados a mano, otros con motivos sobrecosidos, algunos bordados en oro y otros de pesadas y sencillas sedas. Cada uno era magnífico y durante los siguientes años me sentí muy aliviada de que hubiesen sustituido mi selección.

Otros preparativos para mi boda iban avanzando en Kuch Bihar. Sólo pudimos invitar a menos parientes y amigos de los que hubiésemos querido, porque muchos de los trenes habían sido requisados para la guerra: para los invitados era difícil viajar en las condiciones de hacinamiento de los trenes que habían quedado para uso civil. Esperábamos unas doscientas personas, un pequeño número de representantes principescos, que llegarían con sus criados. Todos tenían que ser alojados y alimentados durante al menos una semana. Puesto que el palacio y las tres casas de invitados de la provincia no eran suficientes se montaron muchas tiendas de campaña y las escuelas y los edificios públicos de la ciudad se convirtieron en dormitorios para los miembros de las diversas plantillas.

Jai iba a viajar a Kuch Bihar con un séquito de unos cuarenta nobles, cada uno de los cuales traería sus propios sirvientes. Las provisiones de comidas tuvieron que hacerse a gran escala. Además del convite de bodas, todos los dignatarios de la ciudad debían ser invitados a comidas, y debía enviarse comida especial a los brahmanes, los pobres y los prisioneros, así como a los guardas de las casas y a nuestro personal.

La ciudad entera de Kuch Bihar estuvo de fiesta. En todos los edificios públicos y las casas privadas se colgaron luminarias. Los arcos festivos se alzaron cruzando las calles por donde debía pasar el novio. Para entretener a los lugareños y a los aldeanos que viniesen para la ocasión, se había preparado un castillo de fuegos artificiales especial y, dos días después, un partido de jockey en el que Jai y Bhaiya capitanearían cada equipo.

Los preparativos se completaron y el grupo de mis familiares de Baroda llegó antes que el resto de los invitados. Los recibimos en Calcuta. Teníamos que viajar de vuelta a Kuch Bihar cuando ocurrió un espantoso accidente. El hermano favorito de Ma, mi tío Dhairyashil, se cayó por las escaleras y se rompió el cráneo. Murió en el hospital aquella noche. Todos nosotros, pero especialmente Ma, estábamos hechos pedazos. Todos le habían profesado tanto cariño que su muerte trajo una tremenda tristeza a toda la casa y difícilmente hallamos ánimo para continuar con los pre-parativos de la boda. El grupo de Baroda volvió a casa para la cremación y el periodo de luto. Ma no los acompañó. La ceremonia de la boda y todos los preparativos se pospusieron y se consultó a los *pandits* para que determinaran una nueva fecha auspiciosa para nuestro matrimonio. Resultó ser el nueve de mayo.

Incluso dicha tragedia, tan cercana al hogar, no pudo enfriar completamente la emoción de, al fin, casarme con Jai. A medida que se acercaba la fecha de la boda empecé a recibir magníficos presentes. Mi favorito era un hermoso Bentley negro, regalo del Nawab de Bhopal. Cuando lo vi por primera vez circulando por la ciudad, di por hecho que sería para el uso personal del Nawab durante su estancia en Kuch Bihar. Cuando me lo entregó formalmente, me preguntó con gran indecisión si verdaderamente me gustaba o si, quizás, hubiera preferido una pieza de joyería. Le dije en términos muy claros que no había ni la más mínima duda en mi pensamiento. Tuve el placer añadido de poder recrearme ante Indrajit, que pensaba que era sencillamente demasiado que una "simple chica" tuviera un Bentley. Incluso Jai tenía un inadvertido interés por mi Bentley y yo, dócilmente, acepté cambiárselo por un Bentley azul más viejo que él tenía en Jaipur. Otros dos excitantes regalos fueron un Packard de dos asientos, de parte de uno de los nobles de Jaipur, y una casa en Mussorie, al pie de los Himalayas, de mi abuela de Baroda. Fr-ente a éstos, el resto de los regalos, tan maravillosos como eran, parecían menos impresionantes; la mayoría eran joyas. Mi propia familia me dio un conjunto de rubíes, ambos especialmente encargados a Chimanlal Manchand, un famoso joyero de Bombay. Las joyas incluían un aro de nariz con pinza, un ingenioso compromiso ya que se esperaba que las mujeres llevasen un aro de nariz tras el matrimonio, pero mi nariz no estaba perforada para poder utilizar uno normal. Jai se guardó su regalo, un collar de brillantes, hasta que estuvimos casados.

Tres días antes de la ceremonia de la boda, yo tuve que hacer los preparativos adecuados. Tenía que bañarme en aceites perfumados y frotar mi piel con pasta de cúrcuma para hacerla más hermosa. Tenía que realizar las oraciones y devociones prescritas y tras eso, tenía que ayunar durante las últimas veinticuatro horas. Bhaiya me entregaría y él también tenía que ayunar. La noche antes de la boda pasé el tiempo hablando con Menaka y Baby.

Jai debía llegar por la mañana y se iba a instalar en una casa de invitados junto con los suyos. La primera indicación que tuve de su llegada fue cuando oí las salvas de diecinueve cañones. Sólo entonces creí con total convicción que, tras todos los años de espera, iba verdaderamente a casarme con mi amado.

Poco después de la llegada de Jai, los acostumbrados regalos del novio a la novia llegaron en procesión al palacio donde fueron ceremoniosamente dispuestos en el salón de *darbar*. Consistían en las joyas y los adornos tradicionales *rajputana* para una novia y además, diez o doce conjuntos de trajes, también dictado por las costumbres, y bandejas y bandejas de frutos secos, nueces, pasas y otros alimentos auspiciosos.

Entonces colocaron una serie de objetos en mi regazo, una tradición particular de Kuch Bihar (se suponía que debía llevarlos todo el día hasta después de la ceremonia de la boda): una caracola rebordeada en plata, un pequeño espejo de plata con paquetes de betel y de nuez *areca* atado al asa, un puñado de arroz mezclado con el auspicioso polvo rojo que llamamos *kumkum* envuelto en una hoja de banana; todo símbolos de buena fortuna, todos auguraban longevidad para mi marido y mucho hijos para mí. Todavía llevándolos, fui a decir las oraciones especiales de novia y a hacer las ofrendas al dios de la prosperidad universal, el de cabeza de elefante, Ganesha, y después me senté en lo que me pareció una interminable espera. Después supe que Jai había telefoneado a Ma preguntándole si podía pasarse por allí y tomar una copa antes de comer, a lo que ella le había contestado: "Por supuesto que no. ¿Has olvidado que éste es el día de tu boda? ¡Ninguno de nosotros te verá sino hasta la ceremonia!"

Durante días el palacio había estado hirviendo de actividad ya que se habían sacado los adornos tradicionales de boda y se montaba todo lo necesario. Bajo el ojo exigente de Ma, se habían realizado ensayos, de modo que yo sabía exactamente cómo iba a suceder el lento despliegue de mi boda. Por todas partes había música que empezaba al rayar el día, continuaba durante la tarde y llegaba al clímax durante el anochecer, cuando iba a consagrarse el verdadero matrimonio. El sonido bajo y penetrante de las caracolas, la música más ligera y alegre de los instrumentos de viento que llamamos *shehnai* puntuado por el ritmo de los tambores, llenaban el aire.

Seguí el proceso de ser vestida y decorada con joyas. Odio el alboroto a mi alrededor, pero me forcé a mí misma a permanecer quieta mientras esta parte esencial del ritual se completaba. El adorno de una novia en India es un ritual en sí mismo y a mí me prepararon para la boda un tropel de parlanchinas mujeres casadas, mientras que mis propias amigas miraban ofreciéndome sonrisas de ánimo. Entre el bullicio y la confusión, de algún modo, pintaron mis empeines con *henna*, me pusieron mi sari y mis joyas y, una a una, deslizaron en mis muñecas las pulseras de marfil de una novia *rajputana*. Finalmente decoraron mi frente con pasta de sándalo y yo estuve lista.

De repente, los cañones retronaron y la banda empezó a tocar como bienvenida a Jai. Eso significaba que la procesión del novio estaba a las puertas del palacio y en un destello todos mis acompañantes corrieron a ver su llegada. Con lo que recordaba de los ensayos, podía imaginar la magnificencia de la escena allí fuera. Primero algunos "mensajeros" bajarían por el largo paseo, después un grupo de bailarinas, después una procesión de cuarenta elefantes y muchos caballos, detrás las bandas y finalmente el novio seguido por sus invitados, los nobles de Jaipur y del resto de su séquito.

Cuando Jai cruzó el umbral, levantó su espada para tocar con ella el dintel como signo de que venía como novio. Entonces lo recibieron las mujeres del palacio, miembros de la familia y mujeres de los nobles, cortesanos y amigos visitantes, en el salón de *darbar*. Portaban bandejas de

Jai llegando a nuestra boda.

La ceremonia de matrimonio.

plata que contenían las ofrendas adecuadas: *kumkum*, cúrcuma, un coco, ají y otras especias, y una pequeña lámpara de aceite que simboliza el fuego sagrado. Ondearon sus bandejas lentamente hacia delante y hacia atrás, frente a Jai, cantando oraciones.

A mí me dejaron en la sala de vestuario, demasiado nerviosa para sentarme, mientras todos los demás se arremolinaban alrededor del novio. Finalmente, algunas de las mujeres volvieron para dar los toques finales a mis ropas y a mi aspecto y para escoltarme al palanquín de plata en el cual me sentaría mientras los hombres de mi familia lo transportaban al patio.

Con los omnipresentes cánticos del sacerdote y la música de fondo, tuvo lugar la ceremonia de entrega de la novia. Pero, antes de ello, como era costumbre en Kuch Bihar, Jai y yo intercambiamos guirnaldas. El pabellón de boda o *mandap*, como se le llama tradicionalmente, había sido instalado en el patio principal. En el momento en el que se alzó, se hicieron ofrendas adecuadas y oraciones. Mi hermano mayor, Bhaiya, realizó la ceremonia de entrega de la novia. La boda hindú es muy larga y el sacerdote continuó y continuó y continuó, y oí a Jai susurrar a Bhaiya, "¿No podemos preguntar a estos felicianos cuando acabará su representación?" Sonaba tan cansado e impaciente como yo lo estaba.

Por fin se dijeron las respuestas finales, se dijeron las últimas oraciones y dejamos el pabellón del patio para ir arriba donde la familia nos esperaba. Tuvimos que tocar los pies de cada uno, un momento peculiar para Jai ya que tuvo que dar obediencia incluso a Indrajit, al que siempre había tratado como un insignificante hermano menor al que podía tomársele el pelo. Cuando tocó sus pies, murmuró, "¡Por primera y última vez!"

Entonces compartimos el tradicional *thal* y yo le ofrecí el primer bocado de arroz de mis dedos, y él hizo lo mismo conmigo. Tomamos una botella de champaña helada para acompañar esta comida ritual. Después de aquello, Jai salió para unirse a los otros hombres mientras mis amigas y hermanas se quedaban conmigo e Indrajit entraba y salía para revisar mi estado de ánimo.

Cuando me permitieron cambiarme de ropa, me pareció increíble que hubiera sido engalanada con todos mis adornos sólo unas horas antes. Todavía no me sentía casada; había visto tan poco de Jai. Sin embargo, profundamente aliviada de que todo hubiera ido bien, por fin podía relajarme y esperar el momento en que Jai hubiera acabado con su parte de las ceremonias y pudiésemos estar a solas finalmente.

El día anterior a nuestra boda hubo un banquete para los hombres en el que Jai, Bhaiya e Indrajit tuvieron que hacer discursos y junto con sus amigos se divirtieron con música india y bailarinas. Mientras tanto, nosotras tuvimos una cena para mujeres. Durante el día había habido acontecimientos deportivos y torneos especiales celebrados para los visitantes. Las celebraciones en Kuch Bihar continuaron durante una semana más, pero al tercer día Jai y yo partimos para nuestra luna de miel, una costumbre europea que habíamos decidido adoptar.

Dejar Kuch Bihar fue triste. Todas las sirvientas lloraban y Ma, todavía conmocionada por la muerte de mi tío, parecía completamente inconsciente del hecho de que me iba de casa para siempre. La combinación de lágrimas e indiferencia me dejó preocupada, insegura y a punto de llorar yo misma.

Inicialmente, Jai y yo planeamos ir a Ceilán porque ninguno de los dos había estado allí, pero al final, debido a las dificultades de viajar en época de guerra, decidimos ir a Uty, el centro turístico de montaña en el sur de la India. Indrajit, que iba a unirse a su regimiento nos acompañó hasta Calcuta.

Fue en ese viaje cuando supe por primera vez lo que era la *purdah*. Cuando llegamos a la estación de Calcuta, nuestro vagón iba rodeado de pantallas de lona. Después, un coche con cortinas que separaban al conductor de los asientos de los pasajeros y con las ventanas cubiertas en la parte de atrás, llegó hasta la plataforma. Me condujeron desde el vagón de tren hasta el coche completamente protegida de la vista de cualquier transeúnte. Indrajit me acompañaba a petición de Jai y preguntó en un susurro si Jai pretendía mantenerme tan claustrofóbicamente guardada todo el tiempo. Con uno de los del séquito de Jaipur en el asiento delantero, sólo pude llevarme el dedo a los labios y encogerme de hombros. Íbamos a quedarnos en "Woodlands" aquella noche y también allí, el grupo de Jaipur despidió a todos los hombres del servicio, aunque a la mayoría los conocía de toda mi vida. Al día siguiente, cuando Indrajit

Retrato de los recién casados.

Jai y yo en el Palacio de Kuch Bihar.

partió, sentí como si mi último aliado me abandonase y no pude retener más mis lágrimas. Jai simplemente comentó, con su habitual buen humor, que él creía que yo *quería* casarme con él.

Pero el día después, cuando partimos para Madrás, ya había recobrado mi ánimo, aunque me mantuve desazonadamente consciente de que mi breve experiencia con la *purdah* era sólo la primera de muchas situaciones intimidantes que me aguardaban. Todavía admiraba mucho a Jai y estaba desesperadamente ansiosa por hacerlo todo correctamente, aunque muchas veces no estaba segura de qué exigía la etiqueta. Por ejemplo, cuando los sobrinos de Jai vinieron a visitarnos en nuestro compartimento de tren, me encontré en la incertidumbre de si hablar sería considerado inadecuado o si permanecer en silencio, aburrido.

Una vez que llegamos a Uty, todo se tornó acogedor y fácil. Nos alojamos en el anexo de una gran casa perteneciente a los Jodhpurs, la familia de la que provenían la primera y la segunda mujer de Jai. Algunos de los niños pequeños de los Jodhpur se alojaban en la casa principal y solían venir a tomar el té con nosotros. Jugábamos al tenis con su personal y todo parecía amigable y natural. Monté a caballo menos de lo habitual porque todavía estaba convaleciente de mi difteria, pero ocasionalmente seguíamos una cacería y a menudo íbamos de picnic. A Jai le gustaban los picnic y aquel mes debimos visitar cada uno de los parajes hermosos de aquel área. Algunos de nuestros amigos estaban en Uty y a menudo les agasajábamos y nos agasajaban, siempre con fiestas informarles para beber y cenar. Si había alguna fiesta formal o una recepción en la Casa de Gobierno, Jai iba solo. Aunque yo no estaba exactamente en *purdah*, en las ocasiones en las que había princesas mayores o más ortodoxas entre los invitados, Jai no quería ponerme en la embarazosa situación de ser la única maharaní que se mostrase en público. Me dijo que también sería así al inicio, en Jaipur, porque yo todavía no conocía a la gente. Pero añadió, "No hay necesidad de que guardes *purdah* toda tu vida. Vamos a esperar durante un año más o menos. Cuando la gente se acostumbre gradualmente a la idea, podrás abandonar la *purdah* completamente."

Mi cumpleaños llegó cuando todavía estábamos en nuestra luna de miel y, puesto que en Uty estaban todo tipo de príncipes y sus séquitos pasando la temporada, los invitamos, al menos a los más jóvenes, a

Retrato de Jay y yo en una fotografía de la década de 1930.

mi fiesta de cumpleaños. Yo era terriblemente tímida y aquélla fue mi primera experiencia de ser la anfitriona de una fiesta dada por el conocido y admirado Maharajá de Jaipur. No quería dar la impresión de que presionaba a los invitados y cuando salían no los acompañaba a la puerta. No me tenía suficiente confianza para conducirlos fuera de la casa.

Jai no estuvo nada tímido en comunicarme su desaprobación. "¿Qué es lo que te pasa?" dijo. "Tu madre tiene tan buena educación. Cualquiera hubiera pensado que podrías haber aprendido algo de ella. ¿Quién demonios crees que eres para quedarte en el salón y no acercarte a la puerta para despedirte de tus invitados?".

No tenía nada que decir al respecto excepto que me aseguraría de conducirme mejor la próxima vez. Pero esto fue muy pequeño comparado con el frío examen de fina diplomacia que llegó al final de nuestra luna de miel.

Jai me dejó en Uty para ir a Bangalore para jugar a polo y allí estuvo con su segunda mujer y con sus hijos. Me dijo que esperara hasta que él escribiese para decirme si debía unirme a él o volvería para buscarme. Durante los días siguientes vagué por el anexo, esperando el correo y preguntándome infelizmente qué estaría pasando en Bangalore. Pronto recibí una tranquilizadora carta de Jai diciendo que me echaba de menos y que debía ir a Bangalore tan pronto como fuera posible.

Conduje mi propio coche desde Uty en un ataque de nervios. Este iba a ser mi primer encuentro con la segunda mujer de Jai tras mi matrimonio. Cuando llegué, Jai estaba fuera jugando al polo y el único miembro visible de la familia era Pat, su hijo de cinco años, que montaba un triciclo, rodeando una y otra vez el sendero frente a la casa y esperando a ver cómo era yo. Dentro, apareció un ayudante de cámara para llevarme a las habitaciones que compartiría con Jai.

Tras una media hora volvió el ayudante de cámara para decirme que la segunda maharaní estaba en el salón y que estaría encantada de que la acompañase a tomar el té. Ma sólo me había dicho que cuando me encontrase con ella debía tocar sus pies, pero como eso no era una costumbre en Rajputana, sólo junté mis manos. Ella debía estar tan nerviosa como lo estaba yo, pero con su gran aplomo empezó a charlar, preguntándome si mis habitaciones eran cómodas y si me gustaría ir con ella a ver el partido de polo al día siguiente.

Eventualmente, Jai volvió de su juego, animado como siempre, comportándose de un modo tan completamente normal y natural que todas las tensiones parecieron desmoronarse y todos tomamos una copa juntos antes de ir al piso de arriba para cambiarnos para la cena. Después, Bhaiya se dejó caer por allí y sus maneras despreocupadas y sus bromas fraternales hicieron todo aún más sencillo. Cenó con Jai, la segunda maharaní y yo. Durante la cena resolvimos mi problema más inmediato, es decir, cómo la iba a llamar y optamos por *didi* (hermana mayor). Jai siempre la llamó Jo porque, del mismo modo que su propio nombre era simplemente la primera sílaba de su linaje, así Jo era una abreviación de Jodhpur. Al final ella fue Jo Didi para mí.

A la mañana siguiente nos trajeron el desayuno a la habitación y con él vinieron los hijos de Jai. La habitación se llenó de repente de niños cayéndose, gritando, pitando, llamando la atención descaradamente y haciendo tretas. Bubbles, el niño mayor, intentaba coger pequeños trozos de mantequilla mientras Jai intentaba, sin éxito, detenerlo. Bubbles tenía nueve años en aquel momento, su hermana Mickey tenía once y tras ellos venían los dos niños de Jo Didi, Joey y Pat, entonces con siete y cinco años respectivamente.

Nuestra vida diaria en Bangalore era, de algún modo, muy parecida a lo que había sido cuando había estado allí previamente. Íbamos a los partidos de polo y a las carreras y veíamos a muchos amigos que había conocido desde la infancia. Además de Bhaiya, había una serie de personas de familias principescas con quienes jugábamos a tenis casi cada día y, lo más importante, mi abuela de Baroda también estaba en Bangalore. Iba a ver polo con Jo Didi en un coche cerrado, pero esas eran las únicas ocasiones que las que seguí la *purdah*. En cualquier caso, había pocas celebraciones formales y la mayor parte de las diversiones eran amistosas y a pequeña escala. Cuando salíamos a cenar, yo acompañaba a Jai y cuando dábamos una fiesta, yo actuaba como anfitriona para Jai. Aunque creía que Jo Didi debía resentirse de mi presencia, nunca lo demostró y quizás no había mucho qué resentir después de todo. Incluso antes de que yo me casase con Jai, su vida había transcurrido siempre en *purdah*. Ni siquiera iba al peluquero, el peluquero iba a verla a ella. Su vida consistía en cuidar de los niños, llevar la casa, conducir, ver polo y distraerse con sus amigas. Nada de eso cambió. Se quedó en su propio apartamento como siempre lo había hecho y llevó el mismo tipo de vida que siempre había llevado. Cuando sólo estaba la familia presente todos comíamos juntos, pero cuando teníamos invitados ella comía en su comedor privado.

Yo sólo tenía una restricción en Bangalore: una dama de compañía que me acompañaba a todas partes excepto cuando estaba con Jai. Mi abuela de Baroda miraba a mi dama de compañía meticulosamente, esperando para tenerme a solas. Por fin, no pudo esperar más para interrogarme y envío órdenes a Jai de que yo debía ir a visitarla sin la dama de compañía. Cuando estuvimos a solas me preguntó cómo me las arreglaba para hacer frente a las restricciones de libertad de mi nueva vida y me advirtió que las normas podían ser incluso más rígidas y de mayor reclusión cuando fuese a vivir a Jaipur. Entonces me dio un largo discurso sobre cómo ser una maharaní. Esto incluía, entre otras cosas, el no ir nunca a cócteles, no permitir a nadie que me llamase por mi nombre propio en la manera corriente como mi madre hacía y nunca, como yo había hecho, llevar esmeraldas con un sari verde, ya que lucían mucho más con rosa.

Cada vez me inquietaba más y más inquieta sobre cuál debía ser el correcto comportamiento de una maharaní de Jaipur. Por ejemplo, cuando Jai me animó a que llevara pantalones cortos para jugar al squash, estaba tan preocupada de lo que podían pensar sus sirvientes ante tal desvergonzada exhibición de piernas que me puse pantalones largos encima de los cortos y sólo me los quité una vez que estuve a salvo dentro de la cancha. Pero nada, ni el consejo de mi madre ni siquiera mis tímidas suposiciones, me prepararon verdaderamente para mi nueva vida en Jaipur.

Jo Didi, con su amabilidad, me hizo sentir que era una aliada, no una competidora y, al menos ella, me instruyó en las ceremonias que debía celebrar cuando llegase. Ella iba a quedarse, como era habitual, junto con los niños en el buen clima de Bangalore y volvería a Jaipur sólo después de que el calor del verano allí hubiese cedido.

En nuestro viaje de tren de vuelta, Jai y yo transbordamos en Sawai Madhopur, donde él tenía una cabaña de caza, a la línea de vía estrecha del

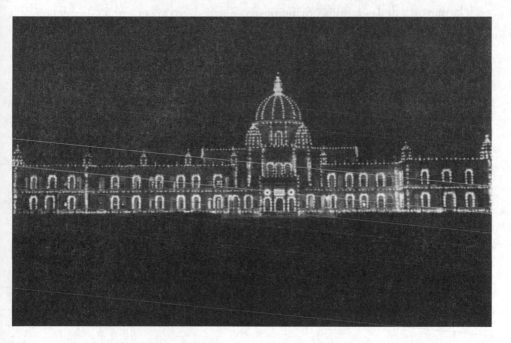
Vista nocturna del palacio de Kuch Bihar.

ferrocarril provincial del Jaipur y viajamos en un vagón oficial de Jaipur. A medida que Jai señalaba los lugares conocidos, incluyendo Isarda, el pueblo en el que había nacido, y yo observaba el paisaje, de un verde vivo tras las recientes lluvias, mi emoción y mis preocupaciones se avivaban. ¿Cómo sería mi vida diaria? ¿Cuán a menudo estaría con Jai? ¿Cómo me llevaría con las mujeres de Jaipur y, en particular, con la primera mujer de Jai? ¿Quién me diría qué se esperaba de mí cuando Jai no estuviera allí? Yo sabía que mi matrimonio no era del agrado entre la familia de Jai y la nobleza de Jaipur. Las otras dos maharanís estaban relacionadas con la mayoría de las familias principescas *rajput*, pero yo era una completa extraña. ¿Crearía eso tensiones con las otras provincias *rajputanas*?

Cuanto más nos acercábamos a Jaipur, más aterrorizada e insegura me volvía. Traté desesperadamente de no demostrarlo, pero Jai, creo, entendió cómo me sentía. Cuando llegamos a la estación, los criados bajaron las cortinas alrededor de nuestro coche y Jai me dijo muy amablemente que me cubriese la cara.

CAPÍTULO 10

Vida palaciega en Jaipur

Aunque mis dos visitas anteriores a Jaipur habían sido privadas e informales, no pude evitar que me llamase la atención la magnificencia de las ceremonias de la corte de Jai. Pero ahora la iba a ver en todo su esplendor, ya que el palacio se preparaba para recibirme como la nueva mujer del Maharajá.

Nuestro vagón se separó del tren, paró en un apartadero especial que corría en el interior de un enorme edificio realizado en la piedra trabajada de Jaipur. Era Viman Bhawan, donde los miembros de la familia real y los invitados importantes podían apearse. Una confortable suite de habitaciones amuebladas se abría más allá de la plataforma de Viman Bhawan: un salón y dos habitaciones con baños. Allí uno podía cambiarse y refrescarse y aparecer correctamente vestido para la recepción oficial en el exterior.

Naturalmente, no me había llevado todas las ropas de mi ajuar a la luna de miel. Habían sido enviadas todas a Jaipur desde Kuch Bihar y mis sirvientas de Kuch Bihar habían venido también a Jaipur. Me esperaban en Viman Bhawan, junto con las sirvientas de Jo Didi, para ayudarme a vestir en uno de los conjuntos *rajputana* que me habían regalado como parte de los presentes a la novia.

Cuando bajamos a la plataforma de Viman Bhawan, las dos hermanas casadas de Jai, la maharaní de Panna y la rani Singh de Jodhpur, estaban esperando para recibirnos con un grupo de esposas e hijas de los nobles.

Nunca había visto a mis cuñadas anteriormente. Manteniendo mi cara cuidadosamente cubierta con el final de mi sari, les rendí mis respetos y fui llevada a una de las habitaciones, donde las sirvientas me ayudaron a cambiar, mientras Jai iba a la otra habitación donde sus sirvientes habían dispuesto sus ropas.

En Rajputana las mujeres no llevan saris, así que me puse la falda larga hasta los tobillos, la blusa corta anudada en la espalda con cordones de seda y el sobretodo, y después me colocaron el velo sobre la cabeza y lo remetieron en mi cintura. Las joyas que iban con el conjunto eran las tradicionales: un collar corto que todas las mujeres casadas debían llevar, un colgante redondo en la frente que consistía en un gran diamante rodeado de pequeñas esmeraldas, ligado todo a un cordón de oro que corre a lo largo de la partición del pelo, pendientes, ajorcas tobilleras, el aro de nariz con pinza que Ma había encargado especialmente para mí en Kuch Bihar y, lo más esencial para una novia, las pulseras de marfil que cubren los brazos desde las muñecas hasta los codos.

En Rajputana las ropas tienen colores brillantes. Las mías, por ser para una novia, debían ser rojas y todo el conjunto estaba bordado con lentejuelas e hilo de oro, de modo que brillase cuando me movía.

Una vez vestida, dejamos Viman Bhawan y fuimos en un coche de *purdah* con cortinas en las ventanillas, atravesando calles que no podía ver pero que, tal como podía apreciar por el ruido, estaban abarrotadas. Fuimos hasta la antigua capital, Amber, a ocho millas de distancia, a donde Jai me había llevado muchos años antes. Me dijo que cuando dejaba la provincia durante un tiempo, la primera cosa que hacía a su vuelta era visitar el templo de la diosa Shila Devi. Ofrecimos nuestras oraciones y pedimos la bendición de la diosa antes de volver al palacio de Rambagh, un encantador edificio situado entre jardines, fuera de los muros de la ciudad.

En Rambagh nos recibieron mis cuñadas y los familiares de Jaipur, las esposas de los nobles y del personal, mientras Jai me enseñaba mis estancias. Eran mucho más modernas que las habitaciones que había compartido con Menaka en "Woodlands" o en Kuch Bihar. Habían sido la suite personal de Jai, pero las había hecho redecorar por una firma inglesa. Yo estaba encantada. Había una habitación ventilada, toda en rosa, de techos altos, con cortinas en gasa de colores claros, divanes en pastel, y *chaises-longues*; un baño oval con el conjunto de baño en una alcoba; un despacho con paneles y un gran salón lleno de objetos de arte de la colección de Jaipur. Pequeños animales con joyas engarzadas, cuarzo rosa y jade y dagas curvadas con empuñaduras de jade talladas en forma de cabezas de animales con joyas en los ojos, estaban expuestas en estanterías de cristal. Cajas de jade incrustadas con piedras semipreciosas en diseños florales contenían cigarrillos y los pesados cuencos de cristal estaban llenos de flores. Jai también había recordado mi amor por el gramófono y me había conseguido el más novedoso, que podía alojar varios discos a la vez e irlos cambiando.

En el exterior de mis habitaciones se extendía una terraza que dominaba el patio central del palacio. Allí mis sirvientas de Kuch Bihar se turnaban para esperar y responder a mis requerimientos. Por el otro lado, un pequeño vestíbulo me separaba de las estancias de Jai, que también habían sido completamente renovadas y ahora estaban llenas de mobiliario ultramoderno. Estaba especialmente contenta porque Jai había prestado mucha consideración y atención a mis gustos, incluso antes de que nuestro matrimonio estuviera consolidado.

Pero había poco tiempo para recrearse en los placeres y comodidades de mi nueva casa antes del próximo compromiso. Mis criadas me ayudaron a cambiarme rápidamente a otro atuendo del Rajasthán, aún en los auspiciosos rosas, rojos y naranjas, y a ponerme más joyas, sin olvidar nunca las docenas de pulseras de marfil. Tan pronto como estuve lista me llevaron, una vez más con la cara cubierta, al patio ajardinado de la zona de la *zenana* de Rambagh donde la hermana mayor de Jai, la maharaní de Panna, brindaba una fiesta para nosotros. Allí me enfrenté a la aparentemente interminable sucesión de miradas curiosas tratando de atravesar mi velo para ver cómo era yo. Las mujeres más jóvenes se acercaron y hablaron un poco conmigo, siguiendo su ejemplo, me mantuve aparte de las mayores.

Sólo estaban presentes pocos hombres, todos familiares cercanos y hablaban exclusivamente entre ellos, excepto Jai, que se acercó a la parte del jardín ocupada por las mujeres para charlar y bromear con sus hermanas y con el resto de nosotras. Era fácil ver que todas le adoraban. Rápidamente aparecieron las bailarinas y cantantes de la corte y mientras nos entretenían, se sirvieron vasos de bebidas frías y champaña helada.

La tarde siguiente, la otra hermana de Jai, la *rani* Ajit Singh de Jodhpur, ofreció una fiesta similar, y así durante ocho o diez noches más. Todo este primer periodo de mi vida en Jaipur tuvo un aire irreal y me hallaba a mí misma realizando acciones como si estuviera en trance, cambiando mis ropas unas y otra vez, sentándome aturdida en un grupo tras otro de familia política, recibiendo presentación tras presentación de las esposas y las hijas de los nobles y de los funcionarios. De todo ello recuerdo sólo incidentes sueltos, por ejemplo, cómo el quitarme las pulseras de marfil se volvía cada vez más doloroso y como Jai, que era mucho más delicado que cualquiera de mis sirvientas, lo hacía por mí. Recuerdo lo sofocantemente calurosas que eran las noches a pesar de que las lluvias ya habían empezado. Dormíamos en el tejado bajo una cúpula como techo y yo permanecía tumbada durante horas, incapaz de dormir. Una noche oí el tintineo de ajorcas de tobillo en la distancia y Jai me dijo que era un fantasma, pero resultaron ser sólo las vainas de un árbol *tulípero de Gabón* castañeteando al viento de la noche.

En un día declarado auspicioso por los *pandits*, me llevaron en un recorrido de diez minutos al inmenso Palacio de la Ciudad, un asombroso complejo de patios interconectados, pabellones, cuartos de *zenana* aislados, estancias para hombres, salones de audiencias, salas de armas, salones grandes y pequeños, comedores, cámaras para banquetes, oficinas y demás. Era la residencia oficial del maharajá de Jaipur. Viajé hasta allí en un coche de *purdah* con cortinas, escoltada por la guardia personal de Jai, el escuadrón Bhup de la caballería Kachwa, montados en soberbios caballos negros a conjunto y vestidos con túnicas blancas, botas negras y turbantes azul y plata con plumas en plata. De nuevo pude apreciar la masa de gente en las calles a lo largo del recorrido desde Rambagh pero, al igual que antes, no me atreví a curiosear tras las ventanas.

Cuando llegamos a las verjas exteriores del Palacio de la Ciudad, me pasaron a un palanquín y me llevaron por un laberinto de pasillos y patios. Entonces me bajaron y, como la nueva mujer, tuve que celebrar una ceremonia de plegarias ante el umbral para señalar mi entrada en la casa de mi marido. Tras esto hubo un *darbar* de mujeres en el que una a una, las mujeres de la *zenana* y de las familias aristocráticas pasaron ante mí, descubriendo mi velo para mirar a la cara de la novia y dejando un regalo en mi regazo tras su primera vista de mí. Las mayores hicieron comentarios variados, como "¡Qué encantadora novia!", "¡Qué clara es su tez!", "Tiene una nariz pequeña", "Déjeme mirar sus ojos". Afortunadamente, Jo Didi me había advertido de que esto pasaría y me aconsejó que mantuviese mis ojos modesta y permanentemente bajos, resistiéndome a toda tentación de devolver la mirada.

Desde el momento en el que entré en el Palacio de la Ciudad, me sentí fascinada por él. Situado en el corazón de la antigua ciudad amurallada, es casi una ciudad en sí mismo, con jardines, establos y un patio de elefantes rodeando los numerosos edificios y extendiéndose hasta más de treinta acres. Como la ciudad que lo rodea, el Palacio de la Ciudad fue construido durante la primera mitad del siglo XVIII en puro estilo *rajputana*, con elegantes arcos festoneados sobre gráciles columnas y celosías de encaje de mármol, con galerías y delicados murales. Todo el lugar tenía un aire de ensueño, con una nueva sorpresa en cada patio y en sus habitaciones circundantes.

Algún tiempo después, cuando se acabaron todas las ceremonias, Jai me llevó a través de los magníficos e imponentes patios y salones, que no me habían permitido visitar a solas debido a que estaban en el área de palacio de los hombres. Desde el primer patio, con su vestíbulo rodeado por paredes amarillas, entramos a la cámara del consejo, con su propio patio, pintado completamente en rosa. Desde allí, puertas de latón con relieves, de diecinueve pies de altura, se abrían a la sala de *darbar*. Otra puerta desde la sala de *darbar* llevaba al pabellón de audiencias, más parecido a una gran terraza, en el que los murales decorativos y las puertas incrustadas con marfil eran obras maestras de artesanos locales. Éste, a su vez, dominaba el jardín amurallado, en medio del cual estaba el templo de Govind Devji o el Señor Krishna. Jai me dijo que, tradicionalmente, todos los maharajás de Jaipur gobernaban la provincia en su nombre. Y así deambulamos, de pabellón a galería, a cámara, a salón, a jardín, hasta que sólo pude pensar que éste era el marco de algún fabuloso cuento de hadas.

Los cuartos de *zenana* se dividían en una serie de estancias en su interior. Las mías, decoradas en azules y verdes, eran muy parecidas a las otras, con un pequeño patio cuadrado y una sala de *darbar* en la que colgaban lámparas azules de cristal, y habitaciones interiores que se abrían desde ella. Más tarde llegué a conocerlo más profundamente, ya que íbamos allí en todas las celebraciones, algunas veces llegándonos a quedar durante quince días. En al año de nuestro matrimonio había todavía unas cuatrocientas mujeres viviendo en la *zenana*. Entre ellas estaban familiares viudas y sus hijas, junto con sus sirvientas y ayudantes; la maharaní Dowager y su séquito de damas de compañía, sirvientas, cocineras y otras criadas; similares séquitos para cada una de las tres esposas de Jai y todas las integrantes de los séquitos

Arriba: Mickey y yo con una dama de compañía.
Página opuesta, arriba: El Palacio de Rambagh. (años 1930)
Página opuesta, abajo: Procesión estatal en Jaipur.

de las mujeres del anterior maharajá. Presidiéndolas a todas estaba la única de las mujeres del antiguo maharajá que quedaba con vida. La conocíamos como Maji Sahiba y la tratábamos con gran deferencia. Como una de las mujeres de Jai, casi nunca pude descubrirme la cara en su presencia y siempre tuve que sentarme unos cuantos pasos a su izquierda.

Aunque nos tratásemos de un modo tan formal, mostraba muchas deferencias hacia mí. Una en particular me conmovía. Ella sabía que yo había sido criada, en parte, en Inglaterra y había llevado lo que para ella era una muy emancipada vida occidental, y estaba preocupada de que pudiese aburrirme y sentirme infeliz en el mundo cerrado de la *zenana*. Dio órdenes a sus damas de que inventasen y montasen representaciones para que yo las viese. Durante la guerra, recuerdo mi forcejeo entre las risas y las lágrimas de gratitud mientras las damas, vestidas de soldados, representaban escenas en las que Jai, victoriosamente y aparentemente sin ayuda triunfaba sobre las fuerzas alemanas en el Oriente Medio. Incluso aparte de esttas ingeniosas piezas teatrales, las actividades de Jai eran seguidas de cerca en la *zenana,* con una atención y afecto extremos, y cualquier éxito era rápidamente celebrado. Cuando el equipo de Jai ganó el Campeonato de Polo de India, por ejemplo, se bordaron faldas y chales con palos de polo; cuando obtuvo su licencia de vuelo, las mujeres, que nunca habían (y probablemente nunca lo harían) puesto un pie en un avión, decoraron con lealtad su ropas con motivos de aeroplanos.

Durante aquéllos primeros días, en medio de todas las fiestas y recepciones de familiares, amigos, nobles, ministros y cargos del gobierno y sus esposas, pensé que nunca recordaría ningún nombre, nunca sabría quién era cada uno en la corte. Deseé tanto que se acabase, para que Jai y yo pudiésemos llevar una vida normal. El único miembro de la familia al que no se me permitió ver fue al padre de Jai; pues no era costumbre en Rajputana que una esposa fuese presentada a los hombres mayores de la familia del marido. Sólo lo atisbé a través de una celosía o a distancia. Era un anciano de muy buena presencia y siempre vestido en el estilo tradicional: pantalones *jodhpurs*, una chaqueta con botones de oro, un turbante, pesados pendientes de oro, cordones de perlas alrededor de su cuello y ajorcas para el tobillo en sus pies. Tenía una casa en la ciudad de Jaipur y venía bastante a menudo a Rambagh, pero uno de los ayudantes de cámara siempre me avisaba cuando había llegado, de modo que pudiese retirarme a la *zenana*. La madre de Jai, a quien yo tenía mucho cariño, prefería quedarse en Isarda. Me encontré con ella sólo una vez y me gustó mucho su carácter dulce. En aquella ocasión quería una moneda de oro par darle a alguien y puesto que no llevaba dinero, me pidió que buscase una. Recuerdo que me sentí orgullosa de que me escogiese a mí para hacer su pequeño encargo, a pesar de que había muchas otras personas presentes, incluyendo a sus propias hijas.

Al final se acabaron las festividades y las ceremonias derivadas de nuestra boda y nos acomodamos a una rutina normal. Sólo entonces tuve tiempo suficiente para dilucidar mis impresiones un poco, para hacer comparaciones y contrastes entre la vida y circunstancias de mi niñez y mi nueva posición como una mujer casada y una maharaní de Jaipur. Desde el inicio me había impresionado enormemente la sensación de espacio y de gran diseño tanto en los palacios como en la ciudad. Por todas partes había estallidos de color de los árboles en flor: el escarlata del *tulípero de Gabón*, el irreal azul de las jacarandas, al amarillo brillante de las acacias; pero la tierra sólo verdeaba tras las lluvias, por un tiempo breve. Kuch Bihar, en las estribaciones de los Himalayas, estaba verde todo el año, incluso durante la época de calor, porque el clima era húmedo, al contrario que el calor seco de Jaipur.

En Kuch Bihar se vivía a mucha menor escala; por ejemplo, muchas de las ceremonias oficiales y *darbars* se celebraban directamente en el palacio donde vivíamos. En Jaipur, aunque vivíamos en el palacio de Rambagh y lo considerábamos nuestro "verdadero" hogar, todas las ceremonias y los eventos oficiales tenían lugar en el Palacio de la Ciudad, y la tradición pedía que Jai hiciese sus rituales en el templo de Kali, fuera de la ciudad, en el palacio de sus antepasados, los reyes de Amber, en ciertas ocasiones específicas como en su llegada a Jaipur tras haberse ausentado o antes de su salida para un viaje. Para mí, Rambagh significada una vida agradablemente informal donde no se esperaba de mí que observara el *purdah*. Pero cuando iba al Palacio de la Ciudad, siempre circulaba en coche de *purdah* y allí tenía que comportarme como una reina. Cada ceremonia tenía que realizarse meticulosamente, había que observar cada formalidad y yo no podía permitir que nada saliese mal. En los *darbars* me di cuenta que mi comportamiento sería observado no sólo por la familia y sus séquitos, sino también por muchas damas de la nobleza. En Jaipur, había muchas familias aristocráticas, algunas con provincias tan grandes que se les consideraba poco menos que príncipes. En los primeros tiempos de mi vida marital, me preocupaba constantemente hacer algo mal, no hubiera podido con todo si Jai no hubiera estado ahí para apoyarme, bromear sobre mis dudas, reírse de mis errores.

Poco a poco empecé a conocer nuevos aspectos de Jai y de su mundo. Algunos de mis descubrimientos eran muy pequeños: por ejemplo, su asombrosa mano con los animales. Yo ya sabía que conocía y manejaba los caballos estupendamente, pero ahora veía que incluso los pájaros de todo tipo, desde gorriones hasta pavo reales, tenían una misteriosa confianza en él. Cuando tomábamos el desayuno en el jardín junto a la piscina, les daba de comer y en seguida hasta el más tímido comía de su mano.

Algunas de las cualidades de Jai me llegaron por otros derroteros. Yo había querido aprender hindi para ser capaz de comunicarme con las esposas y las hijas de los nobles o con los cargos del gobierno. Muchos de ellos no hablaban inglés y mi única lengua india era el bengalí; Jai no lo permitió. Era, me dijo, por mi propio bien. Me explicó algunas de las dificultades que podría encontrarme en la vida de los dos palacios en los que iba a vivir. Me enfatizó que todo el mundo me observaba fijamente, a mí y a mi comportamiento. Si yo pareciese tener favoritos (lo cual podría suceder fácilmente si, inocentemente, me gustase hablar con ciertas personas más que con otras) entonces los rumores y las intrigas empezarían. La gente intentaría ponerme en contra de mis "favoritos", probablemente diciéndome que los amigos que ahora buscaban favores conmigo antes se habían opuesto a mi matrimonio. Del mismo modo, estaba el peligro de que quienquiera que, por cualquier motivo, hubiese perdido el beneplácito de Jo Didi, intentase caerme en gracia y sembrar cizaña entre nosotras. Y además estarían aquéllos que intentarían o bien herirme, ya fuese mediante la adulación o los regalos u otros medios, o bien ganarse el favor de Jai a través mío.

Me conmovía que Jai, sabiendo la vida sencilla de familia que yo siempre había llevado, bastante libre de intrigas de palacio, se daba cuenta de lo vulnerable que yo era y hacía todo lo que estaba en sus manos para protegerme. Cuando estaba fuera de Jaipur, me dejaba bajo los cuidados especiales de sus dos más leales trabajadores para que me ayudasen con cualquier problema que pudiese surgir y delegaba a su hermano Bahadur Singh para que me acompañase a montar a caballo por las mañanas.

Había, además, relaciones delicadas que no se podían dejar en manos de extraños, aunque fuesen de confianza. Es difícil describir para los lectores occidentales la actitud general de muchas familias hindúes hacia la poligamia. Los occidentales son prontos a asumir que la naturaleza de la relación entre las mujeres de un hombre es el antagonismo, la hostilidad o los celos, y que la primera mujer está condenada a sentirse humillada o despreciada cuando su marido se casa de nuevo. De hecho, es todo lo contrario y, por mi propia experiencia, supe que se puede cultivar una relación civilizada y educada entre las mujeres de un mismo hombre e incluso se puede desarrollar una profunda amistad entre ellas, como sucedió entre Jo Didi y yo.

No era una situación desconocida para ninguna de las dos anteriores esposas de Jai. Ambas venían de familias en las que los hombres habían tomado más de una esposa. En realidad, la poligamia era una costumbre habitual. En Jaipur se aceptaba que la esposa mayor, Su Alteza Primera, como se la llamaba, tuviera preferencia sobre Jo Didi y sobre mí en todas los acontecimientos oficiales, del mismo modo que Jo Didi tenía preferencia sobre mí. Ambas, cada una a su modo, me ayudaron. Su Alteza Primera, pequeña y reticente, con sus gustos sencillos y mayor que Jai, me explicaba la manera correcta y ortodoxa de comportarme y de vestir; por ejemplo, qué colores eran los adecuados para cada ocasión. Seguí su consejo. A cambio, le ayudaba a redactar sus cartas y telegramas.

Su Alteza Primera pasaba mucho tiempo con su familia en Jodhpur, así que Jo Didi, más moderna, se hacía cargo de la mayor parte del gobierno de la *zenana* en el Palacio de la Ciudad y pasaba más tiempo allí de lo que yo. Aprendí mucho observando y escuchando a Jo Didi. Por ejemplo, podía llegar un mensaje de alguna de las secretarias que informaba que era el cumpleaños de alguien y los astrólogos habían calculado exactamente cuándo debían empezar las celebraciones y cuándo debían acabar, la hora exacta en que el *darbar* de las mujeres debía empezar y cuánto debía durar. Entonces Jo Didi se hacía cargo de la organización del evento: daba las

En Jaipur, con un poni de polo.

Jai y yo.

Pelea de elefantes en Jaipur.

Arriba: Ceremonia religiosa en Jaipur.
Abajo: Después de un partido de tenis.

órdenes y comprobaba que se emviaran las invitaciones a las personas adecuadas. Dentro del palacio de Rambagh, Su Alteza Primera y Jo Didi tenían
sus estancias separadas, sus propias cocinas y sus propias maneras de llevar
sus hogares y su propio personal de servicio y damas de compañía. Vivían
en la *zenana* del palacio, tenían sus propios jardines y nunca se aventuraban
más lejos. Yo vivía en la antigua suite de Jai que, como ya he dicho, había
redecorado para mí y, naturalmente, estaba fuera de la *zenana*. Yo era libre
de ir adonde desease en el palacio y sus jardines. La única restricción era
que si salía de los terrenos del palacio debía ir acompañada.

Mis días en Jaipur seguían un patrón no muy diferente de mi vida
en Kuch Bihar, excepto porque tuve que acostumbrarme a vivir dentro de las
peculiares formalidades de estar medio dentro y medio fuera de la *purdah*.
Cada mañana Jai y yo íbamos a montar a caballo por el campo y después
volvíamos a nadar en la piscina y tomábamos el desayuno junto a ella. Habitualmente Jai pasaba el resto de la mañana en su oficina, despachando
con sus ministros y consejeros y tratando asuntos de estado, dejándome
a mí en mis asuntos. Algunas veces me encontraba con sus ministros si se
quedaban para comer con nosotros y les hacía preguntas. Esto les divertía
enormemente; uno de ellos le dio una vez un codazo a su colega y le dijo,
"Más vale que estés atento. Si te das la vuelta un momento, se quedará
con tu cartera."

Empecé a darme cuenta de la mayor complicación de las obligaciones de Jai como maharajá en comparación con las de Bhaiya. Kuch Bihar
estaba rodeado por la India británica y, en consecuencia, Bhaiya tenía que
tratar con un solo gobierno cuando surgía un problema que podía afectar
los territorios fuera de su provincia. Jaipur, en cambio, tenía otras provincias
rajput en cada lado y los acuerdos sobre, por ejemplo, las canalizaciones
de agua, implicaban negociaciones bastante delicadas con otros príncipes.
Jaipur tenía su propio sistema de vías de ferrocarril y eso también requería
acuerdos aceptables sobre cómo se combinaba con otros sistemas de transporte. Estas cuestiones, así como los temas más familiares de cálculo de los
presupuestos de la provincia y de hacer frente a las solicitudes de carreteras,
escuelas, hospitales, oficinas de correos y demás, ocupaban la mayor parte
del día de Jai. Él era, en ese momento, un gobernante absoluto. Escogía a
sus propios ministros y no existían elecciones. El gobierno indo-británico

no interfería con su administración en la provincia a menos que hubiera evidencia flagrante de mal gobierno.

En aquellos primeros meses, a pesar de los intereses de mi nueva vida, a menudo pasaba largas temporadas de soledad. Tras haber sido la cuarta hija de una familia grande, despreocupada y ruidosa, en la libertad de Kuch Bihar, algunas veces hallaba el ambiente de la vida palaciega de Jaipur opresivamente formal. Me trataban con tanto respeto y distancia que la conversación natural era imposible. Solía rogar a las damas de la *zenana* que hablaban inglés que hablasen libremente conmigo, que discutiesen conmigo, incluso que me llamasen Ayesha en privado, pero sonrientemente y con deferencia, ignoraban mis peticiones. Una vez que la hermana menor de Jai se atrevió a discrepar conmigo acerca de una cuestión trivial, recibió tal regañina de Jo Didi que después casi no se atrevió a hablar conmigo en absoluto. También me di cuenta que la gente me consideraba más como una occidental que como una india; una impresión que no supe cómo corregir, puesto que Jai no me permitía aprender hindi correctamente.

Con todo esto, no era extraño que buscase a menudo la compañía de Jo Didi, con quién yo tenía más cosas en común. Poco a poco, viéndonos la una a la otra durante meses, llegué a conocerla mejor. Ella tenía sólo veinticuatro cuando yo llegué a Jaipur, sólo tres años mayor de lo que yo era y, a pesar de que sus intereses eran más amplios que los de otras mujeres de la *zenana* (era una de las pocas que había recibido una educación formal), aun así, cuando llegué a conocerla mejor, me di cuenta de cuán fundamentalmente distintas habían sido nuestras vidas y las perspectivas que acogían. Ella se había criado en parte en el fuerte de Jodhpur y en parte en Jamanagar con su tío, el famoso jugador de criquet Ranjit Singh, protegida en ambos lugares y confinada por las costumbres de una vida principesca y ortodoxa.

Cuando llegó a Jaipur por primera vez, su separación de los hombres fue tan rígida que cuando estaba enferma el médico tenía que hacer su diagnóstico desde el pasillo exterior de su habitación, tomando los detalles de sus síntomas (pulso y temperatura) a través de sus criadas. (Ella aprendió rápidamente las ventajas de este sistema y, cuando quería evitar un compromiso aburrido, mojaba el termómetro en agua caliente y enviaba a su criada a enseñárselo al doctor.) Otra ventaja que algunas veces yo compartía con ella era la comodidad de ir al cine en pijama y bata, seguras de que nadie podía ver como íbamos vestidas.

Aunque ella estuvo comprometida con Jai desde los cinco años, nunca se encontraron par hablar hasta que estuvieron casados. Cuando él iba de visita a Jodhpur, me dijo, conseguía pasarle notas a través de una de sus personas de confianza y, por las noches, solían mantener breves "conversaciones" en código Morse utilizando linternas para hacer las señales, mientras Jo Didi luchaba por dominar el Morse con un libro de códigos del ejército inglés. Tras su matrimonio, las familias Jodhpur y Jamnagar siempre visitaban a Jo Didi en la *zenana*; y fue de este modo que pudieron otros familiares más lejanos y después mis hermanos ser recibidos. En la época en la que yo fui a vivir a Jaipur, muchos de los funcionarios de la casa y sus esposas estaban también invitados a fiestas en las que Jo Didi estaba presente. Ella estaba encantada con esta ampliación de su círculo. Como mujer de naturaleza cálida y sociable que era, le gustaba tener sus apartamentos llenos de visitas.

Una vez me dijo, casi como un chiste, que la primera vez que Jai le dio la noticia de que se iba a casar conmigo, ofreció una fiesta para ella esa misma tarde para animarla. Yo sólo pude pensar que, en circunstancias similares, la última cosa que hubiera querido hubiese sido una fiesta para animarme en la que hubiese tenido que sonreír, hablar y estar contenta toda la noche.

Nuestra vida se dividió de manera bastante natural en dos facetas: la vida familiar y la privada. Jai procuró, después de que me hube encontrado con sus familiares más cercanos, que conociese a sus ayudantes de cámara y sus esposas y que algunas de las damas más jóvenes de la nobleza viniesen con nosotros en picnic y salidas. Me agradó su preocupación, pero en realidad nunca hice amistad con ninguno de ellos. Ninguno practicaba deportes, mientras que yo era muy deportista, y al final mi círculo social consistía mayoritariamente en los amigos íntimos de Jai, la mayoría compañeros de polo y sus esposas, con los que pasábamos veladas agradables y despreocupadas, o nos deteníamos en alguna de sus casas para tomar el té después de montar a caballo.

La formalidad y la grandeza debieron hacer algún efecto en mí. Cuando Indrajit vino para quedarse en Rambagh, cerca de un año después de mi boda, estaba sorprendido por la transformación y exclamó, con la característica rudeza fraternal, "¿Quién diablos te crees que eres, reina Mary?"

Como es natural, los placeres y descubrimientos que recuerdo mejor de aquella primera época en Jaipur, eran lo que compartí con Jai. Algunas veces me llevaba a explorar a lomos de caballo o en coche. Era propietario de una serie de fuertes en el país y alrededor de la ciudad de Jaipur, y a menudo íbamos a uno o a otro para un picnic. En una excursión que recuerdo especialmente bien, él nos llevó al fuerte de Nahargarh del siglo XVIII, construido en lo alto de una colina que domina la ciudad. Desde allí fuimos, a lo largo de las lomas de las rocosas colinas que rodeaban Jaipur, hasta otro fuerte, el de Jaigarh, a unos quinientos pies sobre el palacio de Amber. Tenía una gran torre de reloj que miraba a las llanuras del norte y allí era donde se alojaba el fabuloso tesoro de Jaipur, fuertemente guardado por una de las tribus guerreras de la provincia. Nadie, excepto el propio maharajá, tenía permitido acceder a la torre o ver el tesoro. Esperé afuera de los amenazadores muros mientras Jai entraba. Pero fiel a la tradición, nunca me describió cómo era el tesoro, y la única prueba de su existencia que llegué a ver fue el hermoso pájaro engastado, con dos grandes rubíes por ojos y una esmeralda colgando de su pico, que estaba sobre la chimenea del salón de Rambagh.

Desde las terrazas de Rambagh, yo admiraba a menudo un pequeño fuerte, el Moti Dungri, encaramado en lo alto de una rocosa colina, con sus delicadas almenas salpicadas de bungavillas. Desde la distancia parecía un juguete exquisitamente diseñado. Una mañana Jai me llevó allí y cuando le dije lo mucho que me gustaba, dijo simplemente, "Entonces es tuyo," y Moti Dungri se convirtió en mi posesión especial. Jai renovó el interior para mí y a menudo nos escapábamos allí de la formalidad y panoplia de Rambagh para comer o cenar tranquilamente, a menudo solos, pero algunas veces con amigos. Siempre lo asocié con una especial calidez e intimidad.

La caza mayor se organizaba en Sawai Madhopur. La primera tras nuestra boda se mantiene especialmente clara en mis recuerdos. Jai había construido una pequeña cabaña de caza allí, cerca de las montañas al suroeste de Jaipur, dominadas por el famoso fuerte de Ranthambhor, con

De izquierda a derecha: Joey, Mickey y Bubbles cuando niños.

sus torreones y sus muros que se extendían durante millas. Cuando Jai y yo nos quedábamos en la cabaña de caza, nuestros invitados se acomodaban en un campamento aún más elaborado que aquellos que yo conocía de mi infancia, con las tiendas preparadas con todas las comodidades.

También las cacerías eran muy diferentes de las de Kuch Bihar. En Jaipur no disparábamos desde elefantes sino desde plataformas elevadas, *machans*. La caza era igual de abundante: tigre, pantera, oso, toro azul, *sambar* y muchos tipos de ciervos. Mucho después habríamos de recibir allí a Lord y Lady Mountbatten de Burma y también a la reina y el príncipe Felipe.

Para pasar los fines de semana sin planificar, íbamos a menudo a Ramgarh, una confortable casa de campo que Jai había construido al lado de un lago rodeado de montañas. Era un lugar ideal para montar en barca y hacer picnic.

Y además, el tema recurrente en nuestras vidas era el polo. Tan pronto como acababan las lluvias, empezaba el polo y cada día alterno había partidos de práctica en los campos de polo de Jaipur, considerados de los mejores del mundo. La obsesión de Jai con el polo había empezado cuando era un niño pequeño y se había desarrollado cuando fue al Mayo College. Su tutor me contó una vez que Jai, incluso a la edad de diez u once años, enrollaba su colchón para hacer un "caballo" y se sentaba a horcajadas sobre él con una vara en su mano, practicando con diligencia sus golpes anversos y reversos.

En Jaipur, nuestras vidas giraban alrededor del polo. Al final de la tarde, cuando había pasado el calor de día, solía conducir fuera para ver a Jai jugando o practicando. Siempre llevaba mi punto conmigo y me sentaba en el asiento delantero de mi coche, con la capota bajada, mirando al campo de polo y a los graciosos giros de caballos y jinetes y manteniendo mis manos ocupadas con la lana y las agujas, en un débil intento de calmar mis nervios y ansiedades por el peligro del juego. A pesar de mi tensión, no podía evitar ver, casi con renovada sorpresa cada vez, lo hermoso que resulta el juego, y cómo la elegancia de los movimientos de los caballos y los jugadores, perfectamente sincronizados, eleva toda la actuación de deporte a arte.

Los días en los que no había polo jugábamos al tenis y, a menudo, invitábamos a los ministros de Jai a que se uniesen a nosotros. Nuestras vidas fuera de Jaipur estaban mayoritariamente dictadas por cuándo y dónde llegaba la temporada de polo.

Íbamos a Calcuta en diciembre y enero, a Bombay o Delhi para torneos especiales, a otras provincias principescas y a Inglaterra durante el verano. En cualquiera de estos lugares mi vida como esposa de Jai estaba llena de emoción y diversiones, con fiestas y excursiones, y mientras entendía que existían buenas razones por las que tanta gente pensaba en él sólo como un clamoroso jugador de polo, siempre apareciendo con una mujer hermosa en cada brazo (desde luego que para los extraños cuadraba muy bien en esa imagen), también empecé a ver que su verdadera vida estaba en Jaipur y que cuidaba muy profundamente del bienestar y el correcto gobierno de sus súbditos. Mucho de esto se escondía bajo sus maneras despreocupadas y su trato fácil. En Jaipur hablaba el idioma local y se reía y bromeaba con todos: campesinos, tenderos, niños de las calles, y su actitud con todos ellos era completamente distinta del tipo de vida en el palacio. Recuerdo una vez que iba con Jai en su *jeep* cuando nos paró un grupo de niños a las puertas de Rambagh. Uno de ellos le habló a Jai con reproche: "No viniste ayer y todos llegamos tarde a la escuela."

Jai se disculpó, pero el niño insistió.

"¡Pero no *viniste!* ¿Vendrás mañana?"

"Sí, prometo que estaré aquí," le tranquilizó Jai, y seguimos circulando. En respuesta a mis perplejas preguntas, Jai me explicó que por las mañanas, cuando iba para su habitual paseo a caballo por lo campos de polo, esos niños solían venir y mirar y después Jai les dejaba en su escuela, que estaba justo enfrente de nuestras verjas. El día anterior Jai no había ido a montar y los niños habían esperado y esperado, seguros de que su maharajá les llevaría en su coche como de costumbre, pero no había venido y ellos esperaron hasta que todos llegaron tarde a la escuela.

En otra ocasión, yo conducía mi coche fuera de las puertas del palacio cuando oí un escándalo. Eso fue unos minutos antes de que pudiese averiguar lo que había pasado. Aparentemente, un mono estaba persiguiendo a un niño cuando Jai acertó a pasar por allí con su coche, con su perro en el asiento de atrás como era habitual. Cuando frenó para ayudar, su perro saltó fuera del coche y persiguió al mono, que se asustó y mordió al niño. Jai me pidió que pusiera urgentemente al niño en mi coche y lo llevase al hospital. Sólo cuando llegué allí y vi el asombro en las caras del personal del hospital me di cuenta de la extraña imagen que ofrecía: su maharaní llegando en pantalones de deporte con un niño pequeño en el asiento de al lado. Llevé al niño a la sala de urgencias, esperé hasta que hubo sido atendido y, finalmente, lo llevé a su casa. Para Jai nunca hubo la menor cuestión sobre qué era prioritario, si las necesidades de uno de sus súbditos o el decoro público de su esposa.

Todas las personas de Jaipur parecían sentir una cercanía especial e íntima con su maharajá. Jai nunca llevó una bandera en ninguno de sus coches ni utilizó las placas de matrícula rojas a las que tenía derecho, excepto en ocasiones de estado. Pero todo el mundo en la ciudad reconocía su Bentley y su *jeep* y sabían que le podían parar en la calle, o en los campos de polo, o en las puertas del palacio, en cualquier parte, si tenían alguna queja o querían que atendiera algún problema, o si simplemente querían preguntarle por el bienestar de su familia y contarle sobre la suya. Es una relación curiosa (también era así en Kuch Bihar) esta mezcla especial de preocupación, intimidad y respeto que la gente de los principados sentía por sus gobernantes. Jai encarnaba para ellos las cualidades de afecto, protección y justicia benevolente que asociaban con el padre ideal. Es una relación que no existe ya en ningún lugar en la India moderna e independiente.

Había épocas establecidas en las que Jai era tanto un gobernante como una de las gentes de Jaipur. Esto sucedía durante los festivales, los coloridos desfiles que Jai encabezaba y en los que participaba toda la gente de la ciudad y muchos de los aldeanos de los campos circundantes. Algunos eran días de fiesta religiosa y otros eventos oficiales de la provincia. Jai y sus nobles lucían sus mejores joyas, sus *achkans* brocadas, sus magníficos turbantes y sus espadas de ceremonia. Las mujeres de las familias nobles vestían los coloridos trajes típicos y joyas rajasthaníes. Había desfiles y procesiones atravesando las calles de la ciudad y celebraciones y banquetes en el interior de los palacios. En estas ocasiones, las mujeres celebraban sus propias fiestas en la *zenana*, bastante separadas de los hombres, pero el mismo Jai dejaba siempre que sus nobles y ministros se uniesen allí con nosotras durante parte del día. Por los modos ancestrales en que se desarrollaban estos festivales, bien podíamos haber vuelto atrás al siglo XVIII, al reinado del gran maharajá Jai Singh II, quien construyó la moderna ciudad

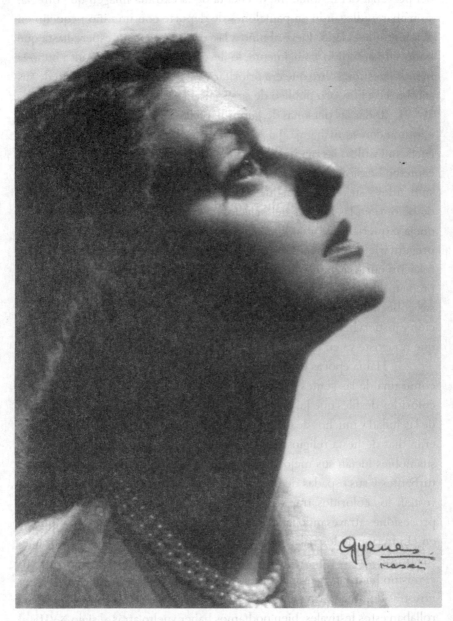

Retrato de mí, en la década de 1940.

de Jaipur y que fue famoso por el esplendor de su corte y su sabiduría al gobernar.

Las primeras fiestas a las que asistí en Jaipur fueron las de *Tij*, celebradas en honor de la diosa Parvati, consorte del Señor Shiva. El festival era uno de especial significado para la *zenana,* ya que según la mitología hindú Parvati había meditado durante años y años para obtener al Señor Shiva como marido. En consecuencia, las mujeres solteras rezaban a Parvati para que les otorgase un marido tan bueno como Shiva, mientras que las casadas rogaban que a sus maridos se les concediesen muchos más años de vida de modo que ellas pudieran "vestirse siempre de rojo" (en lugar de las permanentes ropas blancas de las viudas). Se suponía que nosotras, las tres maharaníes, debíamos realizar las ceremonias de oraciones y ofrendas en el altar del Palacio de la Ciudad. No obstante, en esa primera ocasión, las otras dos esposas de Jai estaban fuera de la provincia y me dijeron que yo debía realizar cada parte de la ceremonia tres veces, una para Su Alteza Primera, otra para Su Alteza Segunda y, finalmente, la tercera para mí misma.

Afortunadamente, Jo Didi, con su inagotable amabilidad, me había informado, cuando nos encontramos en Bangalore, sobre lo que debería hacer y cómo debería comportarme. Para mi gran alivio (era la primera ocasión oficial importante que yo presidía en Jaipur), los actos siguieron su curso sin ninguna dificultad; dije las oraciones e hice las ofrendas apropiadas a la deidad.

Tras las oraciones en el Palacio de la Ciudad, se sacó la imagen de la diosa fuera de la *zenana* y la llevaron en procesión a través de la calles de la ciudad. Para ver este espectáculo, los eunucos del palacio condujeron a las mujeres de la *zenana* a través de laberintos de túneles y pasajes oscuros y subiendo y bajando rampas hasta una galería desde la que se veía la calle principal del lado noroeste del palacio. Debimos haber andado casi media milla, inclinándonos y girando tras los eunucos a través del laberinto a media luz. Perdí todo el sentido del tiempo y de la dirección y sólo era consciente del sonido que provenía de la seda y del tintineo de las ajorcas en los tobillos mientras nos apresurábamos. Cuando por fin emergimos, vi a Jai en otro pabellón, presidiendo sentado y rodeado de sus nobles. A través de la celosía, la pantalla de mármol labrado, teníamos frente a nosotras una vista clara de un espacioso campo hecho para las peleas de

189

elefantes, un deporte favorito de los antiguos jefes *rajput*. La ciudadanía estaba utilizando este campo como recinto ferial y estaba atestado de visitantes, algunos personas de la ciudad, pero la mayoría de ellos aldeanos del campo alrededor de Jaipur.

Era una vista alegre y exuberante. Había columpios, tiovivos, una gran noria y filas interminables de casetas vendiendo baratijas, dulces y muñecas de barro y, junto con los empujones bien humorados de una multitud india, todo el mundo vestido con sus mejores atavíos para su visita al palacio y los niños corriendo alrededor, gritando de excitación en este día de vacaciones. Todas nosotras gritamos de admiración cuando, en un lado del recinto, la caballería de Jaipur hacía un meticuloso despliegue de saltos y de levantamiento de tiendas, mientras que, en el otro, una tribu del desierto de ascetas militares representó una danza de sables girando con increíble destreza. Los elefantes se alineaban, con sus *howdahs* de suntuosos terciopelos y rasos puestas; los soldados guardaban filas perfectas, con sus galones plateados y sus uniformes brillando al sol; y alrededor de todos ellos estaba la masa bulliciosa con sus turbantes brillantes y sus vestidos multicolores.

Observé fascinada durante casi una hora. Entonces dieron la señal y yo me levanté con las demás para ser conducida de nuevo a través de los pasajes sin ventanales hacia la *zenana*. Entretanto los hombres, presididos por Jai, visitaban el templo y después se juntaban en un pabellón en los jardines del Palacio de la Ciudad para disfrutar de unas copas y el entretenimiento de los músicos y bailarines.

Cuando la imagen de la diosa volvió por fin al palacio para ser colocada en el santuario durante un año más, de nuevo celebré la ceremonia de rezos. Durante aquel primer día todas las mujeres del palacio, excepto las viudas, se habían vestido de rojo. Durante el segundo día, todas vestían de verde. Nosotras escudriñábamos a través de las galerías apantalladas que daban a las calles para ver el gentío y la algarabía. Los vendedores callejeros extendían sus mercancías, especialmente las pequeñas imágenes en barro de Shiva y Parvati que estaban en demanda continua. Grupos de mujeres entonaban canciones para entretener a los transeúntes y una de las canciones, tal como me contaron, alababa a la nueva mujer del maharajá, quien había traído las lluvias al abrasado campo. Me alegró que, al menos a una parte del público y aun por razones injustificadas, yo les agradara.

La segunda gran ocasión tras las lluvias fue el cumpleaños de Jai. Por la mañana, se lanzó una salva de diecinueve cañones, se alimentó a los pobres, se liberaron prisioneros y se declaró día de vacaciones general. Hubo desfiles militares oficiales y se ofrecieron oraciones dentro y fuera de la *zenana*. Las dos primeras esposas de Jai siempre volvían a Jaipur para la ocasión e igual hacía Jai, no importaba dónde estuviera. En la *zenana,* la Maharaní Dowager presidía el *darbar* de las mujeres y éste era el único momento en que a las esposas de Jai se les permitía estar con los rostros descubiertos en su presencia.

Jai celebró un *darbar* de ceremonia separada, en el salón de audiencias del Palacio de la Ciudad, donde se sentó en el antiguo trono, su propio personal asistiendo a cada lado, con la nobleza, los cargos de la provincia y los oficiales del ejército situados a su lado según rango. Las bailarinas y los músicos actuaban al final del salón, mirando hacia el trono, mientras que uno a uno, por orden de edad, los cortesanos se acercaban a Jai y le presentaban prendas de su fidelidad. Los oficiales del ejército desenvainaron a medias sus espadas y Jai tocó las empuñaduras en reconocimiento de su lealtad. Todo estaba hecho con una precisión y una pompa que nunca antes había visto. Después, Jai vino a la *zenana* para el *darbar* de las mujeres, en el que se sentó a la izquierda de la Maharaní Dowager.

En todas las festividades, el maharajá jugaba un papel central. *Dussehra* era la fiesta más importante para los *rajputs* y como cabeza del clan Kachwa, Jai rindió tributo a las armas y vehículos de guerra que incluían carruajes, carretas de bueyes, caballos y elefantes. Junto con las otras mujeres de la corte de Jaipur, yo observaba estas ceremonias desde detrás de los ventanales de encaje de piedra y me callaba mi gran orgullo por la figura pública que Jai mostraba. Tras la ceremonia, Jai condujo un carruaje dorado, tirado por seis caballos blancos, a un palacio especial a tres millas de distancia, utilizado únicamente para el *darbar* de *Dussehra*. Las ceremonias públicas estaban perfectamente organizadas, magníficas en su aspecto y profunda y apaciblemente impresionantes para los súbditos de Jai. La procesión concluía con las tropas, la caballería, las carretas de bueyes y camellos, todos acompañados por bandas militares, seguidas por la guardia personal de Jai montando sus caballos negros y precediendo el

Jay y yo comiendo al estilo indio.

propio carruaje de Jai. Tras él venían los nobles a caballo, llevando vestiduras brocadas, con sus caballos magníficamente aparejados. (Algunos de ellos no eran muy buenos jinetes y siempre había muchas risas y bromas entre las damas de la *zenana* cuando la procesión pasaba por nuestras ventanas.) A todo lo largo de la real ruta Jai recibía tremendas ovaciones y la gente se arremolinaba en cada ventana, balcón o punto de observación para verle y para gritar, "¡*maharaja Man Singhji ki jai!*" "¡victoria al maharajá Man Shinghji!" cuando se acercaba.

En la noche más oscura del año que cae, según el calendario lunar, a finales de octubre o a principios de noviembre, Diwali, se celebra el Año Nuevo hindú. Es el momento en que los comerciantes y los hombres de negocios cierran sus libros de contabilidad del año anterior y se preparan para nuevos gastos y transacciones. Todo el mundo reza por un próspero año nuevo. En Jaipur, el palacio y toda la ciudad estaban iluminados como en una fantasía de cuento de hadas. Por encima de la ciudad, los fuertes sobre las colinas también estaban iluminados y parecían suspendidos en el aire. Bajo ellos, sobre las mismas colinas, se erguía la silueta de la diosa Lakshmi, la que otorga prosperidad, formada por lamparillas, mientras que en la ciudad todos los palacios, edificios públicos y casas particulares estaban decorados. Rambagh y el Palacio de la Ciudad florecían con miles de diminutas lamparillas (recipientes de barro que contenían aceite y una mecha) y, en el patio del Palacio de la Ciudad, danzaban las bailarinas. Jai realizó una visita formal allí, vestido con una chaqueta negra y con un turbante negro y dorado, y, asistido por sus nobles, ofreció plegarias a Lakshmi mientras que la música y la danza continuaban, culminado por una extravagante muestra de fuegos artificiales.

Jai siempre tenía invitados durante las fiestas de Diwali y les convencía para jugar al bridge o a la ruleta, o cualquier tipo de juego de azar para dar la bienvenida al Año Nuevo. Las damas no nos uníamos a ellos. Todas nosotras vestíamos en azul oscuro, el color adecuado para Diwali, mirábamos los fuegos artificiales desde otra terraza y después volvíamos a Rambagh para una gran cena familiar seguida por nuestros fuegos artificiales privados.

Para mí, el más encantador de todos los festivales tiene lugar una par de semanas antes de Diwali, cuando la luna llena está en su mayor esplendor y se celebra un *darbar* en el exterior para conmemorar la fiesta de Sharad Purnima. No hay mucho más, pero en ese *darbar*, Jai y sus cortesanos se visten con un rosa pálido, con sus espadas y joyas brillando a la luz de la luna. A mí me parecía una escena extraordinaria, casi etérea, grabada para siempre en mi memoria.

El patrón básico de los festivales era similar a lo que yo conocía en Kuch Bihar; sin embargo, algunos de ellos fueron una incómoda revelación. Holi, que en Kuch Bihar había sido una simple expresión de alegre placer por la llegada de la primavera, con las gentes arrojándose polvo rojo unos a otros, en Jaipur resultó ser algo más ceremonioso. En aquel primer Holi tras nuestro matrimonio, Jai circuló por la calles sobre un elefante, seguido, en esta ocasión, por Bhaiya, que estaba de visita. Holi es un festival sin restricciones, con las gentes lanzándose entre ellos bolas de cera del tamaño de una pelota de tenis, rellenas de polvo de colores y agua. Mientras circulaban por las calles, Jai y Bhaiya eran objetivos sentados para los ciudadanos que poblaban los tejados, ventanas y balcones. Bhaiya me explicó después que fue la experiencia más dolorosa que jamás padeció. Jai, preparado para lo que sabía que le esperaba, se había equipado con una manguera de agua y un compresor para disparar sobre la multitud y obligarles a mantener distancia. Sin embargo, a pesar de la horrorosa experiencia que habían compartido, cuando Jai y Bhaiya volvieron de las calles de Jaipur al Palacio de la Ciudad, "jugaron" a Holi, más tranquilamente, alrededor de la fuente, con los nobles de Jaipur y los altos cargos vestidos en ropas de corte.

En otra zona del palacio, en el patio exterior de uno de las estancias de las alcobas *zenana*, Jo Didi y yo "jugamos" Holi con las damas, que vestían los trajes tradicionales *rajput* y, para mi sorpresa, formalmente enjoyadas. Aquellas damas eran jugadoras expertas y Jo Didi y yo éramos sus principales objetivos. Además de utilizar las dolorosas bolas de cera, lanzaban agua coloreada con gran fuerza desde contenedores de plata y cuero y pronto estuvimos empapadas, doloridas y coloreadas, hasta los huesos. Para mi consternación, después de jugar con los hombres, Jai se unió a nosotras en la *zenana* y el juego continuó con renovado vigor.

En los últimos años, Holi se volvió mucho menos peligroso ya que jugábamos en nuestros jardines privados, pero el acertado disparo ocasional seguía siendo tan doloroso como permanente eran las manchas. Recuerdo el incómodo apuro de una amiga nuestra que tuvo que partir inmediatamente tras Holi para volver a su trabajo en Londres. Llegó aún cubierta de tinte amarillo, tarde para el trabajo y lista para defenderse de la cólera de su jefe diciéndole que se estaba recuperando de un caso grave de hepatitis que había contraído en India.

Con todas sus extrañezas, sus placeres, sus preocupaciones, sus apuros y sus alegrías, aquellos primeros meses en Jaipur me enseñaron los deberes y responsabilidades, los placeres y las restricciones de ser la maharaní de una provincia importante. También me mostraron que era posible sentirse sola aun rodeada de gente, aunque feliz incluso entre los envolventes velos de la vida de *purdah*.

Sencillamente, supongo que yo iba creciendo. Seguramente he estado sumida en la confusión durante años, disfrutando de las ocasiones especiales, encontrándome aburrida o en un vacío en mi vida diaria, rodeada de lujo pero sin mobiliario interior para lo que supongo que debería llamar mi alma, sin ver a Jai lo suficiente, inquieta cuando no estaba con él, pasando el tiempo con cualquier compañía que pudiese encontrar en la *zenana*, incapaz de apreciar completamente las profundas satisfacciones que ese tipo de vida podía ofrecer.

Pero la guerra, una vez que se desarrolló activamente, solicitando la cooperación de India, cambió mi vida como cambió muchas otras cosas.

CAPÍTULO 11

Tiempos de guerra

Jai era un soldado entusiasta. Eso constituía, después de todo, una parte crucial de su herencia *rajput* y, naturalmente, quería verse en servicio activo tan pronto como fuera posible. Pero al principio se vio obligado a satisfacer el deseo del virrey de que los príncipes indios permaneciesen en India y llevasen el peso de la guerra desde sus provincias. Antes de que estallara la guerra, Jai ya había reorganizado las fuerzas de la provincia de Jaipur y había creado un nuevo batallón, los Guardias Sawai Man, entrenando él mismo a los oficiales. En el momento en que fue necesario, dos batallones de las fuerzas de Jaipur estuvieron listos para el servicio activo. Pronto, la Primera Infantería de Jaipur partió para oriente medio y los Guardias se situaron en la frontera noroeste, la frontera con Afganistán que Kipling y Yeats-Brown hicieron famosa, donde las tribus guerreras nómadas tenían que ser mantenidas bajo control continuamente para evitar que arrasaran las aldeas indias. También los Guardias fueron enviados a ultramar más adelante.

En aquel tiempo India estaba en medio de una controversia política seria y compleja. El Partido del Congreso y sus líderes, sobre todo Mahatma Gandhi y Pandit Jawaharlal Nehru se enfrentaban a un curioso apuro. El profundo y extenso liderazgo de Gandhi sobre el pueblo de India se basaba sin duda en su creencia, mantenida con celo misionero, en el principio de no violencia. Sobre esta base había reunido el apoyo de millones de indios y ganado la desesperación de los altos cargos británicos, que no veían modo de controlarlo excepto encarcelándolo, lo cual no le molestaba en absoluto y aun parecía incrementar su popularidad entre la gente de la India.

La guerra en Europa iba a producir un nuevo tipo de respuesta de Mahatma Gandhi y de sus seguidores en el Partido del Congreso. Él era absolutamente claro en un punto: detestaba el fascismo y se sentía emocionalmente en simpatía con aquellos que luchaban contra él. Pero en su lenguaje, ¿era posible para los esclavos acudir en ayuda de sus señores en su lucha contra la tiranía? ¿Cuál debía ser la posición de India? Contra el fascismo, desde luego. Pero, ¿cómo debería India mostrar su postura? Y, ¿debería India aprovechar este momento de debilidad británica para forzar las concesiones?

No, dijo Gandhi. Tenemos que mantener nuestros principios sin entorpecer a los británicos en sus esfuerzos para la guerra. Algunos líderes escogidos del Partido del Congreso iban a la cárcel por actos de desobediencia civil, como resultado de su oposición a la continuidad del gobierno británico en India, pero el resto de los indios debían escuchar a su conciencia y recordar que ninguno de nosotros deseaba obstruir los esfuerzos de los británicos en una guerra justa.

Pero situaciones más específicas complicaron este tema. El Partido del Congreso creyó que Lord Linlithgow, el virrey británico de India, debería haber consultado a la opinión política india antes de involucrar al país en una guerra extranjera. No lo había hecho y los miembros del Congreso de las asambleas legislativas de todo el país lanzaron una campaña de no cooperación con los británicos. Un titular del momento hablaba de la entrevista entre Mahatma Gandhi con el virrey, en la que le dijo que, a pesar de que deploraba la agresión nazi en Polonia, no tenía poder para movilizar a su partido en apoyo de la posición británica.

A pesar de todos los peligros y renuencias políticas, la contribución de India para con los esfuerzos de guerra de los aliados fue magnífica. Dos millones y medio de hombres y mujeres se enrolaron en las fuerzas armadas y en servicios asociados, mientras que varios millones más se implicaron en trabajos de guerra. Las tropas indias jugaron un papel principal en las victorias del mando del sudeste asiático, y el famoso Ejército Décimo Cuarto estaba compuesto por nueve divisiones indias, tres británicas y tres africanas. Los principados apoyaron los esfuerzos de guerra en todo lo que pudieron.

Finalmente, Jai fue asignado al Décimo Tercero, que en aquel momento estaba ubicado en Risalpur, cerca la frontera noroeste. Para mi alivio y alegría, me permitieron acompañarle. Sólo entonces me di cuenta de lo penosas que me habían parecido las riendas del poder y los deberes de ser una maharaní. Vivir como cualquier otra mujer del ejército en una pequeña cabaña en un campamento era una bendición;

llevar la casa yo misma y ser directamente responsable del bienestar de mi marido: pedir los menús, comprar los abastecimientos, llevar las cuentas y mecanografiar las cartas de Jai. No tuve privilegios o deferencias especiales; sólo era la mujer de un capitán y, debo añadir, muy intimidada por la mujer del coronel.

A Jai le gustaba la vida del ejército tanto como a mí. Cuando no estaba de servicio, montábamos a caballo y jugábamos *squash* juntos, recibíamos a otros oficiales y a sus esposas y nos invitaban a salir a menudo. El club era el centro de mucha actividad social. Puesto que el Treceno de Lanceros era un regimiento de caballería, había buen polo y, como otros oficiales de caballería, Jai había traído sus propios caballos a Risalpur. Yo asistía a las fiestas-trabajo de las damas y lo mejor de todo era la completa libertad de ser uno mismo.

El aire sano y frío de esos hermosos parajes montañosos también tenía un deje de peligro que yo encontraba muy excitante. Jai nunca me dejaba salir sola porque las tribus fronterizas siempre estaban en pie de guerra, atacando a los incautos, asaltando coches y robando a los ocupantes sus ropas y sus pertenencias. Aun así, acompañada de Jai, conseguí ver algunos de los atractivos de Risalpur: el magnífico fuerte de Attock, el paso de Khyber, Peshawar, la ciudad fronteriza que guarda el final del paso y Mardan, donde la Caballería de Guías tuvo un famoso encuentro del que estaba merecidamente orgullosos.

Durante los días ordinarios, Jai volvía a casa por la noche y me contaba los acontecimientos del día. Algunos eran divertidos. Por ejemplo, el Décimo Tercero de Lanceros estaba recibiendo un curso sobre mecánica, pero los hombres de la caballería se encontraban claramente más a gusto sobre los caballos que en los tanques, y Jai me contaba cómo algunos de los menos sofisticados de entre ellos intentaron, en una emergencia, parar sus tanques tirando fuerte del volante.

Yo, por mi parte, leyendo mis notas taquigráficas, les proveía de todas las noticias internacionales que daba la radio. Para esto y para mecanografiar las cartas confidenciales de Jai, me fueron muy útiles mis estudios en la Escuela de Secretarias. El tiempo que pasé en Suiza estudiando el curso de ciencia doméstica resultó ser útil también. Sabía qué ingredientes iban en cada comida que comíamos y podía comprobar que se comprase sólo lo suficiente, para evitar el malgasto. Sabía pedir comidas equilibradas y cómo mantener mis cuentas domésticas.

Como otras familias de oficiales, teníamos una pequeña plantilla de sirvientes: un cocinero, un mayordomo, un hombre para limpiar la casa, una criada para mí, un ayudante de cámara para Jai y su ordenanza del ejército. Por supuesto que también habían mozos para los ocho caballos de polo de Jai y para sus otros dos caballos.

Recuerdo un embarazoso incidente al principio de nuestra estancia, cuando yo decidí hacer un caramelo blando. Nunca he sido una buena cocinera; prácticamente todos los platos que intento hacer salen mal, pero esta vez el caramelo salió perfecto y lo puse sobre la mesa de la cena para el pequeño grupo de invitados que esperábamos aquella noche. El caramelo fue un gran éxito y una de las esposas de los oficiales me preguntó que dónde había conseguido encontrarlo. Muy orgullosa, le contesté que lo había hecho yo misma y no pude entender por qué se ensombrecieron las caras de todos. Después, una de las mujeres jóvenes me llevó aparte y me dijo, "¿No te das cuenta de que el azúcar está racionado? Todos nosotros recibimos sólo lo suficiente para el té. ¿Cómo conseguiste suficiente para hacer el caramelo?"

Entonces recordé que cuando fui a la cocina para hacer el caramelo vi que no había suficiente azúcar y le pedí al sirviente que fuese a comprar más. Él hizo lo que le pedí y debió haber comprado el azúcar adicional en el mercado negro. Era la primera vez que me encontraba con algo como el racionamiento y después de aquello fui cuidadosa en extremo con las listas de compra que le daba al cocinero.

Sólo habíamos llevado un coche a Risalpur e incluso éste fue decomisado por unos días tras nuestra llegada. En nuestro viaje, Jai se había sentido muy cansado y me pidió que condujese. Me dijo que me diese prisa ya que quería una cerveza fría en Rawalpindi, así que no perdí tiempo en ajustar el asiento del conductor desde la posición trasera que se acomodaba a sus largas piernas. Lo iba haciendo bien en aquellas ondulantes carreteras de montaña y Jai sesteaba en el asiento de al lado. Entonces, al dar un giro más rápido de lo que debiera, choqué contra todo un rebaño de burros, uno de los cuales aterrizó sobre el capó del coche. Jai abrió sus ojos ante esta sorprendente visión y, después, nunca dejó de hacerme burla por ello.Los burros no quedaron heridos, pero hubo que cambiar los faros delanteros del coche. Yo era la única que estaba incomodada. Jai siempre iba a trabajar en su bicicleta, dejándome a mí el coche para hacer la compra y para asistir a las diversas actividades que organizaban las esposas de los oficiales.

Este feliz intervalo doméstico acabó muy pronto. Antes de las Navidades de 1941 hubo problemas con las tribus afganas. Enviaron al regimiento a la frontera y las esposas se quedaron atrás. Intentando contener las lágrimas, permanecí con las otras mujeres despidiendo el regimiento a su paso. Yo quería con desesperación quedarme en el campamento, pero Jai insistió en que debía volver a Jaipur ya que no estaba seguro de cuánto tiempo estaría fuera y no quería que yo estuviera sola en un lugar tan peligroso.

Eran mis primeras Navidades en Jaipur. Jo Didi estaba allí con sus cuatro hijos y, gracias a la institutriz inglesa y a las niñeras, tuvimos unas auténticas Navidades occidentales, con todos los adornos pertinentes, un gran árbol y regalos para todos y, por la noche, en la gran fiesta para los niños, llegó Papa Noel entre gritos de placer sobre un elefante oficial.

Echaba mucho de menos a Jai constantemente. Pero durante la estancia en Jaipur tuve mi primera oportunidad de hacer amistad con sus hijos. Ellos fueron recíprocos y se interesaron mucho por mí. Pronto me encontré perpetuamente a su disposición, me ordenaban montar en bicicleta con ellos, jugar al ping-pong, llevarlos a dar una vuelta en coche y a cazar. Les encantaba salir conmigo en mi coche porque pensaban que yo conducía osadamente rápido. Así que, como había predicho Ma, en verdad pasé mucho tiempo en la guardería de Jaipur.

Mickey, la mayor de los hijos de Su Alteza Primera y su única hija, tenía once años en aquel momento, sólo diez años más joven que yo. Solía aparecer por mis habitaciones, fascinada por mis ropas, examinando y tocando todo desde saris o pantalones de deporte hasta camisones y ropa interior. Quería llevar exactamente lo que yo llevaba y perseguía a su institutriz para que me preguntase dónde podía comprar ropas semejantes en su talla. Finalmente yo misma compré todas las ropas de Mickey. Junto con Bubbles, su hermano menor, solían permanecer allí, mirándome fijamente cuando me sentaba en mi vestidor. Casi no usaba maquillaje y eso asombraba a Bubbles como si fuese una absorbente excentricidad.

"¿Por qué no te pones pintalabios?" me preguntaba. "¿Por qué no te pones más y *más* pintalabios?"

Joey, el hijo mayor de Jo Didi, era el más travieso de la familia, haciendo tretas y preguntas inquisitivas sin ninguna timidez. Su hermano menor, Pat, el mismo niño que daba vueltas y vueltas con su bicicleta alrededor del jardín de Bangalore, esperando echarme un buen vistazo cuando llegué de Uty, era aún demasiado pequeño para unirse a los muchos juegos y actividades de los otros niños.

Mi familia estaba en Calcuta para la temporada de invierno, como siempre, y Ma escribió a Jai pidiéndole permiso para que yo me uniese a ellos. Organicé mi llegada a "Woodlands" para el día de Año Nuevo, 1942, porque no quise estar durante las fiestas de Año Nuevo sin Jai. Era la fiesta de Fin de Año, pero aquél año Ma me había escrito para decirme que estaba planeando celebrar el acontecimiento con una fiesta espléndida en "Woodlands" para recoger fondos para la guerra. Convirtió todo el jardín en un enorme recinto ferial y en una sola noche reunió 100.000 rupias. Cuando yo llegué, todo el mundo seguía hablando con entusiasmo sobre la fiesta de Ma y yo medio deseé haber estado allí para presenciarlo después de todo.

Aquella temporada fue la más alegre y ajetreada que puedo recordar. Quizá todos éramos conscientes, de manera no expresa, de que cuando la guerra se intensificase nuestra vida social se reduciría drásticamente y que quizá nunca volvería a ser lo que conocíamos. Durante toda mi estancia en Calcuta estuve muy insegura sobre qué era exactamente lo que mi posición como esposa de Jai requería, sobre qué podía hacer y qué no debería hacer. No estaba en *purdah,* aunque la *purdah* era la tradición, no sólo en Rajputana, sino en la mayoría de las provincias indias e incluso en el resto de la sociedad india muy pocas chicas salían sin la compañía de algún familiar o con alguna dama de compañía. Se había hablado mucho sobre mi boda con Jai y yo estaba siendo muy observada por la sociedad. Tenía la sensación de estar continuamente vigilada por ojos no muy caritativos, con objeto de encontrar en mi comportamiento alguna indicación de que nuestra obvia felicidad no era todo lo que parecía. Pero conseguí sobrevivir y, muy estimulada por las cartas de Jai que me alentaban a divertirme, no di ningún paso en falso.

La última gran fiesta que celebramos en "Woodlands" fue con ocasión del compromiso de Indrajit con la princesa de Pithapuram. Con la caída de Singapur en manos de los japoneses en febrero, la guerra se acercó más, de repente, a India. "Woodlands" se convirtió en un hospital y Ma y Bhaiya se trasladaron a las habitaciones de los chóferes cuando estaban en Calcuta. Pero Bhaiya tuvo que pasar la mayor parte de su tiempo en Kuch Bihar, ya que estaba muy cerca de la zona de guerra. Se había instalado allí una base del ejército americano y la famosa carretera de Burma atravesaba Kuch Bihar; ambas cosas transformaron la ciudad en un bullicioso centro internacional que llegó a ser conocido como "El Shangril-la de G.I". Pensábamos que tras la guerra podríamos volver a "Woodlands", pero para entonces habían cambiado demasiadas cosas y demasiadas cosas estaban sucediendo en India. El país estaba a punto de obtener su independencia, los principados se planteaban su fusión con la Unión India y, más concretamente, "Woodlands" estaba penosamente devastado. Bhaiya vendió la tierra y hoy hay muchas casas y una clínica de reposo en el lugar en el que solíamos vivir. Toda esa zona se sigue conociendo como "Woodlands".

Tras un par de meses, Jai volvió de la frontera noroeste, a tiempo para recibir a Indrajit y a su mujer cuando volvían a Kuch Bihar tras su boda en el hogar de los padres de ella. Jai estaba inquieto e intranquilo, aún muy animado a ir a Oriente Medio en servicio activo, mientras que el virrey estaba igualmente determinado en que los príncipes permaneciesen en sus provincias. Finalmente, Jai escribió al secretario privado del rey Jorge VI para preguntarle si podía unirse a los Life Guards (salvavidas), a los que había estado unido durante una temporada en 1936, y por fin se le otorgó el permiso.

Jai estaba entusiasmado pero, en Jaipur, las noticias de su partida a Oriente Medio dieron lugar a una preocupada oposición por parte de su familia y sus ministros. Les explicó que era tradición de los *rajputs* el ir a la guerra y que el maharajá se quedase en su casa mientras sus hombres luchaban iba en contra de todos sus principios. Me recordó que su antepasado directo, el raja Man Singh, había sido el más grande general del emperador Akbar.

Estaba tan contento y era tan persuasivo que yo no podía evitar defenderlo cuando escuchaba la menor crítica sobre que dejaba su provincia y los deberes de su hogar. Hice su equipaje yo misma, una habilidad de la cual estaba particularmente orgullosa, ya que siempre me las arreglaba para introducir en una mochila el doble de cosas de lo que hacían sus ayudantes de cámara. Después de una serie de fiestas de despedida en Jaipur, dadas por la familia, la nobleza y el pueblo, acompañé a Jai a una visita a mi abuela de Baroda, para que se despidiera de ella. Estaba en Mahableshwar, en un centro turístico en las montañas detrás de Bombay, donde veía a Mahatma Gandhi cada día en su paseo diario. Ella no sabía que, a pesar de que Jai nunca se había encontrado con el Mahatma, una vez en 1937 había sido requerido por las autoridades británicas para que arrestase al gran líder a su paso por Jaipur. De todo este asunto no salió nada. Pero Mahatma Gandhi saludó a Jai en tono de broma con un "Ah, ¿así que tú eres ese chico malo que intentó arrestarme? Por fin me he encontrado contigo."

Mi abuela, que había estado preocupada por que se llevasen bien, estuvo muy confundida por este primer encuentro, pero ni Mahatma Gandhi ni Jai parecieron darle más importancia a la conversación que a una broma.

El nueve de mayo, en nuestro primer aniversario de bodas, el barco de Jai partió de Bombay. Ma y yo fuimos a despedirlo, y después de aquello yo partí tristemente, con Ma, hacia Kodaikanal, una encantadora estación de montaña al sur de India. Ahora que estaba casada, incluso mi antigua vida de familia ya no era lo mismo. Estaba excluida de las excursiones y las fiestas organizadas por Menaka y Baby. Me hubiera encantado ir, pero sus amigos me consideraban una mujer casada y demasiado mayor para unirme a sus actividades. En su lugar, pasé mis días en interminables y solitarias partidas de golf, cuidando del pastor alsaciano de Jai y escuchando con ansiedad la radio para tener noticias del barco de Jai.

Cuando cumplí veintidós años, Ma me organizó una fiesta, pero, aunque estuvo soberbiamente organizada al igual que todas sus fiestas, ninguno de los invitados era menor de cincuenta. Todos los hombres jóvenes que conocíamos estaban en la guerra y la mayoría de las mujeres jóvenes, si no estaban enfrascadas en tareas de guerra, no pasaban sus veranos en las montañas. Sólo las parejas de jubilados y los amigos mayores de Ma estaban libres para asistir a fiestas y en el club había la imagen deprimente de mujeres bailando con mujeres.

Mi único consuelo llegó con las cartas de Jai. Escribió sobre su decepción cuando descubrió que acababa de perder a su regimiento que había sido enviado inesperadamente a una apresurada expedición. Le enviaron al área de Gaza para que se uniera a los Royal Scots Creys, entre los que encontró a muchos amigos jugadores de polo y compartió una tienda de campaña con uno especialmente famoso, Humphrey Guinness. Poco después fue transferido al Cairo y desde allí escribió pidiéndome que le enviase los periódicos indios, de modo que pudiese mantenerse al corriente de los acontecimientos políticos en casa. Fue nombrado oficial de enlace para las Fuerzas de las Provincias Indias, un trabajo que disfrutó aunque le trajo algunos momentos embarazosos: cuando acompañó a un general a una visita al Regimiento de las Provincias Indias, fue Jai quien recibió una entusiasta bienvenida y no el general.

Yo estaba encantada de que le hubieran ofrecido ese trabajo, sabiendo lo profundamente implicado que se sentía con el bienestar de las Fuerzas de las Provincias Indias, pero sobre todo porque significaba que tendría que pasar algún tiempo en India, principalmente en Nueva Delhi aunque, en cada ocasión, con la posibilidad de unos días en Jaipur. Su primera vuelta en visita fue a primeros de septiembre de 1942. Se envió nuestro avión privado, un Dakota, para recogerlo y yo decidí ir en él sin apenas compañía, excepto por el pastor alsaciano de Jai. Jo Didi me llenó de advertencias sobre los problemas que iba a tener porque Jai era muy estricto sobre no permitirnos ir a ninguna parte solas. Pero, para mi alivio, pareció muy contento de verme. Incluso entonces, cuando volvimos a Jaipur, la regla de la *purdah* volvió a ser efectiva de nuevo y yo tuve que desembarcar en un extremo de la pista de aterrizaje y en un coche de *purdah*, el cual Jai utilizó como taxi para recorrer la pista hasta el otro extremo para ser recibido por sus ministros, sus nobles, su personal de la casa y medio Jaipur que se había presentado para saludarlo.

Mientras la guerra trajo todo tipo de restricciones a muchas gentes, a mí, en Jaipur, me trajo una cierta libertad. Jai me animó a que trabajase en apoyo de la guerra y yo empecé de inmediato asistiendo a las fiestas de trabajo del club de las damas. Me encontré con todo tipo de mujeres allí: profesoras, doctoras y esposas de los cargos del gobierno. Su compañía era mucho más estimulante que la de las damas del palacio metidas en *purdah* y, además, creía que, aunque de manera indirecta, estaba respaldando a la personas más cercanas a mí que estaban teniendo un papel activo en la guerra: Jai, por supuesto; Bhaiya, especialmente vulnerable ahora que los japoneses avanzaban hacia Burma, e Indrajit, en servicio activo en el extranjero.

Jo Didi y yo organizamos fiestas de trabajo en Rambagh, para las damas más ortodoxas, para tejer y coser para la Cruz Roja; incluso me las arreglé para convencer a algunas de las mujeres del Palacio de la Ciudad de que tejer prendas prosaicas como calcetines y jerséis no era indigno de ellas porque ayudaba a su maharajá. Además de este trabajo sedentario, puse mucho esfuerzo en recaudar fondos organizando juegos y fiestas en el club de las damas para comprar todo tipo de comodidades para las Fuerzas de la Provincia de Jaipur, en el Oriente Medio.

Todavía con energía de sobra y con mayor confianza, ahora que mis trabajos para la guerra parecían ser exitosos, tánto financieramente como socialmente, empecé a llevar las riendas de la casa en Rambagh. Jai sugirió que yo debiera hacerlo cuando su gerente inglés se fue para unirse al ejército, y yo me di cuenta de que, a pesar de haber vivido principalmente en Jaipur desde mi matrimonio, no me había preocupado en absoluto por saber cómo se gestionaba todo, sino que, como todos los demás, simplemente había disfrutado de los elevados estándares de comodidad que se nos proporcionaba. Había unos cuatrocientos sirvientes en Rambagh y mientras que Jai quería eliminar todos los derroches innecesarios, tenía un ojo militar para los detalles y esperaba que todo estuviese perfectamente llevado. Los guardas de las nueve entradas, por ejemplo, eran inspeccionados a intervalos regulares. Todos los jardines debían estar impecablemente mantenidos. En varios puntos de todo el palacio, se situaban grupos de chicos para evitar que las muchas palomas causasen daño a los edificios.

La casa y su gestión se dividían en dos departamentos generales. La función del gerente era solicitar las remesas y mantener los almacenes,

Con Jai e Indrajit antes de la Segunda Guerra, en Budapest.

preparar los menús y distribuir los abastecimientos para satisfacer las necesidades diarias. También estaba a cargo de la ropa de casa, incluyendo los uniformes de los trabajadores. Tenía a varias personas a su cargo para realizar sus obligaciones, como ir a la lavandería o recoger los vegetales, la leche y los huevos de la granja que abastecía a Rambagh.

La otra rama de la gestión de la casa estaba encabezada por el secretario militar. Su trabajo era mantener al propio edificio en perfecto estado, cuidar de cualquier reparación que pudiera necesitarse y supervisar los campos y jardines, que debían mantenerse tan impolutos como el edificio. Estaba a cargo de los coches para el constante flujo de invitados que solíamos tener en Rambagh, aunque tenía un asistente para supervisar el cuidado de los garajes y de los coches, del mismo modo que otro asistente se encargaba del trabajo diario en los jardines. Cuando teníamos invitados, como era muy habitual, el secretario militar tenía que coordinar planes con el gerente para asignar habitaciones a los invitados, cuidar los preparativos para las comidas y los lugares donde se iban a sentar y organizar actividades para ellos. El ayudante de cámara también recibía órdenes del secretario militar sobre cuándo estaban de servicio o cuál de ellos había sido asignado para asistir a un noble que nos visitaba o cualquier otro invitado. El propio Jai tenía tres ayudas de cámara en servicio con él. Jo Didi y yo teníamos para cada una uno para el día y uno para la noche. Todos estos turnos estaban planeados por el secretario militar.

Finalmente, aparte de la casa en sí, había personas encargadas de las cacerías que preparaban cosas como obtener cebos para los tigres y conseguir que los bateadores estuvieran a punto en cualquier área en que se fuese a realizar la cacería. Aquí también había departamentos y cuando me hice cargo de la gestión doméstica de Rambagh, pronto descubrí que por lo menos dos de los jefes de departamentos de preparativos para cacerías parecían considerarse como organizaciones rivales. El general Bhairon Singh, que se ocupaba de los equipos de campaña como las tiendas y mobiliario de campaña, y el coronel Kesri Singh, que estaba a cargo de los rifles y otras necesidades de caza, jamás estaban de acuerdo y casi parecían disfrutar de no cooperar el uno con el otro. Pensé en un plan discreto para resolver sus diferencias y les persuadí de jugar una partida de ajedrez, el ganador tendría la última palabra en los preparativos de cacería y campamentos futuros. Incluso me encargué de preparar un juego de ajedrez especial, en el que cada uno de los reyes había sido tallado para que se pareciese a cada uno de los oponentes y el resto de las piezas representaba a miembros de sus respectivas plantillas; ganó el coronel Kesri Singh, pero la partida que debía haber finalizado con todos sus desacuerdos no hizo ninguna mella en el modo como se comportaron en la siguiente cacería que organizamos.

De todos modos, lo que más me sorprendió fue el derroche de los propios almacenes de Rambagh. Cuando los vi por primera vez me quedé pasmada. Era como una parodia fantástica de *Fortnum y Mason's*. Todo era de la mejor calidad y se pedía no por cajas, sino por docenas de cajas, "para estar seguros, Alteza, de que no pasemos carencias," me explicó el asistente al ver mi asombro. Había suficiente para que nos durase años (vinos, destilados, licores, cigarrillos, té, galletas, champú, petardos sorpresa, etc.), todo cuidadosamente dispuesto y etiquetado. La mitad de las cosas debían haber estado allí durante años y había un derroche impresionante de artículos perecederos.

Cuando pregunté por los nombres de las personas que tenían acceso a los almacenes, descubrí que no existía el más mínimo intento de mantener un registro de quién atendía a quién ni qué. El palacio había estado abasteciendo a todo el personal, a los invitados, a los ayudas de cámara y sus familias y a todo el que quisiera algo. Para Jai, cuando se lo conté, fue el final de, al menos, una ilusión. Durante años, se había conmovido por un pequeño detalle de consideración en cualquier fiesta a la que asistía en Jaipur: sus anfitriones siempre le proporcionaban su marca favorita de cigarrillos egipcios, nada fáciles de obtener. Ahora sabía, como resultado de mis investigaciones, que los cigarrillos provenían directamente de sus propios almacenes. También Jo Didi, se escandalizó al saber que el agua Evian que a ella le gustaba y que la importaban especialmente para ella, también la consumían habitualmente sus criadas e incluso el perro de la institutriz.

El despilfarro en la cocina iba a la par con el de los almacenes. El momento en el que el chef de comida occidental por fin se dio cuenta de que yo estaba decidida a acabar con el malgasto sin sentido y a detener el latrocinio de los almacenes de palacio para uso privado, fue, de manera bastante ridícula, con motivo de una receta para *crème brûlée*. Jai había invitado a su nuevo Ministro de Educación y a su esposa para comer y quiso que la comida fuera algo sencilla sólo para nosotros cuatro. Claramente, el chef no sabía que yo tenía algunos estudios en ciencia doméstica y, aparentemente, decidió que sería fácil de engañar. Solicitó dos libras de nata para su *crème brûlée*. Horrorizada, le comenté que tanta nata estropearía el plato, pero él replicó de modo grandilocuente que para el maharajá todo era poco. Cuando insistí, cedió con renuencia, y desde entonces, nuestros nueve cocineros (cuatro para comida inglesa, cinco para india) prestaron atención a mis órdenes.

A cualquiera que llegase al palacio, y eso podía significar docenas de personas cada día, los ayudas de cámara le ofrecían una bebida. En los calurosos meses de verano, el café helado era el favorito. Teníamos nuestra propia granja y nuestros lácteos, pero otro de los tremendos descubrimientos que hice fue que nuestra leche estaba siendo aclarada con agua porque no era suficiente para cubrir las necesidades de las habitaciones de los ayudantes de cámara. Cuando insistí en que ese derroche sin control debía acabar porque era de lo más inapropiado en tiempo de guerra, me volví, por supuesto, muy poco popular. Los sirvientes se tomaron su revancha interpretando mis órdenes con el máximo celo. Un día que llegó el Ministro del Interior para ver a Jai y pidió un vaso de café helado mientras esperaba, fue puntualmente informado de que "Su Alteza Tercera ha prohibido que se ofrezcan bebidas con leche a las visitas." Del mismo modo, cuando la institutriz inglesa pidió más papel higiénico, le dijeron que debía esperar hasta que yo volviese de cacería y pudiese firmar una orden, ya que había dado instrucciones de que no se hiciesen suministros de ningún tipo sin mi consentimiento. Sin embargo, fue también satisfactorio para mí, a pesar de todo el resentimiento que causé, saber que en un año había sido capaz de reducir el gasto de Rambagh a, por lo menos, la mitad, y todo ello sin hacer ningún sacrificio especial en confort u hospitalidad.

Yo sabía que era el objeto de muchas críticas y que después de los viejos tiempos de abundancia sin fin y sin control en el palacio, mucha gente se tomó a mal mi modo de llevar los asuntos, pero mientras Jai estuviera contento conmigo no me importaba demasiado lo que otros pensaran. Sin embargo, no me di cuenta de cuántos comentarios, dentro y fuera del palacio, habían causado mis actividades, hasta que leí un artículo escrito años después por Mrs. Bhartiya, quien había sido inspectora de educación en Jaipur por aquellas fechas.

La nueva maharaní estaba haciendo cosas impensables: había empezado a ir a la cocina para supervisarla, estaba en las canchas jugando a bádminton y a tenis, se cortó el pelo a lo *garçon*, llevaba pantalones de deporte, conducía el coche, veía polo y se la podía ver montando a caballo, no sólo en el palacio de Rambagh sino también en las calles, junto al maharajá. Se decía que en los puestos oficiales y los trabajadores de la Casa estaban pendientes de un hilo debido a los vigilantes, pero perspicaces, ojos de esta imposible "Ella". Ella estaba rondando, ella iba a revisar las cuentas, ella iba a renovar el palacio de Rambagh, ella cambiaba los preparativos de las habitaciones, ella ordenaba esto, ella demolía aquello. En resumen, "Ella" era un nuevo fenómeno que había emergido en una escena de despreocupada placidez, trayendo consigo importantes cambios. La maharaní Gayatri Devi, quien fue hecha de otra pasta, no podía y no iba a aceptar la inmutabilidad de las situaciones. La maharaní Gayatri Devi empezó explorando posibilidades y visitando el Club de Señoras como primer paso y encontrándose con mujeres de todo tipo en un terreno común. Su ejemplo fue rápidamente seguido y, gracias a sus esfuerzos personales y a su persuasión, las *Asurya Sparshas,* las que eran llevadas en *purdah*, aceptaron salir a la luz del día. Las damas *rajput* de sangre azul, las nobles y las plebeyas, empezaron a frecuentar el Club de Señoras... Muy pronto el Club de Señoras se convirtió en el centro de numerosas actividades y bajo sus auspicios se organizaron juegos, deportes, eventos sociales, actividades culturales y fiestas, en los que todos participaron con igual disfrute.

Antes de nuestro matrimonio, Jai me había dicho que esperaba que yo animase a las mujeres de Jaipur a que saliesen de la *purdah*, por lo menos un poco. Ambos sabíamos que las tradiciones de siglos, profundamente arraigadas, no se podían borrar en una noche. Yo entendía, también, que la *purdah* que yo había observado en Jaipur era necesaria si no quería incomodar a la nobleza ligada a la tradición. Sin embargo, Jai me había dicho muchas veces que esperaba romper, finalmente, el sistema de *purdah* en Jaipur. Había intentado dar fiestas a las que invitaba a los altos cargos de la provincia y a ministros, solicitándoles que trajeran a sus esposas, pero muy pocas mujeres venían. Mantenían la *purdah* de manera bastante estricta.

Se me ocurrió que quizás una manera de empezar la larga tarea de la emancipación era empezar una escuela para niñas. Esto puede parecer, ahora, una tarea sencilla y sin ambiciones, pero en los años cuarenta representó interminables problemas y retrasos inesperados. Decidí que la escuela debería ser, en primer lugar, para las hijas de los nobles y de las jerarquías más elevadas de la sociedad, ya que eran sus mujeres las que observaban las reglas de la *purdah* de manera más estricta. Entre las clases medias, las chicas ya estaban recibiendo educación, pero la nobleza tenía ideas bastante distintas y eran mucho más tradicionales en sus vidas. Muchos de ellos poseían enormes provincias. Todas sus mujeres vivían en *zenanas* y la mayoría de sus hijas no recibían educación sino que simplemente esperaban a crecer y casarse con un marido adecuado elegido por su padre. Muchas de ellas vivían en los extremos de la provincia y podía ocurrir que jamás fuesen a la ciudad, pasando toda su vida primero en una *zenana* y después en otra. Si venían a mi escuela, pensé, en diez años podríamos ver una transformación.

Es muy difícil para los occidentales entender por qué la mayoría de estas mujeres conservadoras están perfectamente satisfechas con lo que parece, desde fuera, una existencia claustrofóbica y de una sordidez sin esperanza. En realidad, sus vidas en *purdah* eran mucho más plenas y más activas de lo que uno podría imaginar. Aparte de llevar una gran casa, una mujer con un amplio círculo de hijos, nietos y familiares, era el punto central de toda la familia. Cuando niña, en su propia casa le habrían enseñado las habilidades consideradas necesarias para cualquier

Arriba: Mi hermano Indrajit y su prometida.
Abajo: Mi hermana Menaka y su marido.

Arriba: *Jai hablando con los soldados durante la Segunda Guerra.*
Abajo: *Jai con los guardias del Sawai Man Singh, en la década de 1930.*

chica hindú: cocinar, coser y cuidar de los niños. Después, como joven esposa, aprendería las maneras de hacer de la familia de su marido y finalmente, como madre y abuela, sus responsabilidades y su autoridad se incrementarían. Quizá lo más importante de todo es que nunca se encontraría sola y que siempre sería necesaria. La vida de la *zenana*, con todas sus limitaciones, tenía compensaciones sólidas y profundas también. Muchas de las mujeres se hubieran encontrado perdidas y amenazadas si hubieran sido expuestas de repente al mundo exterior sin la protección en la que habían llegado a confiar.

Era de entre estas familias de las que yo esperaba atraer a mis primeras alumnas para el Colegio Maharaní Gayatri Devi, sabiendo que si tenía éxito con ellas, el resto las seguiría. Conseguí persuadir a unos pocos nobles para que inscribieran a sus hijas y entonces me puse a buscar a la persona adecuada para llevar lo que aún era sólo una propuesta para un colegio. Con la ayuda del Ministro de Educación de la provincia de Jaipur, pusimos un anuncio para cubrir el puesto de director, escribimos a personas que nos fueron recomendadas y entrevistamos a otros. Pero tan pronto como conocimos a Miss Lillian Donnithorne Lutter, supimos que ella era la persona perfecta para el trabajo y que no serviría ninguna otra.

Miss Lutter era natural de Edimburgo y antes de la guerra había enseñado durante algunos años en Burma. Cuando las tropas japonesas entraron, llevó a sus alumnos, unos ocho, por los largos senderos a través de las selvas de Burma hasta la frontera india sin ningún contratiempo en el camino. Era tan evidentemente amable, razonable y eficiente, que no tuve ninguna duda en escogerla para dirigir mi colegio y salí felizmente de mi entrevista para contarle a Jai los afortunados que éramos.

En 1943 se abrió en Jaipur el colegio Maharaní Gayatri Devi con veinticuatro estudiantes. Hubo muchos desacuerdos por parte de sus familias y muchas dudas y cambios de idea por mi parte. Tenía poca confianza en que el colegio siguiese más allá del primer año. En aquella primera época solía ir a ver algunas de las clases. Recuerdo en particular una lección de gimnasia en la que pensé que sería imposible para nadie disciplinar a aquel grupo de niñas chillonas, incapaces de ver la necesidad de realizar una serie de ejercicios. Pero con tacto inagotable, paciencia y perseverancia, Miss Lutter llevó el colegio a través de sus primeros años y siguió hasta erigir una de las mejores instituciones en India. Hoy en día atrae estudiantes de todas las zonas del país e incluso de comunidades indias en el extranjero. Ahora las chicas salen para convertirse en doctores, abogadas y profesoras en las mejores universidades de India.

Las cada vez más numerosas actividades que iba realizando se veían salpicadas por las visitas de vuelta de Jai a Jaipur y Delhi, en las que yo dejaba todo para pasar con él el mayor tiempo posible. En 1943 Delhi se había convertido en el centro de gran actividad militar. El Comando del Sudeste Asiático había instalado su centro allí, así como la Inteligencia Conjunta, el Transporte Estratégico de E.U., el Districto de Delhi y el Comando Indio. Nuestra propia residencia en la capital, la Casa de Jaipur, había sido entregada a los WRENS (la unidad naval femenil). Habían aparecido construcciones temporales por toda la ciudad para alojar al personal nuevo y campamentos de tránsito para las unidades que atravesaban Delhi. Todas ocultaban la belleza del diseño de Edwin Lutyens para la capital. Muchos de los amigos de Jai estaban en servicio temporal en Delhi o estaban allí por periodos cortos, de camino a otros escenarios de guerra. Era un ambiente agitado e irreal. Recuerdo en particular a los oficiales de un regimiento que le contaban a Jai que se llevaban con ellos sus equipos de polo al Extremo Oriente. Dos meses después supimos que la mayoría de ellos habían sido capturados por los japoneses y eran ahora prisioneros de guerra. Recuerdo también que fue durante ese periodo cuando me encontré con Lord y Lady Mountbatten por primera vez, tan impresionantes tanto por su aspecto como por sus tranquilizadores aires de confianza. Él era entonces comandante en jefe de las fuerzas aliadas en el sureste asiático y después de la guerra sería el último virrey de la India.

A pesar de las obligaciones que la guerra impuso a Jai, se las arregló en sus fugaces visitas a Jaipur para mantenerse al corriente de las necesidades y de los acontecimientos allí y para continuar su largo programa de construcciones y mejoras en la provincia. Mucho del Jaipur moderno es obra suya: los cuarteles de Sawai Man Singh que actualmente albergan el Secretariado, el hospital Sawai Man Singh, los nuevos edificios que fueron construidos para las Escuelas Superiores del

Maharajá y de la Maharaní y la mayoría de las áreas residenciales más recientes. Buscó constantemente los servicios de los administradores más capaces y en 1942 trajo a Sir Mirza Ismail a Jaipur para que fuera su primer ministro.

En aquella época, los ingresos de la provincia de Jaipur provenían principalmente de los impuestos sobre la agricultura. Éstos se recaudaban de diferentes modos. En algunos casos la provincia trataba directamente con el terrateniente, en otros casos con los campesinos arrendatarios a través de un terrateniente y en algunos otros, con pequeños campesinos independientes que daban a la provincia un porcentaje de su producción o de lo que habían obtenido de sus cosechas. No existían impuestos sobre los ingresos y se permitía a todos los campesinos que paciesen sus rebaños en las tierras de la provincia sin pagar por ello. También el ferrocarril de la provincia traía algunos ingresos, como también ocurría con las aduanas y las tasas sobre artículos importados. De todo ello, alrededor de una octava parte eran honorarios por privilegios de maharajá, y el resto se depositaba en el tesoro provincial.

Durante los cuatro años que pasó con nosotros, Sir Mirza Ismail dirigió una gran parte de los ingresos de la provincia a extensivos programas de desarrollo educativo y para la mejora de los servicios de salud y otros campos de la administración. En todas estas reformas tuvo completa cooperación de Jai y, cuando unos años después llegó a escribir sus memorias, ensalzó a Jai como "un gobernante iluminado que, fiel a su promesa, me dio todo su apoyo. Lo que más me gustó en Jaipur fue la ausencia de intrigas. Su Alteza no permitía que intrigas de ningún tipo enseñasen su fea faz en los asuntos que a él le concernían. Él se formaba sus propias opiniones, sin dejarse influenciar por entrometidos, y actuaba conforme a ellas."

Quizá los cambios más significativos que hicieron Jai y Sir Mirza durante aquellos años de inestabilidad fueron en el campo de la reforma constitucional. Hasta aquel momento, el gobierno de la provincia había sido llevado por el mismo maharajá, ayudado por un consejo de ministros y consejeros. Ahora Jai estaba de acuerdo en que debía ser el primer ministro, y no el maharajá, quien presidiese las reuniones del gabinete, a pesar de que el maharajá debía, por supuesto, ser consultado antes de tomar alguna decisión importante. Aún más crucial fue el establecimiento, en 1944, de dos cuerpos electos: el Consejo Legislativo y la Asamblea Representativa. El Consejo tenía poder para debatir y votar el presupuesto, para plantear cuestiones al gobierno y para transmitir resoluciones relativas a la ley y el orden y a otros temas de interés público. La Asamblea era un organismo más grande, designado para recibir quejas públicas y opinar sobre los asuntos que el gobierno consultase.

Quizás estas reformas no eran muy drásticas en sí mismas y no menguaban la importancia del maharajá en las vidas de sus súbditos ni le hacían más inaccesible a su pueblo. Pero empezaron, con completo consentimiento de Jai, a situarlo en algo parecido a la posición de un monarca constitucional y dieron inicio además a lo que Sir Mirza describió como un lento proceso de democratización, sin violar la tradición o comprometer la eficiencia. El proceso continuó hasta 1949, cuando la provincia de Jaipur se fusionó finalmente con la Unión de Rajasthán dentro de una India independiente.

Durante los años de la guerra, mi propio interés e implicación en los asuntos de Jaipur fueron en aumento a medida que se ampliaba mi vida pública. Pero muy repentinamente, en las navidades de 1944, aumentaron mis responsabilidades en la familia, debido a la muerte de la primera esposa de Jai. Jai estaba fuera de la provincia en aquel momento y yo había llevado a los chicos, Bubbles, Joey y Pat a un campamento de caza a unas cien millas. Antes de irnos habíamos ido todos al Palacio de la Ciudad a despedirnos de Su Alteza Primera. Habíamos subido una de las estrechas escaleras de la *zenana* hasta su sala de estar, donde unas puertas francesas en arco se abrían a una terraza sobre uno de los patios, desde la que había una vista espléndida de las colinas situadas detrás de Amber. Sus muebles occidentales parecían muy apropiados, aunque las estancias estaban construidas en el estilo tradicional de Jaipur.

Sabíamos que no se había encontrado bien debido a la recaída de un problema hepático de larga duración, pero la encontramos vestida y sentada en un sofá. Habló conmigo mientras los niños corrían alrededor y jugaban. Cuando fue el momento de irnos, dijo a los niños, "Ahora aseguraos de disparar correctamente y traedme unas perdices." No vi la menor señal de que estuviera gravemente enferma. A la mañana siguiente me desperté con la noticia de su muerte y con la imperiosa solicitud por parte del escolta de los chicos de que no les dijese ni una palabra de momento.

Les conduje de vuelta a Jaipur, con la primera excusa que se me ocurrió, e inmediatamente llamé a Jo Didi que, en aquel momento, vivía en el Palacio de la Ciudad. Le rogué que viniese a Rambagh, pero se negó, así que me quedé al cuidado de los niños yo sola. Joey, que siempre había sido muy alegre y despreocupado, hizo el comentario de que aquélla era una Nochebuena muy triste y preguntó si íbamos a hacer las fiestas y regalos habituales. Bubbles, estoy segura, presintió que algo andaba desesperadamente mal, porque estaba muy callado y no pedía explicaciones en absoluto. Creí que debía decirle algo y al final le dije que habíamos vuelto a Jaipur porque su madre estaba muy enferma y quizás no la volviésemos a ver. Pobre niño, creo que ya lo sabía.

A la mañana siguiente, Bubbles y Joey se vistieron con chaquetas blancas y turbante khaki y fueron conducidos al Palacio de la Ciudad. Pat, el más joven, vino a mi habitación y me dijo, con voz confusa, "No sé lo que ha pasado, pero Bubbles y Joey llevan ropas muy extrañas y se han ido a algún sitio fuera. No me quieren llevar con ellos."

Tan suavemente como fui capaz, intenté explicarle a Pat lo que había pasado. Era demasiado joven para entenderlo y su único comentario fue un incrédulo, "¿Quieres decir que nunca más la veremos?"

Bubbles, el hijo mayor, tuvo que realizar la ceremonia de la cremación, encender la pira funeraria, una tarea terrible para un niño de trece años. Después, los chicos volvieron de este triste deber y se presentaron en mi habitación. Joey se esforzaba en sonreír e incluso en hacer chistes, pero Bubbles permanecía silencioso. Mi corazón estaba con él en su conmoción y su tristeza y me prometí a mí misma que pasase lo que pasase en el futuro, siempre cuidaría de él. Mickey, la hermana de Bubbles, volvió de la cacería a la que había ido con algunas amigas el día anterior al regreso de Jai a Rambagh. Pasó aquella noche en mi habitación y me preguntaba cómo parecían los muertos. Sólo cuando Jai volvió y anunció brevemente que nos llevaríamos a todos los niños a la cabaña de caza, empezamos a sentirnos algo mejor y a darnos cuenta de que la vida volvería finalmente a su curso normal.

El siguiente año hubo otra tragedia familiar. Yo estaba en Darjeeling con Ma cuando ella recibió un telegrama diciendo que Ila estaba gravemente enferma por intoxicación alimentaria. Habíamos estado esperando a que se uniese a nosotros en Darjeeling y yo esperaba especialmente impaciente su llegada porque la vida era mucho más divertida cuando ella estaba alrededor. Naturalmente nos preocupamos al saber de su enfermedad, pero no nos dimos cuenta de lo grave que era. Ma estaba pensando en enviar a nuestro médico desde Kuch Bihar para que la visitase y la trajese a las montañas cuando se recuperara. De manera que fue una conmoción increíble y paralizante escuchar que había muerto.

Esta era la primera muerte en nuestro círculo familiar íntimo. Mis dos hermanos, que estaban sirviendo al ejército, vinieron para unirse a nosotros. Bhaiya desde el frente de Burma, Indrajit desde un empleo civil en el sur de India. A todos nos parecía imposible creer que Ila, que había tenido tanta vitalidad y tanta alegría de vivir, estaba realmente muerta. Sólo tenía treinta años. Sus tres niños pequeños vinieron para quedarse con nosotros en Darjeeling. Nadie tuvo el corazón de decirles lo que había pasado y tampoco lo hicimos nosotros. Después, me llevé a los dos mayores conmigo a Jaipur y, gradualmente, aunque sin ninguna información directa por mi parte, parecieron entender que su madre se había ido para siempre.

A pesar de las tragedias personales y de los deberes militares de Jai durante los años de guerra, continuamos manteniendo nuestros contactos con otras provincias principescas. Cuando él estaba en Jaipur, dedicábamos gran parte de nuestro tiempo a organizar recepciones, y la visita de una familia principesca tenía que seguir llevándose, tanto como lo permitiesen las circunstancias, con bastante ceremonia. A pesar de que yo estaba empezando a salir por Jaipur sola con bastante libertad, en las ocasiones de estado todavía me mantenía en un segundo plano a menos que la maharaní del gobernante que nos visitaba no estuviera en *purdah*.

Jai los recibía en el aeropuerto o en la estación de ferrocarril, acompañado por sus ministros y nobles, todos en sus trajes de cortesanos. Se escuchaba el himno de Jaipur y el himno del visitante y se pasaba revista a la guardia de honor antes de que los gobernantes se dirigiesen a Rambagh junto en un coche abierto.

En aquellos tiempos, ningún maharajá, a menos que fuese un familiar cercano en visita informal, venía con menos de treinta ayudantes y a menudo había muchos más. Siempre había, por lo menos, algún ministro del gobierno de la provincia, el jefe de la casa de Su Alteza, unos cuantos nobles, ayudantes de cámara, auxiliares, ayudas de cámara de los auxiliares y hasta auxiliares de los auxiliares. A pesar de lo cómodo que era Rambagh, a menudo no había sitio para todos y los céspedes de ambos lados del palacio se cubrían con tiendas para acomodar a los visitantes. Durante la temporada de polo de Jaipur, en marzo, los campos de Rambagh se convertían en campamentos permanentes y la casa oficial de invitados que tenía habitaciones para unas doscientas personas también estaba llena.

Nosotros también visitábamos otras provincias. Íbamos a Jodhpur con frecuencia, la casa familiar de las dos primeras esposas de Jai, donde el maharajá era extremadamente amable conmigo y me aceptó como a una hija. Jai lo estimaba mucho y le llamaba "monarca" con afectuoso humor. El me llevó a ver la caza del jabalí con lanza, el peligroso deporte que consistía en lancear un jabalí desde los lomos de un caballo y por el que Jodhpur era tan conocido. Una vez fuimos al desierto a cazar un urogallo real. Recuerdo lo satisfecha que estuve conmigo misma por haber cazado treinta y cinco pájaros, hasta que supe después que nadie más había obtenido menos de doscientos. Pero el maharajá reprendió a Jai por equiparme con un calibre dieciséis, diciendo que era demasiado grande para cazar pájaros, y me regaló, él mismo, un espléndido calibre veinte que he cuidado hasta el día de hoy.

En 1943 fuimos invitados, junto con la familia real de Jodhpur, a una visita formal a Udaipur, considerada la principal provincia *rajput*, cuyo maharajá tiene preferencia ante el resto de los príncipes *rajput*. Era la primera vez que iba allí y estaba deseosa de ver los lugares históricos, como el *Lake Palace*, que había sido construido de tal manera que parecía flotar sobre el agua, o la grande, fortificada y antigua capital de Chittor. Pero no estaba preparada para la severa *purdah* que se suponía que todas las mujeres observaban en Udaipur. Jo Didi y yo viajamos en tren en el coche de los Ferrocarriles Provinciales de Jaipur, mientras que Jai voló antes que nosotras.

Cuando llegamos a la estación de Udaipur, el coche maniobró hacia un apartadero especial de *purdah*, en el que la maharaní estaba esperando para saludarnos. Inmediatamente nos dimos cuanto de cuán celosamente íbamos a ser veladas de la vista del público. En Jaipur, nuestros coches actuales de *purdah* simplemente tenían cristales ahumados, en lugar de las cortinas de antaño, pero en Udaipur descubrimos que esperaban que nosotras que nos desplazásemos en un coche con pesadas contraventanas de madera que nos encerraban en una caja sin aire y cegada.

Cuando fuimos de excursión al lago, nuestra barca estaba completamente velada por cortinas y la cámara fotográfica que había llevado resultó ser inútil y motivo de sonrojo. En la travesía en barca, yo había levantado cuidadosamente el extremo de la cortina e intentaba sacar una foto. Este acto de imprudencia debió llegar a oídos del *maharana*, puesto que después, en nuestra despedida se presentó a mí con un álbum de fotografías. Mi momento más especialmente difícil llegó cuando nos preguntaron a las mujeres si nos gustaría disparar a un jabalí. La maharaní de Jodhpur y Jo Didi declinaron sabiamente, pero no tuvieron tiempo de hacerme ningún gesto antes de que yo aceptase entusiasmada. Entonces me dijeron que el honor de Jaipur sufriría terriblemente si fallaba, lo que parecía bastante probable ya que dondequiera que fuésemos éramos rodeadas por, al menos, cincuenta mujeres dando codazos y parloteando. Hubo un momento de suspenso debido a que tenía que acertar a la primera. Sin tener en cuenta los dictados de los buenos modales, me zafé descaradamente del foro de mujeres y para mi alivio derribé un pesado jabalí en mi primer disparo.

Recuerdo aquellas visitas oficiales durante la guerra con especial claridad ya que al final de la Segunda Guerra Mundial, nos quedó claro, a nosotros y al resto de príncipes de la India, que los grandes cambios eran inminentes para toda la India, y para nosotros especialmente. La independencia india ya se estaba conformando y poco a poco nos dimos cuenta de que en el nuevo orden los principados no podrían retener ya su antigua identidad.

CAPÍTULO 12

La Independencia

En marzo de 1947, Lord Mountbatten vino a India como virrey, trayendo con él la orden del gobierno británico de dar paso a la independencia de la India tan pronto como fuera posible. Empezó a trabajar a velocidad máxima e incluso envió a todos los altos cargos calendarios especiales en los que se leía: "Ciento cincuenta días más hasta la independencia, ciento cuarenta y nueve días más..." etc., en un intento de hacerles partícipes de su propia sensación de premura.

Fue una época extraordinaria y en toda la India el ambiente estaba tenso por la espera y la especulación; después de casi un siglo y medio, el dominio británico iba a finalizar. ¿Qué clase de nación iba a emerger ahora? Jai y yo esperábamos con ilusión la independencia de nuestro país y lo mismo ocurría con otros maharajáes que conocíamos, pero aun así sólo podíamos imaginar los cambios que eso iba a traer a nuestras vidas.

Ma recuerdo que siempre nos dijo que el futuro de la India dependía de que todos los pequeños reinos fundieran sus identidades en una única nación fuerte. Incluso cuando niños, en Kuch Bihar, habíamos apoyado la idea de la independencia; Mahatama Gandhi y Jawaharlal Nehru habían sido los héroes de las aulas del colegio y, a menudo, habíamos gritado los eslóganes del Congreso. Siguiendo el ejemplo de Gandhi, cada uno de nosotros tenía su propia rueda de hilar e hilábamos nuestra propia mecha de algodón, sin entender completamente lo que Gandhi quiso simbolizar con aquello. Cuando Bhaiya fue a Harrow, todos nos emocionamos con que heredase la habitación que había utilizado Jawaharlal Nehru, emocionados de ver el nombre del gran líder grabado sobre la cama.

Por fin, India se convirtió en una nación independiente el 15 e Agosto de 1947. Aunque Jai y yo no estuvimos juntos en aquel día memorable (Jai se había ido a Londres para llevar a Bubbles y Joey al colegio a Harrow), ambos escuchamos las conmovedoras e inolvidables palabras de Nehru: "Largo tiempo atrás hicimos un solemne voto con el destino y ahora llega el momento de cumplir nuestra promesa" Desde Londres, Jai envió este mensaje a su gente:

> Una India independiente será convocada a cargar con grandes responsabilidades y yo tengo la confianza de que nosotros, en Jaipur, aceptaremos gozosamente nuestra parte de esas responsabilidades y ayudaremos, con lo mejor que hay en nosotros, a la creación de una India que tendrá el lugar que le corresponde entre las naciones libres del mundo.

Para la India Británica, la parte del país que no había estado bajo gobierno de príncipes, la transición a un gobierno independiente hubiera sido una sencilla entrega de las riendas del poder a los ministros del Congreso, encabezados por Pandit Nehru y sostenidos por un funcionariado magníficamente preparado, si no hubiera ocurrido, simultáneamente con la Independencia, la Partición de país en India y Pakistán. Ante la insistencia de la Liga Musulmana, y para pesar de Mahatma Gandhi, se hizo la división según religiones. Aquellas zonas del país, los extremos noroeste y este, con predominancia de musulmanes en su población, se convirtieron en Pakistán Occidental y Oriental, mientras que todo el bloque central de tierra que dividía a los dos Pakistanes siguió siendo India y, lo más importante, siguió siendo un estado laico. A mí, que crecí en Kuch Bihar donde el 40 por ciento de los habitantes eran musulmanes, me parecía terrible desgarrar a la India de esa manera, cuando sabíamos por larga experiencia que era perfectamente posible para hindúes y musulmanes vivir juntos en paz. Por tres costados, Kuch Bihar quedó rodeada por el Pakistán Oriental (ahora Bangladesh). Millones de refugiados cruzaron las fronteras, en medio de terribles sufrimientos y derramamiento de sangre, aterrorizados por el miedo a la persecución, en medio del nacimiento de una nueva India entretejido con agonía así como con triunfo.

En los principados, tanto para los gobernantes como el pueblo, la Independencia tuvo un significado diferente y mucho más complejo. Quizá la manera más sencilla de expresarlo es ésta: si le hubieses preguntado a un residente de la India británica antes de 1947 quién le gobernaba, probablemente la respuesta hubiese sido, simplemente: "Los británicos."

Jai recibe el saludo de las Fuerzas Armadas de la Provincia de Jaipur, en la década de 1940.

Arriba: Trompetas de la Guardia Hazari.
Abajo: Jai y yo con los Mountbatten, veinticinco aniversario.

Si hubieses preguntado a alguien de una provincia principesca la misma pregunta, la respuesta casi segura hubiera sido "el maharajá." Para ellos, la presencia de los británicos estaba representada únicamente por el Residente, que actuaba como enlace entre la provincia principesca y el gobierno en Delhi y que apenas afectaba a sus vidas.

Desde algunos años antes de la Independencia, el Congreso había llamado al autogobierno y a la democracia en toda la India y fue en parte debido a ese clima político, que Jai animó a sus primeros ministros, primero a Sir Ismail Mirza y después Sir V.T. Krishnamachari, para que llevasen a cabo sus programas de reformas constitucionales en Jaipur. Sin embargo, durante todo el tiempo, fue obvio que los principados no podrían permanecer como estaban una vez que la India fuese independiente. Incluso los gobernantes más conservadores reconocieron que, a menos que sus provincias se integrasen con el resto del país, la nueva nación se rompería sin remedio; había, después de todo, más de seiscientas provincias principescas en India, algunas de ellas islas rodeadas de la India británica, otras unidas por fronteras comunes, entre todas sumando casi la mitad del territorio y población de la India.

Aunque yo acepté la idea de que formaríamos, de algún modo, parte de la India independiente, nunca se me ocurrió que nuestras vidas cambiarían tan radicalmente una vez que nuestras provincias perdiesen sus identidades propias. De algún modo, imaginé que siempre mantendríamos nuestra particular relación con las gentes de nuestros estados y que continuaríamos teniendo un papel público.

En las semanas inmediatamente anteriores al Día de la Independencia, Sardar Vallabhai Patel, el ministro de Interior del gobierno central de India, había puesto su atención en la intrincada cuestión de exactamente qué posición debían tener los principados en el nuevo país. Brillante como era, argumentó con energía pero con tacto a favor de la integración de los principados con el resto de la India. Al principio, se solicitó a los príncipes que cediesen sólo en materias de defensa nacional, política exterior y comunicaciones. Pero pronto, Sardar Patel persuadió a muchos de los gobernantes de que fusionasen sus provincias administrativamente, junto con la nueva nación, dando al mismo tiempo un compromiso solemne que estaría recogido en la constitución, garantizándoles honorarios por privilegios y ciertos privilegios de rango a perpetuidad. Cada provincia principesca llegó a un acuerdo ligeramente distinto con el gobierno indio pero, en general, los honorarios por privilegios serían alrededor de un diezmo de los ingresos en las provincias pequeñas y de un octavo en las mayores.

Recuerdo sentirme triste cuando leía acerca de la toma de posesión sobre esas provincias, pero yo estaba muy lejos de tener ideas políticas y, desde luego, no entendía todo lo que aquello implicaba. Jai, por supuesto, estaba más involucrado personalmente. Él mismo firmó un instrumento de cesión el 12 de agosto de 1947, uniendo su provincia a la nueva India, aun que él continuaba siendo el maharajá.

Aparte de mi propia vaguedad política, otro factor me impidió imaginar cualquier cambio en nuestra posición entre nuestra gente. Tanto Jai como Bhaiya habían alcanzado el gobierno en 1922 y por tanto celebraban sus 25 aniversarios con unos meses de diferencia entre los dos. En Jaipur, se celebró la conmemoración en diciembre de 1947, escasos cuatro meses después de la Independencia. Toda la provincia estaba de fiesta, había ornamentaciones, banderas y adornos por todas partes, y por las noches todos los edificios públicos, los fuertes y los palacios estaban iluminados. Los festejos duraron semanas pues todos los sectores de la población quisieron celebrar recepciones para su gobernante. Hubo ceremonias oficiales y un espectáculo militar. Jai fue pesado públicamente con plata de las reservas del tesoro de Jaipur que luego fue entregada a los pobres. También a Jo Didi y a mí nos pesaron en plata, pero sólo las mujeres de la corte de Jaipur estuvieron presentes, con sus vestimentas más coloridas y decoradas.

Catorce príncipes reinantes, muchos con sus maharaníes, visitaron Jaipur para la conmemoración y todas nuestras residencias de invitados y los Palacios de la Ciudad y de Rambagh estaban llenos. Mickey y yo nos fuimos a Moti Dungri, el pequeño fuerte que Jai había reformado para mí, mientras que Jo Didi y muchas de las mujeres de la familia se fueron al Palacio de la Ciudad, de modo que Rambagh quedase libre para los huéspedes. Incluso la casa en la que había vivido el Residente británico, que había estado vacía desde la Independencia, fue convertida en una residencia de invitados. Yo tuve la tarea de preparar y amueblar las habitaciones

227

Arriba: Una ceremonia religiosa: veinticinco aniversario.
Abajo: Llegada de Bhaiya para el veinticinco aniversario.

Con Jagat, de cuatro años (años 1950).

para un inmenso número de invitados y de ayudar a Jo Didi a entretener a las maharaníes visitantes y a sus séquitos. Los actos principales de las celebraciones eran el banquete oficial en Rambagh, con largas mesas llenas de las maravillas de Jaipur, al que asistieron Lord y Lady Mountbatten y, especialmente, un gran *durbar* en el Palacio de la Ciudad en el que Lord Mountbatten investió a Jai con el título de G.C.S.I.: Gran Comandante de la Estrella de India.

Nuestros días estaban llenos de celebraciones y entretenimientos, sin tiempo para discutir nada serio, pero me di cuenta de que, a menudo, en los grupos de hombres que se congregaban por las noches, se hablaba con preocupación sobre el futuro o se repetía la información de la radio sobre las consecuencias de la Partición; llegaban las historias de las más espantosas carnicerías en todo el norte de India mientras en otras áreas la tensión religiosa estallaba con violencia. Cada día leíamos en los periódicos sobre nuevas atrocidades y nuevos estallidos de violencia.

En la ciudad de Jaipur, un tercio de la población era musulmana y teníamos muchos musulmanes en el personal del palacio, de modo que la posibilidad de un antagonismo hindú-musulmán era inmediata. Era natural que los musulmanes tuvieran miedo de que las represalias tomadas contra las comunidades minoritarias en otras zonas de India se extendiesen a Jaipur. Pero Jai estaba resuelto a proteger a los súbditos musulmanes y supervisó su seguridad personalmente.

Cada noche después de cenar abandonaba el palacio y patrullaba por las calles de la ciudad en un jeep abierto, en compañía del coronel de uno de sus regimientos, un musulmán, reafirmando su protección a los musulmanes y amenazando con las mayores penas a cualquier hindú que levantase un dedo contra ellos. Una vez, el coronel le preguntó si su presencia incomodaba a Jai. "No seas tonto," le contestó Jai. "Tú eres la prueba de mi idea de que no hay diferencias para mí entre un hindú y un musulmán."

Mahatma Gandhi, previendo la confusión y el derramamiento de sangre que desataría la Partición, se había opuesto firmemente a la independencia de la India si ello significaba la división del país. El 30 de enero de 1948 fue asesinado. Irónicamente su asesino era un miembro de la extrema derecha hindú que creía que Gandhi estaba traicionando la causa del verdadero hinduismo siendo demasiado generoso con los musulmanes. Pero, muy adecuadamente, el Mahatma murió cuando iba a una de sus famosas reuniones de oración que siempre mezclaban oraciones hindúes, cristianas, musulmanas y budistas, y sus últimas palabras fueron "Hey Ram", el nombre de la deidad que todo hindú espera invocar en su lecho de muerte, dicho en reverencia a Dios y para perdón de sus asesinos.

En medio de la conmoción de la tragedia y en el profundo sentimiento de pérdida que todos los indios sintieron, le hubiesen conocido verdaderamente o no, hubo sólo un hecho ligeramente apaciguador: al menos su asesino no era un musulmán. No es posible imaginar la salvaje y caótica agitación que se podría haber desembocado en India para hacer de aquellos meses más terribles de lo que ya eran.

En seguida tuvimos que hacer frente a las riadas de refugiados hindúes que llegaban desde Sind y de la zona del Punjab que había quedado dentro de los límites de Pakistán. El gobierno de la provincia de Jaipur tuvo que empezar a trazar planes para acomodar adecuadamente a esa repentina entrada de gente.

Algunas semanas después del 25 aniversario de Jai, ambos fuimos a Kuch Bihar para ayudar a Bhaiya a celebrar su 25 aniversario. También allí, una parte importante de la población era musulmana y se añadía la ansiedad de ser una provincia fronteriza. Pero Bhaiya, como Jai, había utilizado su autoridad personal para garantizar la seguridad de la minoría musulmana y tampoco hubo en Kuch Bihar ningún estallido de conflictos entre hindúes y musulmanes. Recuerdo que una parte de las celebraciones del 25 aniversario de Bhaiya fue uno de las reconocidas cacerías de tigre de la provincia. En nuestro camino, algunos de los súbditos musulmanes de Bhaiya le rodearon y, con las manos en súplica y lágrimas en los ojos, le preguntaron qué debían hacer: quedarse en Kuch Bihar o irse a Pakistán. Bhaiya, con aspecto muy triste y pesaroso, les garantizó su seguridad si querían quedarse y, sobrecogido de repente por el dramático encuentro, volvió rápidamente a su coche y se marchó.

Mi hermano había querido subrayar la ocasión de su 25 aniversario construyendo una escuela de agricultura en una provincia que la necesitaba mucho. Jai puso la primera piedra. Aún está allí, junto con la estructura de la escuela que debió levantarse sobre ella. Después de que Kuch Bihar se

Arriba: En nuestra casa en Inglaterra, en la década de 1950.
Abajo: Con el presidente de India, Dr. Rajendra Prasad, y lady Mountbatten.

integrara con la provincia de Bengala Occidental, el nuevo gobierno detuvo los trabajos de construcción y a pesar de los trece millones de rupias que Bhaiya dejó para el desarrollo de este tipo de proyectos en su provincia, sigue siendo un esqueleto de cemento sin techo y sin utilidad.

Antes de estos tristes acontecimientos, antes de que empezásemos a ver la erosión gradual de nuestro estilo de vida y el debilitamiento de nuestra identidad con la provincia (y, por supuesto, la identidad de la provincia en sí) hubo un par de ocasiones jubilosas. La primera fue la boda de Mickey con el maharajá Kumar de Baria, una provincia de la región de Gujarat, en el oeste de la India. Como era la única hija de Jai y la primera princesa de Jaipur que se casaba después de más de un siglo, la boda y las procesiones, los banquetes y los entretenimientos realizados fueron de un grado de abundancia sin igual. Fue, quizá, la última gran exhibición de la pompa de la India principesca.

Puesto que la familia gobernante de Jaipur estaba relacionada con todas las grandes familias *rajput*, las lista de invitados era extremadamente larga. Encabezada por los familiares de Su Alteza Primera y Jo Didi de Jodhpur y de Jamnagar, e incluyendo a mi familia de Kuch Bihar, había unos ochocientos invitados, contando a los séquitos, ayudantes de cámara, damas de compañía, sirvientes personales y docenas de otros de personal diverso. Algunos príncipes llegaron en aviones privados, otros en sus vagones de ferrocarril especiales, otros en flotas de coches. Todos fueron recibidos o por el mismo Jai o, cuando llegaban dos grupos, por algún miembro de nuestra familia. A cada grupo se le asignó un coche y tuvo un ayudante de cámara de Jaipur para asistirles, un trabajo que se asignó a los hijos de los nobles de la provincia.

Todos nos fuimos de Rambagh o del Palacio de la Ciudad, dejando sitio para unos ochenta invitados, sin contar a sus séquitos. Se habían levantado tiendas en todos los jardines para los miembros de los séquitos y se instaló un campamento especial, separado, para el novio y los hombres de su familia más próximos. Los preparativos de logística y de servicio de comida eran prodigiosos. El libro de instrucciones para nuestro propio personal y para todos los jóvenes nobles que nos ayudaban era de unas dos pulgadas de grosor; detallaba cada fiesta, celebración, ceremonia y diversión y contenía programas para cada grupo de invitados y para su personal. Incluso los menús para los sirvientes y los lugares que se les había asignado para seguir las procesiones habían sido cuidadosamente calculados.

Las celebraciones duraron dos semanas. Cada noche había fiestas, habitualmente se celebraban en la terraza del Palacio de la Ciudad, desde donde se veían los jardines. Los jardineros habían trabajado durante meses para asegurarse de que habría suficientes flores para cada habitación de invitados e incluso, para decorar el vagón de tren en que se irían la novia y el novio, sin estropear el color y el aspecto de los jardines.

Después de que se sirvieran las bebidas, los hombres de la familia directa iban abajo, a reunirse con el resto de los hombres para cenar. Las mujeres cenaban por separado, ya que muchas de ellas estaban en *purdah*. Fue el único momento en el que vi al Palacio de la Ciudad lleno de vida, tan animado de gente y de fiestas, con todos los apartamentos de la *zenana* en uso y, por todas partes, los colores vívidos de las flores y de los trajes de las mujeres, el sonido de la risa y la música y el tintineo de las ajorcas de los tobillos de las mujeres. Desde las terrazas podíamos ver la ciudad y las colinas del fondo, en las que cada uno de los fuertes que rodeaban Jaipur destacaban con su iluminación.

Para el banquete de bodas, se decoraron largas mesas con más flores y, puesto que la comida era completamente india, se llenaron de *curris* de carne, varios tipos de *pulav* y dulces cubiertos de pan de oro. Sobre las mesas estaba el brillo del oro y la plata de los *thals*, los cuencos y las copas. Durante toda la comida, mientras los *thals* se llenaban y rellenaban con nuevos relevos de los platos, tocaron los músicos del palacio.

La labor de preparar el ajuar de Mickey recayó en mí y, con la supervisión de todos los preparativos que se estaban haciendo para instalar y entretener a las damas que iban a ser nuestras invitadas, simplemente no tuve tiempo de ir a Delhi o Bombay para hacer compras. En su lugar, las mejores tiendas vinieron a Jaipur con grandes cantidades de ropas y tejidos, ropa de casa y joyas. Seleccioné unos doscientos saris para Mickey y un número similar de vestidos *rajasthani*. Además, se le habían de entregar varios juegos de joyas tradicionales de Jaipur, el exquisito trabajo esmaltado y los diseños delicados y hermosos de las piedras preciosas engarzadas con otras piedras preciosas en contraste, ambos eran artesanías típicas de

Un retrato de familia ,(en la década de 1950).

Jaipur. El regalo de boda de Jai para Mickey fue un juego completo, que consistía en un collar de diamantes, pendientes, pulseras, anillos y ajorcas para el tobillo, mientras que Jo Didi le regaló un juego en perlas.

En el ir y venir de los preparativos, casi me olvidé de comprar mi propio regalo para Mickey. Todos sus regalos se exhibían para mostrarlos a la familia del novio y se había hecho una lista de quien había regalado qué. Para mi vergüenza, vi que había un vacío junto a mi nombre en la lista, así que rápidamente escribí "juego de esmeraldas", ya que parecía que nadie le había regalado esmeraldas. Cuando me encontré con Mickey después de la revisión oficial de los regalos, estaba muy preocupada. "¿Sabes?", dijo, "cuando leyeron esa lista decía que me habías regalado un juego de esmeraldas. Es horrible, no pude encontrarlo. ¿Qué le puede haber pasado? Estoy muy preocupada."

Tuve que explicar lo que había pasado y prometer que cuando tuviera tiempo le compraría algo, pero mientras tanto sólo quería que mi nombre en la lista tuviera un regalo al lado. Al fin, le regalé unos bonitos pendientes de perlas en forma de lágrima.

La ceremonia de bodas propiamente dicha tuvo lugar en la *zenana* del Palacio de la Ciudad. Siempre recordaré el momento en que el novio, dejando al grupo que le había acompañado hasta el palacio, se quedó de pie a la entrada de la *zenana*. Me sentí tan mal por él, una figura solitaria que entraba para casarse. Parecía tan vulnerable allí de pie, todo engalanado, nervioso y sin palabras, cuando se retiró la cortina para recibirlo.

Después, por supuesto, todo fue alegría y fiesta. Se celebró el gran banquete, hubo una magnífica exhibición de fuegos artificiales, se dio alimento a los pobres y a los brahmanes y se liberó a algunos prisioneros. Todo se hizo con auténtica generosidad real. El famoso fotógrafo francés, Henri Cartier-Bresson, vino para tomar fotos del evento y las celebraciones de boda fueron portada de gran parte de la prensa. El *El libro Guiness de marcas mundiales* la mencionaba como "la boda más cara del mundo".

Después de la boda, Jai y yo fuimos a Inglaterra; mi primera visita desde 1938, hacía más de diez años, y nuestro primer viaje al extranjero juntos desde nuestra boda. Estaba encantada de estar de nuevo en Londres y pasé la mayor parte de mi tiempo en tiendas, porque, a pesar de los asombrados comentarios de mis amigas sobre que la austeridad estaba siendo mayor en esos años de la posguerra que durante la propia guerra, aun así las tiendas de Londres, comparadas con las indias, parecían un milagro de opulencia. Desde Inglaterra fuimos a América, la primera vez que ambos visitábamos los Estados Unidos. Fue una experiencia maravillosa, ya que todas las personas que conocimos fueron muy hospitalarias y cálidas.

Viajábamos en el *Queen Elizabeth*, que entonces era nuevo, y nos maravillamos, inevitablemente, ante la vista de la Estatua de la Libertad y del perfil de Manhattan. Ninguno de nosotros había visto rascacielos antes. Tan pronto como el barco atracó fuimos engullidos por los reporteros de los periódicos, otra experiencia que nunca habíamos tenido anteriormente. Hicieron todo tipo de preguntas, incluyendo cuántas mujeres tenía Jai. La primera vez Jai y yo lo encontramos divertido pero, cuando la misma pregunta salía en todos los lugares a los que íbamos en Estados Unidos, se hizo bastante pesado.

Los amigos nos habían preparado una casa en Nueva York, e incluso habían encontrado una sirvienta para mí, pero la primera noche casi no dormí en absoluto ya que no podía separarme de las ventanas desde las que podía ver toda la ciudad iluminada. Estaba enormemente impresionada por la riqueza de todo: la comida, las tiendas, los coches y las ropas que llevaba la gente. Y estaba asombrada por la eficiencia del sistema telefónico y por la educación de los operadores.

Cuando empezamos a salir por Nueva York, me cautivó la amabilidad de la gente. Me gustaba que las tenderas me llamasen "Corazón" o "Cariño". Una vez un taxista me preguntó si era de Puerto Rico y cuando le dije, "No, de India", empezó a decirme todas las cosas que podía hacer y ver en Nueva York sin gastar ningún dinero. "Es gratis", me decía mientras enumeraba Central Park y el zoo, varios museos y muchas otras cosas. Supongo que dio por hecho que cualquiera que viniese de India tenía que ser pobre. Me pregunté si es que yo parecía un refugiado.

Jai encontró a muchos amigos del polo, muchos de los cuales no veía desde antes de la guerra, y nos invitaron a ver polo en Meadowbrook en Long Island. Después fuimos a Washington, donde estuvimos en la embajada de India con nuestro embajador, Sir Benegal Rama Rau. Washington me recordó un poco a Nueva Delhi, pero a mayor escala. Finalmente, como los turistas convencionales, fuimos a Hollywood para

pasar unas semanas disfrutando sobremanera y sintiéndonos emocionados como correspondía cuando nos presentaron a una serie de célebres
estrellas del cine.

Poco después de nuestra vuelta a la India, Jai se sumergió en
negociaciones que iban a cambiar nuestras vidas y el aspecto de India
permanentemente.

CAPÍTULO 13

El Rajpramukh de Rajasthán

Las largas conversaciones que debían conducir a la fusión de la mayoría de las provincias indias en un nuevo agrupamiento administrativo, la Gran Unión de Rajasthán con la República de India, mantuvieron a Jai extremadamente ocupado. En consulta con su primer ministro, Sir V.T. Krishnamachari, perfiló los detalles de la fusión de Jaipur. Jai demostró tal habilidad que después los cargos del gobierno indio le pidieron a menudo su ayuda y consejo en sus negociaciones con otros príncipes.

A pesar de que Jai había tratado de convencerme de la necesidad de sus actuaciones, a mí me disgustaba verdaderamente la idea de que no fuera a ser más el gobernante de Jaipur. Cuando uno de los más altos representantes del gobierno de India, encargado de realizar los nuevos acuerdos con los principados, vino a visitarnos a Jaipur, como hacía con frecuencia, nos confesó una noche que estaba muy cansado de volar a todas partes con este tipo de misiones políticas. Recuerdo el momento especialmente bien porque, incapaz de controlarme a tiempo, le pregunté que por qué, en ese caso, no nos dejaba tranquilos y descansaba.

Para Jai, por supuesto, la fusión de Jaipur con la Gran Unión de Rajasthán era políticamente adecuada e históricamente inevitable. Nunca hubiera podido mantener la postura de ser la única provincia *rajput* en mantenerse al margen; ni, de hecho, tampoco lo deseaba. Odiaba dejar Jaipur y renunciar a su profundamente sentida responsabilidad por sus gentes. Pero se daba perfecta cuenta de que los intereses del país habían de tener prioridad sobre sus propios sentimientos.

Los problemas de Jai durante aquel tiempo aumentaron debido a un grave accidente que ocurrió justo en mitad de sus negociaciones sobre la fusión de Jaipur. Tenía que volar a Delhi para más conversaciones y había ido a nuestro aeropuerto a inspeccionar un avión que habían traído unos pilotos estadounidenses para mostrárselo. La característica especial de este avión era que, a pesar de que tenía dos motores, podía despegar o tomar tierra con sólo uno. Los pilotos querían llevar a Jai en un vuelo de demostración. El primer ministro de Jai le rogó que no fuera y Jai prometió ver la actuación desde tierra. Pero, como cualquiera que conociera bien a Jai habría adivinado, la tentación fue excesiva para él.

Yo iba a volar con él a Delhi y me sorprendí un poco, aunque no me alarmé, de no encontrar rastro de él en el aeropuerto cuando llegué. Nuestro propio piloto me dijo que Jai no había sido capaz de resistirse a la invitación de los pilotos estadounidenses y había subido al avión con ellos. Los dos sonreímos, pues conocíamos la pasión de Jai por volar, cuando de repente oímos el sonido de la campana de alarma de colisión y vimos humo elevándose en la distancia. El piloto de Jai y yo saltamos a un jeep y corrimos hacia los restos humeantes inmediatamente. Jai yacía inconsciente, su cabeza sobre el regazo de un campesino, con sangre goteando por el extremo de sus boca. Todo el mundo estaba extremadamente agitado y yo concentré mis pensamientos en una única cosa esencial: había que sacarlo de los restos inmediatamente. Pedí una cama de campaña, cualquier cosa que pudiésemos usar como camilla, de una choza de una aldea cercana. El agricultor me ofreció una de las estructuras de madera en las que se entrelazan cuerdas, que los aldeanos utilizan como camas y en ella transportamos a Jai fuera del lugar del accidente.

Llegamos justo a tiempo. Un minuto después hubo una tremenda explosión y toda el área que rodeaba al avión accidentado prendió en llamas. Llevé a Jai directamente al hospital y, dejándolo al cuidado de los médicos, me fui a Amber. Allí, en el palacio de la antigua capital, rogué en el templo familiar por su recuperación. Afortunadamente, los pilotos estadounidenses no tuvieron heridas importantes, pero las heridas de Jai eran graves y pasaron semanas hasta que estuvo en condiciones de ser trasladado, siquiera a Rambagh.

Todavía estaba convaleciente cuando, en diciembre de 1948, el Congreso Nacional de India, el partido que había liderado la lucha por la independencia de India, celebró su sesión anual en Jaipur. Era una sesión especialmente importante para los principados, ya que íbamos a descubrir el diseño general de la República India, en la que deberían situarse nuestras provincias. Pandit Nehru y Mrs. Sarojini Naidu, una poeta, y vieja amiga y seguidora de Mahatma Gandhi, así como una importante líder del Congreso por derecho propio, se instalaron con nosotros. Recuerdo el modo incisivo y analítico en que hablaba Pandit Nehru, pidiendo, simplemente por su tono de voz, que estuviésemos tan emocionados por el reto de construir una nueva nación independiente como él lo estaba. Nos dijo que cuando le preguntaban cuál fue el periodo más emocionante de su vida, solía replicar que fueron los primeros tiempos de la lucha por la independencia, su ingreso en prisión, el entusiasmo de formar parte de un movimiento grande y justo. Después había pensado que era el momento actual de la Independencia, el momento en el que por fin el movimiento había llegado al triunfo, cuando por fin la bandera tricolor india se elevaba sobre el Fuerte Rojo en Delhi. Pero esa época estaba malograda por la sangrienta y agonizante Partición de India, e inmediatamente después, por el insensato asesinato del Mahatma. Ahora, creía que *éste* era el momento más emocionante, *este* momento en el que todos íbamos a tomar parte en la tarea más importante y más excitante, que justificaba todos aquellos años en la cárcel, las reuniones, las marchas, la agitación, los discursos. Ahora todos íbamos a participar en el diseño de un país grande, libre y moral. "El Gran Experimento", le llamó.

Por el contrario, Sarojini Naidu era ingeniosa e irreverente, haciéndonos reír con sus historias de otros líderes del Congreso (solía llamar a Mahatma Gandhi "Mickey Mouse" por sus orejas que sobresalían) y tomándole el pelo a Pandit Nehru sin clemencia, por su aspecto y su vanidad. Pero bajo toda la charla y el cotilleo, ella también estaba trabajando seriamente por el éxito de "El Gran Experimento." Se fue de Jaipur una mañana temprano, dejando una carta de agradecimiento para mí. Empezaba así, "Querida reinita de una tierra de cuento de hadas." Después de dar las gracias, me explicó el afecto que sentía por mi abuela de Baroda y por mi madre, y éste ahora me incluía a mí y a los dos hijos de Ila. Esperaba que yo les diese un hogar feliz y finalizaba la carta con el deseo de que mis "ojos nunca se oscurecieran por tristeza."

Empezamos a ver algunos aspectos de la nueva India en marzo de 1949, cuando las provincias *rajput* de Jaisalmer, Jodhpur, Bikaner y Jaipur se fusionaron en la nueva Gran Unión de Rajasthán , ella misma una parte de la Unión India. Al final me di cuenta con tristeza de que la identidad de Jaipur como provincia separada había desaparecido para siempre y de que Jai había dejado de ser responsable del bienestar de la gente que

Arriba: Sardar Vallabhbhai Patel y Jai, años cincuenta.
Abajo: Jai y yo presenciando la procesión de ceremonia
en Jaipur, (en la década de 1950).

quería y que había estado destinado a gobernar. Un honor, aunque no una compensación, fue que Jai fue nombrado *rajpramukh*, o "cabeza de estado" de la nueva Unión de Rajasthán de por vida. En su posición, llevaría la supervisión general de la administración de toda la región.

La sencilla ceremonia que inauguraba la Gran Unión de Rajasthán y a Jai como su *rajpramukh*, tuvo lugar en el Palacio de la Ciudad en Jaipur el día trece de marzo. Ocho de los diecinueve maharajáes de las provincias que formaban la antigua región de Rajputana asistieron a la inauguración. Estábamos algo preocupados por cómo saldría todo el asunto ya que unos días antes una serie de personas me habían informado de que estaban preparados para crear disturbios que evitasen que la ceremonia tuviese lugar, en el caso de que Jai y yo lo así lo deseáramos. Les di un aterrorizado "No" por respuesta, pero me pareció interesante que también vieran la disolución de Jaipur con un sentimiento de enojo. El mismo día de la celebración aconteció otra alarma cuando, tras una inquietante espera, supimos que el avión que traía al Ministro del Interior, Sardar Patel, desde Delhi, había hecho un aterrizaje forzoso a cuarenta millas de la ciudad de Jaipur. Pero, a pesar de lo que estos augurios pudiesen haber sugerido, la ceremonia se desarrolló, a través de todos los discursos y formalidades, sin ninguna dificultad. La observé toda a través de una celosía, para descubrir después que algunos de los eminentes invitados interpretaron esto como un gesto de desaprobación. La verdadera razón, por supuesto, era simplemente que en aquella época yo no asistía a actos públicos.

Se nombró a Jaipur como la capital de la nueva unión, lo cual parecía razonable debido a su situación central y a su accesibilidad por aire, tren y carretera y debido al gran número de edificios de gobierno que habían sido erigidos bajo el gobierno de Jai. Seguimos viviendo en Rambagh, que ahora se denominaba la residencia oficial del *rajpramukh*. En su nueva posición, Jai era el gobernador de todo el estado de Rajasthán, pero sus deberes eran más ceremoniales, casi nominales, y mucho menos interesantes que lo que ya había empezado a llamar "los buenos viejos tiempos." Se esperaba de él que abriera las sesiones de la Asamblea Legislativa Estatal para tomar los juramentos de los ministros y sólo si se llegaba a un punto muerto en política tenía autoridad para procurar resolver las dificultades o, con la aprobación del gobierno central, convocar nuevas elecciones.

Uno de las primeras obligaciones de Jai fue presidir la disolución de las Fuerzas del Estado de Rajputana, las cuales, por supuesto, incluían las Fuerzas de la Provincia de Jaipur. La primera de estas ceremonias tuvo lugar en frente del nuevo Secretariado, el edificio que Jai había levantado originalmente como cuarteles para sus tropas. Hubo una gran desfile en grupo en frente de él, en el que la infantería de Jaipur pasó marchando en impecable formación, y Jai recibió el saludo y aceptó los colores que se le entregaron. Luego la caballería, sus nombres valientes e históricos que databan de siglos atrás, antes del *Britrish Raj*: la Kachwa Horse, los Rajendra Hazari Guards, y algunas caballerías de otras provincias pasaron desfilando y una a una entregaron sus estandartes a Jai.

Todos nosotros, los espectadores, pudimos sentir las lágrimas humedeciendo nuestros ojos, pero Jai, con aspecto orgulloso y sombrío, miró orgulloso la perfecta ejecución de sus hombres, saludó a los colores y los aceptó cuando diversos oficiales se los entregaron. Sólo el regimiento favorito de Jai, los Guardias Sawai Man, que el mismo había fundado, mantuvieron su identidad cuando se incorporaron al ejército indio. Todavía se les conoce como el Décimo Séptimo de los Rifles de Rajputana (Sawai Man Guard). Todos los otros regimientos de caballería de Jaipur y algunas de las otras fuerzas estatales se unieron al 61 de Caballería, ahora el único regimiento de caballería que queda en India.

Durante la primavera de 1949, mientras estos cambios importantes tenían lugar en nuestras vidas, yo tuve una preocupación y esperanza privadas que tuvieron prioridad sobre todos los acontecimientos públicos. Los médicos habían confirmado que yo estaba embarazada y me recomendaron ser extremadamente cuidadosa, ya que había perdido al bebé que llevaba en dos ocasiones anteriores. Aquel verano, con todas las responsabilidades del nuevo cargo de Jai, no se cuestionó el salir al extranjero. Pasamos la mayor parte de nuestro tiempo en Jaipur, escapándonos a Cachemira sólo durante quince días cuando en Rajasthán hacía más calor.

A principios de octubre fui a Bombay, donde Ma tenía un piso, para esperar el nacimiento de mi hijo en la casa de mi madre. Mi hijo nació con dos semanas de adelanto, inmediatamente antes del festival de Diwali, el año nuevo indio, con sus luces y fuegos artificiales. Durante los primeros días de su vida, su pequeño cuerpo se conmocionaba de miedo cada vez que un petardo de Diwali estallaba en la calle fuera de mis ventanas.

Estaba muerta de miedo porque mi hijo parecía muy pequeño y me preocupaba continuamente que algo pudiese sucederle. Ma notó mi ansiedad y me dijo: "¿Qué es lo que pasa contigo? Tendrías que estar feliz de haber tenido un niño, pero pareces desgraciada."

Cuando le expliqué mis miedos, se rió y me aseguró que sólo porque el niño fuera pequeño no significaba que fuera necesariamente débil y que mi bebé era bastante normal y sano. Bhaiya estaba especialmente contento del nacimiento del bebé y vino a Bombay especialmente para ver a su sobrino.

Aunque Jaipur ya no tenía una identidad independiente como provincia, el pueblo todavía nos veía como su familia gobernante. Hubo gran regocijo público por el nacimiento de mi hijo y profunda alegría en toda la familia. El gobierno de Rajasthán declaró fiesta oficial en la ciudad de Jaipur y lanzó una salva en honor del niño, mientras el ministro en jefe y otros cargos del gobierno vinieron a Rambagh para felicitar a Jai. Es la costumbre que la primera persona que informa al Maharajá del nacimiento de su hijo es generosamente recompensada. En Bombay, Baby y una de mis damas de compañía que estaba conmigo compitieron por llegar al teléfono, sólo para advertir que no funcionaba. En Jaipur, fue uno de nuestros ayudas de cámara el que primero supo del nacimiento. Entró corriendo en la habitación de Jai para darle la noticia y después recibió un coche nuevo. Mi dama de compañía fue la primera en darle la noticia a Ma, y fue recompensada con un par de pendientes de rubíes y diamantes. El *pandit* que realizó el horóscopo de nuestro pequeño nos dijo que deberíamos darle un nombre que empezase con R o J. Jai decidió llamarle Jagat Singh, en memoria de uno de sus antepasados.

Bubbles, como hijo mayor, era por supuesto el obvio heredero. Es tradición, en esta situación, que el gobernante dé a sus otros hijos tierras y títulos. Los dos hijos de Jo Didi, Pat y Joel, habían recibido sus propias tierras y títulos, y también a Jagat se le concedieron. Algunos días después, el hermano mayor de Jai, Bahadur Singh, que no tenía hijos, "adoptó" a Jagat, de modo que heredase el título de rey de Isarda y las tierras.

Estas noticias aparecieron en los diarios bajo los titulares, "Maharaní entrega a su hijo de cinco años" y, de algún modo Jagat lo

Bhaiya y yo de camino a Londres, en la década de 1950.

Jagat, con cinco años, con su padre.

escuchó en los cotilleos de los criados y su cuidadora. Durante días estuvo preocupado e infeliz. No podía imaginarme que pasaba con él hasta que, por fin, le persuadí de contármelo y preguntó: "¿De verdad me vais a entregar papá y tú?" Furiosa con el personal por angustiarlo de esa manera, finalmente fui capaz de asegurarle que mamá y papá no le iban "a entregar" de ningún modo, sino que su tío, que no tenía hijos propios, quería darle un gran regalo cuando fuese mayor, y esto era todo. Me llevó algún tiempo convencerlo pero, al final, me creyó.

Durante los dos años siguientes al nacimiento de Jagat, nuestra vida se asemejó en algo al periodo de preguerra. Se retornó al polo y, a pesar de que la desaparición de los principados y de la mecanización de los regimientos de caballería del ejército habían limitado las posibilidades y el glamour del juego, Jai fue una vez más un héroe popular en los campos de polo. En 1950 el equipo argentino vino a jugar a India y pasamos tres agradables y competitivos meses de juego en Bombay, Delhi y Jaipur. Además de esto, Jai empezó enseguida a jugar en Inglaterra, donde el príncipe Felipe, que había vuelto recientemente de Malta, estaba dando nueva vida al juego. Compramos una finca cerca de East Grinstead llamada "Saint Hill" y cogimos un piso en Grosvenor Square en Londres. Con Bubbles, Joey y Pat yendo a Harrow uno tras el otro, Inglaterra se convirtió en nuestro segundo hogar.

Una espantosa tragedia rompió la tranquilidad de nuestras vidas. En 1951, Indrajit murió quemado cuando la casa en la que estaba en Darjeeling ardió. La noticia nos dejó sin sentido, como ocurrió con la gente de Kuch Bihar e incluso de las áreas circundantes, algunas de las cuales pertenecían a Pakistán Oriental. Había sido muy querido y ellos, como los Kuch Biharis, cerraron sus tiendas y negocios voluntariamente en señal de duelo.

Yo estaba profundamente triste y conmocionada, pero cuando pasó el periodo de luto tuve que volver a mis actividades diarias. Sabía que no se podía hacer nada con una pérdida tan grande, excepto mantenerme ocupada y permitir que el tiempo curase las heridas. En Jaipur esto no era difícil.

Durante los primeros años de la década, el cargo de Jai como *rajpramukh* continuó implicándonos en un montón de actos oficiales y llegué a conocer a una serie de personalidades interesantes de fama internacional. Entre los primeros estaba Lord y Lady Mountbatten. Lord Mountbatten conocía bien a Jai desde sus días de polo en Inglaterra. Jai había conocido por primera vez a Lady Mountbatten en su visita a Jaipur en 1921 cuando Jai, que era todavía un niño, sustituía a su padre adoptivo. Ella le recordaba como un joven encantador y siempre fue amable con él a partir de entonces. Lady Mountbatten me impresionó mucho por su calidez y su interés en todo, y no era un interés transitorio. Por ejemplo, cuando le mostré la escuela Maharaní Gayatri Devi conoció a Miss Lutter, quien en el curso de la conversación mencionó que estaba preocupada por una antigua alumna suya en Burma. Una semana después de dejar Jaipur, Lady Mountbatten había cuidado de que se hicieran las pesquisas necesarias y que se informara a Miss Lutter de las novedades sobre la estudiante.

El sucesor de Lord Mountbatten como gobernador general de India era Chakravarty Rajagopalachari, que también nos visitó, como hizo el Dr. Rajendra Prasad, el primer presidente cuando India optó por convertirse en una república. Muchos otros dignatarios indios y algunos extranjeros vinieron a Jaipur durante ese periodo y mi memoria está salpicada de pequeños incidentes que me emocionaron, desconcertaron o divirtieron. Recuerdo que el Dr. Ambdekar, líder de los Harijans, me conmovió intensamente al recordar la deuda que tenía con mi abuelo de Baroda, quien se hizo cargo de sus estudios cuando era un niño sin dinero y le dio su primera oportunidad en la vida pública.

La visita de Eleanor Roosevelt nos dio algunos momentos difíciles, ya que tenía que llegar el mismo día de la bulliciosa fiesta de Holi. Jai pidió al gobierno central que cambiasen la fecha, explicando que la gente de Jaipur jugaba a Holi con gran disfrute y que era muy factible que la señora Roosevelt fuese atacada con bolas de cera y mojada con agua y polvos de colores. Pero el gobierno de India no pudo cambiar la fecha y esperamos con inquietud la llegada de la señora Roosevelt en Holi. Jai decidió que la única cosa que se podía hacer, tan pronto como llegó a Jaipur, era cubrir sus mejillas con polvo rojo de modo que cualquiera que la viese daría por hecho que ya había tenido su ración de la generosidad del Holi y buscaría una nueva presa. Eso fue exactamente lo que ocurrió. Eleanor Roosevelt llegó a Rambagh con las mejillas encarnadas y perpleja, pero intacta.

Cuando Bulganin y Krushchev vinieron a Jaipur, les brindamos un gran banquete en el Palacio de la Ciudad. Recuerdo que Bulganin, cuando vio el esplendor del lugar, exclamó complacido, "*C'est magnifique!*" Me hice una impresión equivocada de esto y empecé a conversar con él directamente en francés, pero sin resultado, y tuve que volver a los intérpretes para el resto de la comida.

Jai nunca me había contado mucho de su trabajo y sus obligaciones oficiales. Sinceramente, yo nunca tuve particulares deseos de conocer los intrincados detalles de las tareas de estado. Jai solía darme a mecanografiar sus cartas e informes más confidenciales y, aunque yo estaba orgullosa de esta prueba de confianza, no estaba muy preocupada por los asuntos oficiales.

Hasta que Jai se convirtió en *rajpramukh,* a mí no me llamaron para hacer cosas oficiales, incluyendo los entretenimientos. Algunas veces oía fragmentos de conversaciones sobre problemas diversos y estaba encantada de no tener que lidiar con ellos. Podía fácilmente creer que la inexplicable reserva de paciencia y tacto de Jai le ayudaría a suavizar las rivalidades en el interior del estado de la Unión de Rajasthán, o a hacer frente al difícil trabajo de asignar responsabilidades. Pat confirmaba a menudo mi fe en la competencia de Jai diciendo: "Él es el mejor político de todo el grupo." Así que no fue sino hasta 1952 , cuando se celebraban en India las primeras elecciones generales, que la política empezó a tener un lugar importante en mi vida.

PARTE 3

PART 3

CAPÍTULO 14

El nuevo gobierno de la India

Naturalmente, todo indio estaba interesado en las elecciones generales, el primer experimento nacional con la democracia, pero nosotros teníamos una preocupación más personal debido a que el joven maharajá de Jodhpur se presentaba a elección para la Asamblea Legislativa de la Provincia de Rajasthán. Era el primo hermano de Jo Didi y competía desde un distrito electoral de su propia provincia contra el líder más poderoso del Partido del Congreso (Congress Party)en Jodhpur, Jai Narain Vyas. Obviamente, nuestras simpatías estaban con el maharajá, pero no nos estaba permitido hacer o decir nada. Como *rajpramukh*, Jai debía permanecer por encima de la política.

En aquel momento no había verdaderamente ningún partido político en India capaz de oponerse al Partido del Congreso, que proclamara ser el partido "del pueblo", el partido que condujo la exitosa lucha por la independencia. Los comunistas no eran una amenaza real, tampoco los candidatos del reaccionario y ortodoxo Hindu Mahasabha. Cualquiera que compitiera contra el candidato del Congreso estaba desafiando a un oponente desalentador. Sin embargo, el maharajá tuvo el coraje de presentarse, como independiente, sin el respaldo de un partido organizado, y de iniciar la oposición de otros candidatos del Partido del Congreso de Rajasthán.

El maharajá que conocíamos estaba lleno de motivación, interesado en asuntos públicos y política. Deseaba profundamente fomentar una oposición influyente frente al Partido del Congreso en Rajasthán. El primer paso era tener el mayor número de Independientes posible en la Asamblea Provincial para actuar como control y privar al Congreso de actuar a su voluntad.

Hacia el final de enero, mientras dábamos una gran cena en Rambagh, Jai tuvo que ausentarse repentinamente. No volvió, pero me envió un mensaje para que me reuniera con él. Me dijo que había recibido trágicas noticias de Jodhpur. El joven Maharajá había salido a volar en su avión para relajarse tras una dura campaña electoral y se había estrellado y muerto.

Estábamos profundamente agitados. Jai voló a Jodhpur a la mañana siguiente y el oponente del maharajá en el Congreso, Jai Narain Vyas, fue con él. El palacio en Jodhpur estaba rebosante de gente destrozada por la muerte de su soberano. Los rumores sobre la posibilidad de un sabotaje abundaban y cuando el gentío vio a Jai Narain Vyas se volvió muy amenazador. Se arremolinaron tras él y trataron de seguirlo al interior del palacio y sólo con gran dificultad pudo escapar ignominiosamente a través de la *zenana* y en un coche de *purdah*.

Dos días después, cuando se anunciaron los resultados de la elección, los titulares de los periódicos mostraban las noticias de que el maharajá de Jodhpur había vencido por una diferencia de 10.000 votos. Jai Narain Vyas había tenido tan mal resultado que había perdido su depósito. En los distritos electorales circundantes, treinta y tres de los treinta y cinco candidatos del maharajá habían ganado sus escaños. Todos deseamos, con gran tristeza, que hubiera vivido para ver los resultados de su duro trabajo. Pero en la reelección que tuvo que convocarse tras su muerte, Jai Narain Vyas, virtualmente sin oponentes, fue elegido y se convirtió en el ministro en jefe de Rajasthán. Con la muerte del maharajá no quedó nadie para liderar la oposición.

Fue la espantosa e insensata muerte del maharajá de Jodhpur y el resultado de la subsiguiente reelección lo que me hizo examinar por qué la gente de su provincia había votado como lo hizo. Cualquiera que fuera la situación en el resto de la India, en los antiguos principados la gente votaba, cuando tenía la oportunidad, con un sentido del vínculo ancestral entre el gobernante indio y sus súbditos. El programa político propiamente dicho era una consideración secundaria. Los líderes del Congreso estaban bien apercibidos de estos lazos de antigua lealtad y se habían movilizado, antes de las elecciones, para solicitar apoyo de príncipes y para pedir a miembros de varias familias reales que se presentasen a elecciones como candidatos del Congreso. Sabían la reacción que dichos candidatos obtendrían pero estaban, no obstante, molestos cuando los príncipes en la oposición del Partido del Congreso eran elegidos por amplias mayorías. Su enojo era suficientemente intenso para llevarlos a lanzar virulentas campañas alegando que los antiguos principados habían padecido de un terrible gobierno.

Como miembro de una familia gobernante, es difícil para mí refutar estas acusaciones sin sonar prejuiciosa o partidista. La mayoría de los príncipes que conozco admitirían que la calidad de la administración en las provincias varía grandemente, y verdaderamente ha habido casos de mal gobierno. Pero en la mayoría, los gobernantes reales han hecho todo lo posible por sus súbditos, y en algunos estados (Mysore, Gondal y Baroda, por ejemplo) la administración ha sido mejor que en las áreas circundantes. Quizá el hecho que los dejaba perplejos y que estaba tan claramente expuesto en las elecciones generales, era que el vínculo integral de respeto y afecto que existía entre la mayoría de los gobernantes y sus súbditos, ciertamente no acabó cuando las provincias reales se fusionaron con el resto de la India.

De hecho, elecciones aparte, no creo haber presenciado nunca en Jaipur una manifestación más impresionante y espontánea de lealtad y calor, que la del primer cumpleaños de Jai tras la fusión de la provincia. La gente se comportó exactamente como si Jai fuera aún su gobernante, vitoreándolo repetidamente cada vez que aparecía en público, colmándolo con mensajes de buena voluntad. Muy posiblemente fueron señales de este tipo las que llevaron a una mayor cautela y desconfianza en la actitud del Gobierno hacia los príncipes durante los siguientes años.

Mientras que algunos de estos puntos se alojaban en mi mente de forma inconsciente, yo estaba todavía muy implicada en otras actividades para prestar atención minuciosa a la política. Acababa de ser elegida presidenta de la Asociación de Badminton de India y me tomé mis deberes muy seriamente, viajando a reuniones por toda la India e incluso al extranjero. También era vicepresidenta de la Asociación de Tenis de India y eso también demandaba mucho tiempo y viajes. Aparte de mis actividades deportivas, estaba muy interesada en la Conferencia Pan-india de la Mujer (All-India Women´s Conference), la mayor organización de mujeres de India, de la cual mi abuela de Baroda había sido presidenta. Hacía campaña a favor del progreso social y educativo, y aunque su función no era verdaderamente política, había ocasiones (como la de obtener el voto para las mujeres) en las que sus actividades traslapaban el ámbito político. Recuerdo bien una reunión en concreto de la Conferencia Pan-india de la Mujer en Delhi porque me mostró bien clara y profundamente la curiosa, desigual y retorcida manera en que las ideas de cambio social estaban llegando a India. En aquella ocasión las delegadas, mujeres enérgicas, emancipadas, hablaron firmemente contra la represión de las mujeres bajo el código hindú. Demandaron el derecho de las mujeres hindúes a heredar, de las viudas a volver a casarse y de las mujeres a poder demandar el divorcio. A mí me pareció admirable, pero yo iba acompañada de una de mis damas de compañía y ella estaba de lo más disgustada por todo lo que oyó. ¿Por qué querían las delegadas introducir el divorcio?, me preguntó. Ciertamente las mujeres indias estaban mucho mejor tal y como estaban. Si se divorciaban de sus maridos, ¿quién se casaría con ellas? ¿Quién les daría vestimentas y comida y un techo sobre sus cabezas? Era la vieja discusión de la *zenana* y a través de ella podía oír a todas las damas de palacio protestando de la misma manera. Me pregunté entonces sobre la curiosa mezcla en la que me había convertido, en parte entendiendo y simpatizando con el modo de pensar de la *zenana* pero, todavía con mucho, el producto de la educación cosmopolita de Ma.

Cuando Jai y yo íbamos a Delhi nos albergábamos en la Casa de Jaipur. Alguna vez, todo el terreno sobre el que está construido Nueva Delhi pertenecía a la hacienda personal de los maharajáes de Jaipur, pero la propiedad había sido cedida al gobierno mucho tiempo atrás por el padre adoptivo de Jai, para la construcción de la nueva capital, a cambio de algunos pueblos del Punjab. Ahora sólo la "Columna de Jaipur", un elevado pilar de arenisca que se alza fuera del Palacio del Presidente, permanece como monumento al viejo acto de generosidad.

A nuestro alrededor, en el Delhi de los cincuenta, la vida social iba aumentando rápidamente en amplitud y animación a medida que más y más nuevas embajadas iban siendo acreditadas por el gobierno indio independiente. La Casa de Jaipur se convirtió en el escenario de constante actividad, y como anfitriona, hallé en mis responsabilidades sociales y el elevado nivel de entretenimiento que Jai demandaba, un reto y preocupación continuas. El me alentó en alguno de mis propios proyectos: por ejemplo, cuando decidí celebrar una exhibición de arte y artesanía de Jaipur en Delhi. Le pregunté si pensaba que el Primer Ministro, Pandit Jawaharlal Nehru, estaría deseoso de inaugurarla, Jai respondió bruscamente, "Bueno, nunca lo sabrás a menos que lo intentes". Para mi sorpresa y alivio, Pandit Nehru aceptó la invitación añadiendo para mi deleite que habitualmente no hacía este tipo de cosas pero que en este caso haría una excepción.

El día de la inauguración estaba vacilante, aterrorizada por el número de personas que habían venido y con pánico absoluto sobre qué tipo de discurso debería dar de bienvenida al Primer Ministro y solicitándole la inauguración de la exhibición. Cuando llegó, yo me encontraba en la entrada, capaz sólo de decir que estaba encantada de verle y que era muy amable de su parte el disponer de tiempo para venir a mi muestra. El asintió distraídamente y me preguntó qué se suponía que debía hacer. Yo le dije: "Bueno…mmm, déjeme pensar; mmm, tan sólo declare inaugurada la exhibición".

"¿Porqué no? dijo, y tomó las tijeras que le entregué, rápidamente tijereteó el lazo que cruzaba el pasillo principal, y anunció "Declaro esta exhibición abierta al público".

Todo finalizó en un momento y yo, sorprendentemente, había escapado sin tener que dar un discurso y pude entonces disfrutar mostrando al primer ministro el precioso trabajo de los artesanos de Jaipur, del cual yo estaba sinceramente orgullosa. Fue un invitado maravillosamente apreciativo, con gran encanto y un entusiasmo casi juvenil. En aquellos días, Jai y yo lo veíamos a menudo, tanto en recepciones oficiales como en otras ocasiones más informales. Le encantaba ver los partidos de polo y nosotros siempre sentimos el más cálido afecto y respeto por él.

En Octubre de 1956, el ministro de asuntos interiores del Gobierno Central, el Primer Ministro, Pandit Nehru, y el presidente de India, el Dr. Rajendra Prasad, escribieron a Jai informándole que, aunque apreciaban el modo en que él había "cumplido los onerosos deberes de su elevado cargo", el propio cargo de *rajpramukh* iba a finalizar. Estas noticias llegaron completamente de sorpresa. En ningún momento Jai había sido consultado o previamente advertido y estaba dolido. Cuando fue designado *rajpramukh*, aseguraron a Jai que mantendría ese cargo de por vida y que la continuación del cargo había sido establecida en la constitución de India.

En sus cartas de respuesta, Jai señaló estos temas y añadió, "Me parece de lo más doloroso que, a pesar de la sincera cooperación y entera lealtad por mi parte a lo largo de siete años, mis relaciones oficiales con la administración del estado deban cesar de manera tan repentina". El había, después de todo, confiado en que el Gobierno hiciera honor a su parte del acuerdo.

Lo sentí profundamente por Jai, aunque a pesar de su profundo dolor nunca pronunció una palabra de amargura incluso cuando Pandit Nehru le escribió, contestando a su carta con el seco comentario de que "la Constitución no puede estar petrificada". Empecé, entonces, a cuestionar la integridad de un gobierno que podía retraerse, tan despreocupadamente, de un acuerdo santificado en la Constitución. Si era necesario para el bien del país, debían realizarse cambios, sin duda, pero seguramente no sin consultar a todas las partes implicadas.

En aquel tiempo, nuestro hijito Jagat, vino un día a casa perplejo desde la escuela. Los otros niños le habían dicho que su padre ya no era más el hombre más importante de Jaipur. Entonces tuvimos que explicarle el confuso asunto de cómo papá había sido algo llamado un *rajpramukh*, más importante que un Maharajá, pero que ahora no iba a haber ningún *rajpramukh* más y que había un nuevo gobernador de Rajasthán, pero la posición de papá entre la gente de Jaipur iba a mantenerse igual. Cuánto entendió de todo esto, no lo sé verdaderamente, pero entendió inmediatamente y de manera práctica los otros cambios que Jai estaba haciendo. Jai decidió, por ejemplo, que teníamos que reducir nuestros gastos y, como primer paso, renunciamos a nuestro avión privado. Habiendo tenido siempre un avión a mi disposición desde los veintiuno, estaba bastante malcriada. Jagat, con siete años, me consoló. "No estés infeliz, mamá. Tú y papá continuaréis yendo a todas partes. Esto sólo nos afectará a Kismet y a mí". Kismet era el pastor alsaciano de Jai, el último de una larga serie de alsacianos que Jai tuvo. El razonamiento lleno de sentido común de Jagat me encantó y en seguida me resigné a la idea de que no tendría nunca más un avión privado.

Jai, con su habitual resistencia, fue rápidamente absorbido por otros menesteres. India había sido invitada a enviar un equipo de polo a Inglaterra para competir en una serie de partidos internacionales que tendrían lugar en el verano de 1957. Fue tarea de Jai, como presidente de la Asociación de Polo de India, el seleccionar a los jugadores y realizar los preparativos necesarios. Esta era la primera vez que un equipo que representaba a India iba al extranjero (anteriormente los equipos habían salido exclusivamente de una a otra de las provincias principescas) y la responsabilidad de escoger a los jugadores y organizar dicha expedición era absorbente y complicada. Personas de toda India fueron de lo más generosas con su ayuda y se ofrecieron a prestar sus mejores caballos para el equipo, incluso cuando sus propios jugadores no estuviesen representados en él. Pero en aquel momento el Canal de Suez estaba cerrado y eso hizo imposible para nosotros enviar caballos de polo desde India. De modo que Jai tendría que encontrar monturas para su equipo en Europa.

Fue mientras Jai estaba inmerso en los detalles de la preparación de este importante torneo de polo que, bastante inesperadamente, recibí una petición de que yo (entre toda la gente) debería empezar a jugar un papel en la política India. El ministro en jefe de Rajasthán vino a visitarme una tarde y me preguntó si consideraría presentarme como candidato del Partido del Congreso desde el distrito electoral parlamentario de Jaipur.

Mi primera reacción fue la de completo asombro ante el hecho de que alguien pudiese imaginar que yo tuviera la más mínima intención de presentarme al Parlamento. Mi segunda reacción, igualmente instintiva, fue la de que nunca sabría como aparecer en público dando discursos y haciendo campaña. Aunque tenía muchas menos restricciones sobre dónde podía ir y qué podía hacer entonces de las que había tenido cuando llegué por primera vez a Jaipur, esa formación temprana se resistía aún a desaparecer. Mi tercera, después de pensar brevemente, fue que no estaba en absoluto segura de estar de acuerdo con las políticas del Partido del Congreso.

El Partido del Congreso, en muchas partes del país, estaba empezando a adquirir una reputación de corrupción y nepotismo. En Rajasthán, como en otros lugares, los ministros pusieron en puestos de responsabilidad del gobierno a sus protegidos o la gente que les había ayudado en las elecciones, quienes carecían de la preparación y experiencia para ocuparlos con aptitud. Se rumoreaba que cuando los contratos del gobierno se asignaban a empresas privadas, eran propensos a acudir a quienquiera que diera al ministro en cuestión la mayor cantidad de dinero bajo mano. Vimos los efectos de esta práctica en las cosas ordinarias con las que se topa cualquiera que pague impuestos. El estado de las carreteras,

Jai dando la mano al presidente de India, el dr. Radhakrishnan.

Pandit Nehru y Jai, tras un juego de polo. (en la década de 1950)

por ejemplo, era deplorable. Había baches por todas partes y en algunos lugares las lluvias se habían llevado las carreteras por completo. Se había asignado dinero para reparaciones pero no sabíamos a dónde fue a parar.

La región de Jaipur había sido bastante bien conocida por su sistema de presas y las obras de irrigación, construidos mayormente en el tiempo del abuelo adoptivo de Jai. Habían durado de manera excelente a través de inundaciones y sequías debido a que habían sido maravillosamente construidos al comienzo y cuidadosamente mantenidos después. Cuando el gobierno del Congreso tomó el poder, el mantenimiento de las presas fue distribuido a nuevos contratistas, escogidos por razones políticas. Las reparaciones se realizaron con materiales de inferior calidad y se prestó, únicamente, la atención más superficial a los sistemas. Una vez, tras fuertes lluvias, una de las presas se rompió: una calamidad que podía haberse evitado fácilmente con la apertura de las exclusas. El hombre a cargo de la presa se encontraba en el cine en Jaipur. Docenas de pueblos se inundaron y las cosechas fueron estropeadas.

Incluso los estudiantes que solicitaban becas o admisión a colegio mayor eran escogidos por resortes políticos. En Jaipur estaba descaradamente claro que un cierto número de plazas fueron reservadas para los familiares de los ministros. Jai había escrito a Pandit Nehru algún tiempo antes contándole que la corrupción en el gobierno del Congreso de la provincia estaba llevando al a la administración y la justicia a un colapso. Pero no se tomó ninguna acción que pudiésemos observar como resultado de su carta.

En cualquier caso, lo que le dije al ministro en jefe aquella tarde fue que tendría que consultar a mi marido. Me contestó que no había una prisa inmediata, que debería meditarlo y darle una respuesta en los próximos dos o tres días.

Corrí a Jai para explicarle mis asombrosas nuevas, pero él simplemente me miró con una sonrisa divertida. Sólo entonces caí en la cuenta de que el ministro en jefe nunca habría hablado conmigo sin consultar a Jai primero y Jai debía haberle dicho que hablara conmigo personalmente sobre su sugerencia. Era propio del sentido del humor de Jai no advertirme previamente y disfrutar del espectáculo de mi sorpresa.

Debatimos toda la cuestión una y otra vez. En esas charlas empecé a darme cuenta de que, aunque había pensado poco en política de manera consciente, en algún lugar de mi mente se habían ido formando ideas, opiniones y argumentos. Ahora, cuando Jai me dijo que él pensaba que yo sería capaz de hacer algo útil por Jaipur si me unía al Partido del Congreso, sentí que sería poco honrado hacer eso, puesto que yo no creía completamente en sus políticas y no me gustaban los resultados de su administración. Había sido magnífico, decía yo para mis adentros, cuando había estado dirigido por Mahatma Gandhi y cuando sus seguidores habían sido idealistas trabajando hacia la meta de la independencia. Pero ahora, le dije a Jai, ¡míralo! El Partido del Congreso, con la consecución del poder, se había convertido en el *establishment* y, por lo que yo podía ver, estaba atrayendo gente más preocupada por una carrera lucrativa que por procurar lo mejor para India. ¿Y qué hay sobre toda esa austeridad que predicaban, apremiando a otra gente a apretarse sus cinturones? No se podía observar a ninguno de ellos apretándose sus cinturones. Ciertamente no. Los miembros del Partido del Congreso parecían considerarse a sí mismos como una clase privilegiada y se volvían cada día más y más opulentos. ¡Cómo se hubiera entristecido Gandhi! El siempre hubiera querido que el Partido del Congreso se disolviese una vez conseguida la independencia, de modo que pudieran formarse nuevos partidos. En su lugar, el gobierno del Congreso permaneció monolítico y ahora lo más importante que podríamos hacer sería ayudar a formar una fuerte oposición, una que pudiera mantener al Congreso a raya de manera efectiva.

Difícilmente podía creerlo, pero casi sin querer había hecho un discurso político. Y Jai continuó allí sentado, sonriéndome. Me instó a llevar mis argumentos más allá, para expresar la sensación que tenía de que cada día era más aparente que la gente no estaba contenta y a llegar al punto de decir, finalmente, que quizá sólo metiéndome en política era como podría dar alguna ayuda para tratar de enderezar las cosas.

Una y otra vez, los grupos que se juntaban a las puertas de Rambagh, como habían hecho siempre para llamar la atención de Jai, se quejaban de los nuevos impuestos que se gravaban sobre ellos y del aumento de los precios. Difícilmente llegaban a fin de mes y ahora no había nadie en el gobierno que tuviera tiempo para escucharlos, nadie que creyera que era su responsabilidad ayudar. Cuando Jai había sido *rajpramukh*, había sido capaz de negociar en nombre de su gente con los funcionarios del gobierno, pero ahora no tenía autoridad para interferir e incluso cuando lo intentó fue casi imposible concretar el funcionario correcto, mucho menos conseguir que hicieran algo. Jai no podía hacer nada más que mirar mientras las cosas iban de mal en peor en su querida provincia. Supongo que fue por eso que Jai me animó a pensar las cosas por mí misma y esperaba que yo concluyera que, efectivamente, podría ser capaz de hacer algo bueno si me convertía en miembro del Parlamento.

El rumor de que pudiera unirme al Partido del Congreso se extendió rápidamente por toda la provincia. Un joven que había sido anteriormente un oficial de los guardaespaldas personales de Jai vino a verme. Era uno de los nobles de la provincia de Jaipur y se había unido al partido en la oposición al Congreso, junto con el joven maharajá de Jodhpur, que había muerto tan trágicamente. Explicó que se había formado un nuevo partido en Rajasthán, siguiendo la línea de oposición al Congreso en el gobierno. Me dijo que si yo me unía al Congreso, el nuevo partido de la oposición se encontraría en una posición de desesperada debilidad y me suplicó que reconsiderara tal jugada. Esta breve entrevista fue lo que me decidió. Si mis principios significaban algo, entonces no podía ayudar a debilitar un honrado partido de la oposición, aunque todavía no podía ponerme de su lado. Di al ministro en jefe mi respuesta ese día. No podía aceptar su oferta.

También Jai había sido abordado por líderes de la oposición y le habían solicitado por lo menos hablar en su nombre, pero él continuaba pensando que él debería mantenerse neutral a pesar de que ya no era más *rajpramukh*. Así, en 1957 nadie de nuestra familia se presentó a las elecciones y, dejando detrás de nosotros la política por aquel verano, nos fuimos a Inglaterra con el equipo indio de polo.

Los campos de polo de Cowdray Park nunca se habían visto tan atractivos, con gallardos gauchos de la Argentina compitiendo contra indios en sus turbantes increíblemente coloridos, todo frente al encantador marco de la campiña inglesa. Nuestro equipo tuvo una serie de accidentes y no le fue tan bien como habíamos esperado, pero tras la temporada inglesa, el equipo de polo indio fue invitado a jugar en Deauville. Allí estuvimos con el príncipe Ali Khan, que hablaba de carreras mientras Jai hablaba de polo, y los dos se dejaron llevar por su pasión por los caballos. Deauville era refrescantemente alegre y despreocupado, con carreras y polo durante todo el día y tardes de espectacular gala en el casino, todo culminando con la obtención de la Copa de Oro por el equipo indio. Era fácil olvidarse de todo lo que estaba pasando en India.

Volvimos a casa con un sentimiento de triunfo. Pero casi inmediatamente, mis primeros enfrentamientos con el gobierno empezaron: casi literalmente, en nuestro propio peldaño. Tanto Jai como yo estábamos horrorizados de ver que los hermosos muros de la antigua ciudad y sus puertas, construidos para proteger a Jaipur de los invasores y profundamente unidos a su historia, estaban siendo demolidos. Para mí, este era el máximo acto de vandalismo: vandalismo patrocinado por el gobierno.

Casi no se había erigido ningún edificio nuevo después de que Jai entregara la administración de su provincia. (Aún hoy la mayoría de las escuelas, colegios mayores, hospitales, depósitos de agua y parques son los que él construyó hace veinticinco años). Los edificios existentes fueron tristemente descuidados, y parecía haber una ausencia total de cualquier tipo de control o planificación razonables. Jai había prohibido ningún nuevo edificio dentro de los muros de la ciudad porque la ciudad interior ya estaba poblada al límite de su capacidad y había insistido que cualquier expansión debería tener lugar en suburbios adecuadamente planeados. Todo esto había sido olvidado, igual que el nuevo gobierno había olvidado sus proyectos para reubicar y rehabilitar los cientos de miles de refugiados que habían entrado en tropel desde Pakistán. A esos refugiados se les había permitido levantar tiendas y cobertizos a lo largo de los muros de la ciudad, aumentado la miseria de una ya superpoblada área. Bajo el nuevo gobierno provincial se habían nombrado funcionarios con poco sentido de responsabilidad social y sin experiencia en planificación urbana y se les permitió obrar a voluntad.

Jaipur era el hogar de Jai. Amaba su hermosa capital y estaba orgulloso de ella con razón. Bajo su mandato todo se había mantenido correctamente, habían vuelto a pintar los edificios con regularidad con el característico rosa de Jaipur y no se había permitido que nada estropeara un estilo de arquitectura que había sido tradicional desde el tiempo del maharajá Hawai Jai Singh, fundador de la ciudad de Jaipur. Cada gobernante

El Ministro en jefe de Rajasthán leyendo la toma de juramento a Jai.

Jai caminando con Nehru y miembros del gabinete.

había construido con miras a realzar la belleza de la capital, no estropearla. Y Jai, más que nadie, no hubiera permitido jamás que se deteriorara de este modo chapucero e insensato.

Sin embargo, bajo el nuevo gobierno, incluso los soportales que discurrían por las calles principales permitiendo a los peatones caminar bajo la sombra, desaparecieron cuando se permitió a los tenderos cerrarlos para su uso personal. Los balcones y las terrazas empezaban a desmoronarse, la suciedad se acumulaba en las cunetas y seamontonaba en capas junto a las casas y en las aceras, las paredes estaban pintarrajeadas con anuncios vulgares y chillones y las nuevas autoridades cerraban los ojos a construcciones no autorizadas en zonas abiertas: parques y áreas comunes. Cuando los turistas del Jaipur de hoy piensan que estoy exagerando el cambio que ha tenido lugar, les muestro las viejas fotografías de la ciudad de modo que pueden verlo por sí mismos. Encuentro difícil mirar las fotografías yo misma. Son un recuerdo demasiado vívido del encanto que era Jaipur.

En aquel retorno de Inglaterra, cuando vimos el daño sin sentido que se estaba haciendo a las hermosas murallas de la vieja ciudad, seguí insistiendo en que Jai debía hacer algo sobre aquella profanación. Él insistió en que ya no tenía una posición de autoridad y que sería muy difícil hablar con gente que obviamente pensaba que era necesario derrumbar viejas murallas obsoletas. Traté, desesperada, de ver al ministro en jefe yo misma, pero siempre estaba ocupado y rehusaba verme.

Me sentí desdichada, pero sabía que había una persona que ayudaría: nuestro Primer Ministro, Pandit Nehru. Él tenía un profundo sentido de la historia y de nuestra herencia cultural. Estaba segura de que desaprobaría lo que se estaba haciendo en Jaipur. Pero al mismo tiempo, sabía que era un hombre ocupado y dudé en molestarlo con lo que podría parecer un asunto interno sin importancia. Le escribí dos cartas y destruí ambas. Finalmente, escribí una tercera y la envié inmediatamente antes de que tuviera oportunidad de cambiar de opinión y romperla también.

En dos días recibí una respuesta:

Querida Ayesha,

He recibido su carta. Es un sacrilegio lo que están haciendo en

Jaipur. Estoy escribiendo al ministro en jefe para que ese trabajo sea detenido inmediatamente.

Le saluda atentamente,

(Firmado) Jawaharlal Nehru

Tras aquello, el gobierno decidió que no debía hacerse nada que estropeara el carácter de la ciudad y que si había que realizar algún cambio, consultarían a Jai. De haber sido más cínica, o posiblemente sólo más experimentada, hubiera sabido que esta tregua iba a durar poco tiempo, que de nuevo iba a asentarse el deterioro y que, después de todo, nosotros tendríamos que ver Jaipur degenerar en una sórdida y desfigurada ciudad. En aquel momento pensé que había ganado una maravillosa victoria por Jaipur.

Poco después, un dramático cambio tuvo lugar aún más cerca de nuestro hogar: no simplemente en nuestro peldaño. Durante la temporada de polo de Delhi aquel invierno, Bubbles y yo fuimos a una comida dada por los Oberois, los mayores hoteleros de India, y oímos por casualidad conversaciones sobre los planes de convertir Rambagh en un hotel. Ni Bubbles ni yo habíamos oído antes nada sobre ese catastrófico proyecto y tras consultarnos uno al otro brevemente, nos disculpamos y corrimos de vuelta para enfrentar a Jai con las noticias. Le contamos atropelladamente la historia, con la certeza de que debía ser tan sólo algún rumor ridículo que él rápidamente disiparía. En su lugar, simplemente sonrió. Yo conocía esa sonrisa. Significaba que la historia era cierta y que él la conocía por completo. No había querido decirnos nada antes de que todo estuviera resuelto. Temía que nos disgustásemos.

¡Disgustarnos! Nos quedamos sin habla. Jai nos explicó pacientemente que los tiempos habían cambiado y que ya no era posible mantener Rambagh en el modo en que siempre lo había sido y merecía ser mantenido. También pensaba que puesto que ya no era más *rajpramukh*, o siquiera el gobernante de Jaipur, era innecesario que viviésemos según nuestro anterior estilo de vida. Si Rambagh iba a ser mantenido de modo adecuado, debíamos renunciar a él por una causa de público interés. A Jaipur le hacía gran falta un buen hotel.

Me sentí destrozada, al igual que Jo Didi cuando oyó las noticias. Durante casi media vida (más para Jo Didi), Rambagh había sido el centro de mis actividades y de mi lealtad. Era mi hogar. Ambas suplicamos a Jai que cambiara de opinión, pero se mantuvo firme. Otros maharajáes fueron críticos con Jai cuando supieron del proyecto. Parecía un símbolo tan concreto de la desaparición de nuestro modo de vida. Jai fue el primero de los príncipes en convertir su palacio en un hotel, pero tras unos años, otros siguieron su ejemplo.

Resultó ser que Jo Didi nunca tuvo que abandonar Rambagh. Aquel verano de 1958, Jai y yo habíamos confiado Jagat a su cuidado mientras nosotros nos íbamos a Delhi de camino a Inglaterra. Yo sabía que había sufrido por algún tiempo una enfermedad de la vesícula biliar, pero cuando me fui a despedir de ella parecía de un ánimo excelente e incluso bromeó sobre su dolencia, diciéndome que era una manera fantástica de perder peso pero que planeaba ir a Delhi para tratamiento.

Poco después de nuestra salida, sufrió un colapso. Rehusó ver a un médico y tristemente, enloquecedoramente, todas sus damas de compañía fueron demasiado obedientes a sus deseos como para llamar a un doctor por propia iniciativa. Sólo Jagat, que tenía nueve años, insistió en solicitar un doctor pero nadie prestó atención a las demandas de un niño pequeño. En pocas horas Jo Didi murió.

Le anunciaron la noticia a Bubbles por teléfono, quien entonces era el jefe de la guardia personal del presidente en Delhi. Él tuvo que dar la noticia a Jai, al que finalmente localizó en el aeropuerto. Cuando llegué un poco después, encontré a Jai aturdido y sin palabras y Bubbles me susurró lo que había sucedido. Volvimos a entrar en los coches y conducimos las 200 millas hasta Jaipur. Se envió a recoger a Joey y Pat, que estaban trabajando en Calcuta. Fue un infeliz grupito el que se juntó en Rambagh para vivir los trece días de luto tradicionales allí, los últimos que íbamos a pasar en nuestro viejo hogar. Hubo mucho tiempo para pensar cuando íbamos al Palacio de la Ciudad para recibir las visitas que venían a presentar sus condolencias, horas en las que mi mente rememoró los años en que conocí a Jo Didi, recordándola cuando era joven, hermosa y una animada compañía.

Recordé cómo, cuando estábamos todos juntos en Bangalore

durante la luna de miel de Jai y mía, alguien me repitió un comentario trivial oído por casualidad en las carreras. Era un día ventoso y mi pelo y el borde de mi sari ondeaban, como siempre, de manera bastante incontrolable. Un asistente a las carreras, viéndome por primera vez, había dicho, "¿Es aquella la nueva maharani? Su Alteza Segunda es mucho más elegante." Pero sobre todo pensaba qué extraordinario era que Jo Didi y yo hubiéramos devenido tan cercanas, disfrutando mutuamente de nuestra compañía, confiando a la otra nuestros hijos, riendo y cotilleando juntas.

Pareció irónico que nuestros últimos días en Rambagh debieran ser tan infelices cuando yo (y estoy segura que también Jai y los chicos) lo asociaba con toda la alegría y buenos tiempos de nuestra vida allí juntos. Mi mente estaba llena de recuerdos de fiestas y alegres ocasiones de los viejos tiempos y de pequeños detalles como los inverosímiles chillidos de los pavos reales que acostumbraban despertarme en las mañanas de estío, y los cantos de los pájaros en otras épocas del año. Hasta el joven Jagat captó el pesaroso ambiente. En nuestra última noche en Rambagh, él estaba en su habitación y su asistente le dijo que se apresurara a acostarse por que se hacía tarde. Jagat alzó la mirada y dijo, "Me pregunto si veré este techo de nuevo y si volveré a beber leche en esta habitación otra vez".

Nuestra nueva casa estaba muy próxima a Rambagh. Había sido la antigua Residencia Británica, la cual habíamos convertido en una casa de invitados durante la boda de Mickey y ahora habíamos remodelado de nuevo para nuestras propias necesidades. Era mucho más pequeña que Rambagh, pero cuando los trabajadores finalizaron tenía encanto y carácter y un ambiente agradablemente informal. La rebautizamos como Rajmahal, y nos mudamos allí a finales de año. Poco después Rambagh se abrió como hotel de lujo.

Durante largo tiempo no pude acostumbrarme a la idea de que la gente pudiera ir y venir a voluntad en nuestro antiguo hogar y Jai se quejaba, entre divertido e irritado, de que trataba a los huéspedes del hotel como intrusos. En una ocasión, antes de que nuestra piscina de Rajmahal estuviera acabada, fue a la piscina de Rambagh y descubrió a una de mis criadas situada fuera para mantener a los huéspedes del hotel alejados mientras yo hacía mi natación matutina. Tras aquello, insistió en que tenía que aceptar realmente el hecho de que mientras los huéspedes del hotel pagasen sus cuentas, tenían tanto derecho a estar en el palacio como yo.

Una de las consecuencias constructivas de nuestra reducida vida fue la apertura de un museo en el Palacio de la Ciudad. Por largo tiempo, los tesoros de la familia Jaipur se habían albergado allí pero, aunque frecuentemente se había permitido a los estudiosos consultar los antiguos manuscritos y tantos otros habían venido a ver los edificios o la fabulosa colección de alfombras, el palacio no había estado abierto al público. Ahora que Rambagh se había convertido en un hotel y que también habíamos renunciado a nuestra casa en Delhi, teníamos muchas cosas para almacenar. Decidimos vaciar las salas de almacenaje en el Palacio de la Ciudad para hacer sitio para los contenidos de Rambagh y Jaipur House.

Se dio orden al personal del Palacio de la Ciudad para que sacaran todo fuera de las salas de almacenaje y reunirlo todo para subasta, dividiéndolo en pequeños lotes, cada uno de un valor aproximado de cuatro libras Inglesas. Había incontables objetos que iban desde objetos de latón y utensilios de cocina hasta viejos atuendos y chales estilo *rajput*. Muchas de las cosas eran de poco interés o valor, pero algunas eran maravillosas antigüedades que nunca debieron separarse de la colección Jaipur. Cuando pienso en el poco cuidado con que se vendieron aquellos objetos por no más de una fracción de su valor real, me recrimino haber estado tan abrumada por la cantidad de objetos que se presentó que no los revisé con la debida atención. Asistí a las subastas y había muchos objetos que captaron mi atención: encantadoras casitas de muñecas de estilo indio para las que no pude pensar en ningún uso posible y tuve que dejarlas ir tristemente; pero algunos vidrios del periodo mongol que me parecieron bonitos los aparté, para descubrir después que tenían gran valor.

Cuando vi objetos de la "pilkhanna" siendo vendidos protesté enérgicamente, en parte por mis sentimientos hacia los elefantes, pero me dijeron que poseíamos grandes cantidades de tales objetos y que debíamos deshacernos de algunos. Traté asunto con Jai y le rogué que me permitiera guardar las joyas de elefantes que engalanaban a los animales en los festivales y ceremonias, que consisten en ajorcas de plata, oro y gemas y placas para sus frentes, junto con los preciosos brocados para sus gualdrapas y caperuzas. También había riendas para los caballos, camellos y novillos que llevaban los carros ceremoniales. No es que yo personalmente tomase a mal el que todas esas cosas fueran malvendidas, pero creía profundamente que su lugar adecuado era en la colección Jaipur donde pudieran ser vistas en un museo en su marco histórico correcto. Formaban parte de la herencia cultural de toda la gente de la provincia de Jaipur y no sólo de la familia gobernante de Jaipur. Jai estuvo de acuerdo y toda la joyería y ornamentos fueron almacenados por separado para una posterior muestra al público.

Cuando se completaron los preparativos para el Museo del Palacio de la Ciudad, toda la colección Jaipur se pudo mostrar al público y al creciente número de turistas que visitaban la ciudad. Hoy, el museo tiene, además de su colección de alfombras y antiguos manuscritos, soberbias miniaturas, armas talladas tradicionalmente y hermosamente diseñadas, textiles que van desde los bordados dorados de Benarés hasta el más suave de los chales de Kashmir. Los maharajáes de Jaipur habían sido mecenas del arte durante siglos y su colección fue creciendo a lo largo de los años con experiencia y generosidad.

Al fundar el museo, llegué a aprender más sobre estas colecciones y a apreciar cuán excelentes eran las nuevas exposiciones. Mis favoritos eran las numerosas pinturas mongoles y *rajput* realizadas en el más excelente papel de arroz, las líneas trazadas con pincel de una sola cerda y las pinturas mezcladas con los más costosos y brillantes ingredientes: polvo de rubíes, lapislázuli y oro. Pasé horas examinando esas pinturas, intentando sin éxito decidir cuál me gustaba más. Había escenas de la mitología hindú, episodios de la vida de los grandes emperadores mongoles, retratos de antiguos gobernantes de Jaipur y en contraste con la extrema delicadeza de las miniaturas, enormes, vívidas, exuberantes pinturas de escenas de amor entre el dios Krishna y Radha.

Convertimos la cámara de audiencia principal en la que Jai había celebrado sus *darbar* públicos y otras ceremonias en otra galería de arte. Otra sala se convirtió en la biblioteca real y ahora alberga cincuenta mil manuscritos, algunos que datan del siglo XII. Es una de las bibliotecas orientales privadas más completas del mundo. Casi todas las lenguas principales de India están representadas: sánscrito, hindi, urdu, bengalí, marathi, assamés, oriya, gujarati, persa, árabe; y la colección cubre un enorme rango de materias, incluyendo escrituras sánscritas, historia, filosofía, tantrismo, poesía, drama, lexicografía, música, erótica, medicina y ciencia veterinaria. En la galería encima de otra cámara de audiencia, exhibimos los textiles, mientras que otro grupo de habitaciones se convirtió en la muestra de armamento. Este conjunto de armas de Jaipur es conocido por ser uno de los más excelentes de toda India y contiene casi cada tipo de arma antigua imaginable, así como curiosidades tales como pistolas diseñadas especialmente para ser disparadas desde los lomos de un camello y objetos tan exquisitos como las espadas ceremoniales que todavía llevan los nobles. Hasta que no vi el armamento de Jaipur nunca me di cuenta de que las armas de guerra pudieran ser tan hermosas. Había recipientes para pólvora tallados en marfil, embellecidos con complicados diseños o delicadamente ornados con conchas de erizos de mar; dicen que un maestro artesano tarda un año completo en hacer uno de éstos. Había dagas doradas con empuñaduras de cristal trabajado, pistolas con cañones recubiertos con oro y culatas incrustadas con marfil y nácar, espadas ceremoniales con incrustaciones de piedras preciosas y dagas con empuñaduras que semejaban cabezas de animales.

Desde que lo inauguramos, el Museo del Palacio de la Ciudad ha atraído un flujo regular de visitantes, incluyendo mucha gente de ultramar. Y así, a la profunda satisfacción que me procuró el ayudar a preservar los gloriosos objetos de la colección Jaipur, se ha añadido el placer de ver sus tesoros admirados y disfrutados tanto por las gentes de Jaipur como por el público en general.

Mientras tanto, el gran complejo de viviendas que constituía el Palacio de la Ciudad había sido desmantelado. Tras las muertes de la maharani Dowager, luego Su Alteza Primera, y más recientemente, Jo Didi, los alojamientos de la *zenana* se redujeron gradualmente. Mucho personal de los séquitos fue empleado por el museo y a aquéllos a los que no se pudo encontrar empleo, los viejos sirvientes y los eunucos, Jai les dio a todos tierras o una pensión. Ahora los empleados del museo viven en el Palacio de la Ciudad y el bullicio y la sensación de vida la proporcionan los turistas que se agolpan en los viejos patios.

CAPÍTULO 15

El Partido Independiente

Fue en 1960 cuando hice mi entrada oficial en política. El año anterior, cuando Jai y yo habíamos ido a Bombay (ahora Mumbai) a ver a Ma, habíamos oído a nuestros amigos hablar con entusiasmo sobre un nuevo partido llamado *Swatantra* ("Independiente") *Party*. Ahora por lo menos, o así decía la gente, había alguna esperanza de oposición efectiva al Partido del Congreso, tanto en el país como en el Parlamento.

El líder del nuevo partido era Chakravarty Rajagopalachari, el reconocido hombre de estado de mayor edad en India, que había sido uno de los compañeros cercanos de Mahatma Gandhi durante la larga lucha por la Independencia y que posteriormente había sido la clara elección para suceder a Lord Mountbatten como gobernador general de India. Se había separado del Partido del Congreso el año anterior, porque creía que la aceptación del primer ministro Nehru de la doctrina socialista distaba mucho de velar por las necesidades de los indios.

La desavenencia entre Rajaji, como era respetuosamente conocido, y el Partido del Congreso surgió especialmente sobre la cuestión de agricultura cooperativa. Los altos cargos del Congreso estaban intentando impulsar la idea de granjas cooperativas entre los aldeanos de India. Rajaji pensaba que esto sería un error en un país tan enraizado en la idea y la tradición de la propiedad hereditaria, entre gentes para quienes su mayor seguridad se basaba en la tenencia de tierra, por pequeña que fuera, la cual sabían que era *suya* y que habían heredado de sus padres y legarían a sus hijos. Las divergencias de Rajaji con el Partido del Congreso fueron mucho más variadas que esto, pero quizá ésta fue la más profunda y la más inclusiva.

Rajaji pronto encontró apoyos y seguidores para su nuevo partido, muchos de ellos antiguos seguidores del Partido del Congreso que ahora estaban desilusionados por el comportamiento del partido una vez que obtuvo el poder. También hubo muchos como yo, que nunca habían pertenecido a un partido político anteriormente y que, aunque lo hubiesen deseado, no habrían podido hallar uno que expresara opiniones moderadas y liberales. Rechazaban el socialismo encaminado al desorden del Partido del Congreso y los proyectos aun menos prácticos de los socialistas, y no podían aprobar el extremismo de izquierdas de los comunistas, o de derechas del ortodoxo Hindu Jana Sangh Party, de orientación religiosa.

Rajaji estaba de acuerdo con la opinión de Gandhi de que el mejor gobierno es aquél que interfiere lo menos posible en las vidas de sus ciudadanos. Para todos nosotros, el Partido Independiente y el realismo inteligente de Rajaji nos parecieron una isla de sensatez en los turbulentos mares políticos que nos rodeaban.

Conocí a Rajaji por primera vez cuando él era gobernador general y había venido a Jaipur en visita oficial en 1949. Era un hombre mayor, sumamente erguido, vestido con un *dhoti* de algodón hilado a mano de su Madrás natal (ahora Chenai) en el sur de la India, crujientemente almidonado, impecablemente blanco. La eminencia de su cargo y la pompa que lo rodeaba no habían alterado sus hábitos ni un ápice. Como verdadero brahmán tamil, era vegetariano estricto, nunca bebía alcohol o fumaba, se acostaba temprano y se levantaba antes de que rompiera el día. Sin embargo, tan seca y aburridamente piadoso como esto parece, este régimen no interfería en absoluto con el placer que encontraba en la buena charla y el debate informado, ni da idea de su encanto, su ingenio, su amor por la música clásica de India Sur, de su sabiduría atemperada por el humor. Tenía una alta cabeza calva, una red de líneas de expresión alrededor de unos ojos agudamente observadores y una amplia, irónica sonrisa, y hablaba en un elegante inglés, perfectamente expresado. Era un intelectual y un gran erudito, y podía cautivar la imaginación de la multitud en un mitin político. Fue a la cárcel por actos de desobediencia civil para promover la causa nacional; sin embargo, empleó su tiempo libre en hacer brillantes traducciones de las grandes epopeyas hindúes, el *Ramayana* y el *Mahabharata*, del sánscrito al tamil y el inglés. Tuvo el cargo más prestigioso del país como gobernador general y fue aclamado por todos los partidos como el hombre más idóneo para el puesto. Durante su visita a Jaipur, quiso que Jai estuviese alerta puesto que el nuevo gobierno de India podría no apreciar la
necesidad de mantener para la posteridad los muchos edificios

históricamente importantes que Jai les había entregado. Incluyó los palacios, los templos de los gobernantes de Jaipur en Benarés y Mathura, y el observatorio en Delhi, pero expresó especial preocupación por Amber, la maravillosa antigua capital de Jaipur. ¡Cuánta razón resultó tener!

Pasaron muchos años antes de que volviera a verle y durante ese intervalo todo el país y con él nuestra vida personal cambiaron más allá de lo imaginable. Su Swantantra Party nos atrajo tanto a Jai como a mí cuando oímos hablar de él por primera vez. Por lo menos alguien parecía estar diciendo que debía haber una efectiva pero razonable oposición al Partido del Congreso para la supervivencia de la democracia en India...y estaba haciendo algo para crear dicha oposición. Por lo menos alguien hablaba contra el excesivo control del estado y los resultados desastrosos de las políticas económicas del Partido del Congreso y pedía un tratamiento práctico que no estuviera sujeto al dogma visionario. No obstante, Jai no se sentía todavía inclinado a entrar en carrera política. Siempre pensó que, en su posición, debía mantenerse neutral. Yo había aceptado la idea de que yo debería hacer lo mismo. Pero ahora, por primera vez, estaba tentada a unirme a un partido en la oposición. Estaba muy claro que a nuestro alrededor nuestra gente estaba descontenta y veía el futuro con pesimismo. En realidad, la única parte de la sociedad que parecía satisfecha eran aquellos estrechamente asociados al Partido del Congreso. Rajaji solía decir "¿Qué ha pasado con los hombres del Congreso? Se han hecho gordos y prósperos". Había poca esperanza de remediar la situación a menos que se tomase alguna acción constructiva para oponerse al Partido del Congreso en el Parlamento y en las asambleas provinciales.

No sólo había dejado el partido gobernante de respetar el acuerdo que había convertido a Jai en Rajpramukh; ahora parecía determinado a aislarlo. Desde que Jai dejó de ser Rajpramukh, raramente se nos invitaba a celebraciones oficiales. Pronto se hizo obvio que los miembros del gobierno provincial de Rajasthán estaban celosos de la irreducible popularidad de Jai entre las gentes de Jaipur, que todavía le saludaban con entusiasmo siempre que aparecía en público.

Un típico incidente tuvo lugar poco después de que se hubiera recuperado de un ataque de sarampión. A unas dieciséis millas de la ciudad de Jaipur hay un templo dedicado a Shitla Mata en el que, durante el mes

Jai junto con sus hijos. (en la década de 1960).

de marzo, aquellos que recientemente se han librado del sarampión, la varicela o la viruela, van a dar gracias por su recuperación a la diosa Shitla. Jai siempre siguió esas costumbres locales y fue al templo sin compañía, conduciendo su propio coche. Cuando lo reconocieron, rodearon su coche y le dieron la más calurosa bienvenida. Este tipo de manifestaciones espontáneas de afecto popular que ninguno de los miembros del Congreso podía controlar, no era del agrado del gobierno.

Los partidos de polo en Jaipur no ayudaban a aliviar la tensión, pues Jai era acosado cuando aparecía mientras que el Gobernador y otros funcionarios eran ignorados. En otra ocasión, un ministro del gobierno invitó a Jai a una exposición industrial que tenía lugar en la ciudad pero le pidió por favor ir el día antes de que la exhibición fuese abierta al público. Estuve encantada cuando oí que la noticia de que la no anunciada visita de Jai había corrido por todas las calles en menos de media hora y que multitud de personas se habían apresurado para darle la bienvenida, empujando al pobre ministro a una esquina.

Si alguien hubiera necesitado una prueba de que el vínculo existente entre los gobernantes y la gente en la mayoría de los principados era profundo y genuino, sólo tenía que seguir a Jai cualquier día de la semana en Jaipur. No era sorprendente que, mientras el gobierno gravaba más y más impuestos y no conseguía hacer frente al aumento del coste de la vida, muchas personas creyeran que habían estado mejor en los viejos tiempos. Jai no hizo nada que pudiera haber sido interpretado como una deslealtad al gobierno, pero los funcionarios, en lugar de conseguir su cooperación y utilizar su influencia con el pueblo, reaccionaron intentando separarlo de la vida pública. Cierto es que, tras dejar de ser *rajpramukh*, le ofrecieron el puesto de Embajador en Argentina pero, como algunos comentaron, pudieron ser segundas intenciones las que instaron una oferta de tan lejano puesto. El gran interés de Jai en el polo pudo haberlo tentado, pero creyó que no debía ir tan lejos mientras sus propios acuerdos con el gobierno de India en el momento de la fusión de la provincia de Jaipur continuaban tan inestables. Yo no podía evitar compartir la profunda frustración de Jai y eso, ciertamente, jugó un papel en mi creciente antipatía por el partido gobernante.

Fue con esta emoción reprimida y con la creciente conciencia de la insatisfacción de las gentes a nuestro alrededor que, mientras el tiempo pasaba, yo empecé a coquetear con la idea de unirme al Partido Independiente. Mi intención era solicitar votos para sus candidatos y quizá recoger fondos y celebrar fiestas, tal como había visto hacer a amigas británicas en apoyo de sus partidos políticos. Nunca soñé con presentarme al parlamento o hacer de la política una carrera. No tenía ambiciones personales y, a pesar de mi decepción con el gobierno, no sentía animosidad personal.

Pensaba que los príncipes debían encontrar candidatos capaces, respaldarlos y ayudarlos en sus campañas electorales al parlamento y a las asambleas legislativas de provincia. De este modo, imaginé, habría una oposición razonable, no extremista, al Partido del Congreso. Con estas ideas en mi cabeza y el deseo de hacer algo por el país, finalmente di el paso de unirme al Swatantra. Tal como se vio luego, el momento que escogí para afiliarme lo hizo bastante embarazoso.

El verano anterior se había anunciado que la Reina de Inglaterra iba a visitar India y Jai le preguntó si le haría el honor de visitar Jaipur. Contestó que estaría encantada de aceptar si él pudiera prepararle la visita. Él se puso inmediatamente en contacto con Sir Michael Adeane, el secretario privado de la reina y también con la señora Vijayalaxmi Pandit, la alta comosionada india en Londres. En su debido curso, se añadió una visita a Jaipur al itinerario de la reina. Se decidió que vendría a Jaipur el 23 de enero de 1961, dos días después de su llegada a Nueva Delhi, y que su visita sería lo más informal posible, dándole tiempo para descansar antes de proseguir con su recorrido por India y Pakistán.

Estas visitas tenían que elaborarse con mucho detalle y funcionarios del palacio de Buckingham, la Oficina de Asuntos Exteriores británica y la división de protocolo de Delhi estuvieron pronto ocupados asegurando que todos los preparativos estuviesen en orden y a la satisfacción de todos, y que se acordaran preparativos alternativos en caso de que cualquier imprevisto instase un cambio de planes. Sin embargo, cuando tras unas pocas semanas se anunció que la reina iba a asistir a una cacería de tigre en Sawai Madhopur, el Grupo Anti-Deportes-Sangrientos de Inglaterra empezó a protestar y poco después los periódicos indios recogieron la queja. Esto preocupó a Pandit Nehru que escribió a Jai pidiéndole que se asegurase de que no sería utilizado ningún cebo vivo en esa cacería.

Al mismo tiempo, algunos de los diarios indios habían publicado un programa de la visita de la reina y habían afirmado que Jai estaba planeando celebrar un *darbar* en honor de la reina. De nuevo Pandit Nehru escribió a Jai, quien replicó que estaba sumamente disgustado porque el primer ministro pudiera creerlo tan irresponsable. Estaba perfectamente claro desde la redacción de la invitación hasta la recepción en honor de la reina y del duque de Edimburgo, que no existía ninguna intención de celebrar un *darbar*. Entonces le preguntaron a Jai porqué había solicitado a los invitados que viniesen vestidos de etiqueta y ataviados con sus turbantes. Jai replicó que ésa era la vestimenta tradicional en Jaipur y que los nobles siempre asistían a los acontecimientos ceremoniales vestidos en sus *achkans* y turbantes y llevando espadas. En realidad, acaban de hacerlo así precisamente antes de que la reina fuese a venir a Jaipur, cuando Pat, el hijo de Jai, se comprometió con la hija de mi hermana Ila y todos asistieron a la ceremonia de compromiso en el Palacio de la Ciudad.

En la mañana de la ceremonia de compromiso me levanté y pregunté a Jai si podía unirme al Partido Independiente. Él estaba todavía bastante dormido, pero dijo "Sí", y mientras salí de Rajmahal para ir a mi matutino paseo a caballo, pregunté al ayudante de cámara en turno que averiguase quién era el secretario local del Partido Independiente y le pidiera que se acercase y tomase el desayuno conmigo.

Cuando volví de mi paseo, el hombre estaba esperando y le pregunté qué se requería para unirse a un partido político. Si estaba sorprendido no lo demostró y respondió meramente que era muy simple: se pagaba la suscripción y se rellenaba un formulario. Hice ambas cosas al momento. Pat estaba sentado en la mesa conmigo y también rellenó el formulario para afiliarse al Partido Independiente. Finalizamos todo en un minuto y entonces Pat y yo fuimos al Palacio de la Ciudad para la ceremonia de compromiso.

Entre los invitados que se alojaban con nosotros en aquel momento estaba una vieja amiga, la nieta de C. R. Das, uno de los libertadores de India, y mientras contemplábamos la ceremonia se me ocurrió mencionarle que justamente venía de afiliarme al Partido Independiente. Me miró fijamente, horrorizada, y dijo: "Debes estar loca".

Entregando un trofeo de polo al príncipe Philip de Inglaterra.

La reina Elizabeth II y el príncipe Philip junto con Jai y yo durante su visita a Jaipur.
(en la década de 1960)

*Marshal Bulganin y Nikita Kruschev junto a Jai y yo en el
Palacio de la Ciudad. (en la década de 1960)*

"¿Porqué?" pregunté. "Tú también simpatizas con el Independiente."

"¡Pero la reina está a punto de venir para visitar a Jai!"

"¿Qué tiene que ver una cosa con la otra?" pregunté.

"Bueno, si acabas de ir y afiliarte a un partido de la oposición parecerá un insulto deliberado al gobierno, y estás condenada a recibir cantidad de comentarios y críticas por eso. Después de todo, la reina *es* la invitada del gobierno de India."

"No puedo creer que mi afiliación al Partido Independiente vaya a ser una exclusiva para la prensa," dije, empezando a sentirme más insegura de mi terreno. "No menciones nada de esto hasta que finalice la visita." Cuando volvimos a Rajmahal pregunté al ayudante de cámara si había habido alguna llamada.

"En efecto", contestó. "La prensa ha estado llamando todo el día para preguntar si usted se ha afiliado al Partido Independiente."

Afortunadamente, él no sabía que lo había hecho, y había estado denegando el rumor enérgicamente. Le dije que siguiera así. En realidad, incluso Jai no sabía que había actuado tan rápidamente, pues con el compromiso de Pat y todas las ceremonias, había estado muy ocupado aquella mañana y no nos habíamos visto a la hora de comer. Estaba muy sorprendido por mi precipitación y creía que debía haber discutido con él más detalladamente una acción tan potencialmente explosiva. Estuvo del todo de acuerdo en que, en efecto, debíamos mantener la noticia en silencio, y no fue sino hasta alrededor de una semana después de que la reina dejara Jaipur que se hizo de conocimiento público.

La visita de la reina resultó ser un gran éxito. La recepción en el Palacio de la Ciudad fue realmente brillante. Cuando la reina pasaba por las calles acompañada de Jai, mientras el príncipe Philip les seguía en el otro coche con Bubbles, el pueblo de Jaipur salió fuera con todos sus atuendos de colores para saludarlos. Dejaron sus coches ante las verjas que se utilizan para la entrada de visitas importantes al Palacio de la Ciudad y cabalgaron por los terrenos del palacio sobre elefantes. En el patio rosa del Palacio de la Ciudad se alineaban elefantes, camellos, caballos y carretas de bueyes hermosamente decoradas y fue allí, en el pabellón de audiencias, donde yo recibí a Su Majestad. Había visto muchas grandes ocasiones en el Palacio de la Ciudad, pero ésta, pensé, era la más espectacular, con las vestimentas brocadas de los nobles y los correajes de oro y plata de los elefantes fulgurando bajo todas las luces adicionales de la televisión. Cuando la reina llegó, los pregoneros oficiales hicieron una llamada de atención a todos los presentes para que estuvieran preparados para recibir al más distinguido huésped del maharajá, Su Majestad la Maharani Elizabeth de Inglaterra.

La siguiente parte de la visita fue mucho más informal. Tras cenar en Rajmahal, todos fuimos en un tren especial a nuestra cabaña de caza en Sawai Madhopur. Viajamos en un lujoso coche proporcionado por el gobierno, sin llevar ayudantes de cámara sino tan sólo los cuatro hijos de Jai y el Coronel Kesri Singh, quien se encargaba siempre de nuestro equipo de caza. Cada compartimento del tren tenía su propia extensión de teléfono, lo que encantó a Jagat, mientras que la relajada informalidad de todo el viaje encantó a todos los demás.

El primer día el duque de Edimburgo cazó un gran tigre con un bonito disparo, tras lo cual preparamos una comida campestre y después condujimos a través de la selva observando la caza salvaje. Al día siguiente, Sir Christopher Bonham-Carter cazó un tigre y luego fuimos todos a visitar el inexpugnable fuerte de Ranthambhor, que se extendía sobre las cimas de las colinas. Las cenas en la cabaña de caza eran sencillas y divertidas, con el coronel Kesri Singh entreteniéndonos a todos con sus extravagantes historias de las cacerías en las que había estado. Había insistido en llevar una de sus más preciadas posesiones, una chaqueta de esmoquin de terciopelo rojo, hecha de una cortina que se decía había pertenecido a la Reina Victoria y que había sido comprada en una subasta en Bognor Regis. Fue incapaz de resistirse a la tentación de contarle a Su Majestad que estaba llevando las cortinas de su tatarabuela.

Nos pareció que el tiempo había sido demasiado corto antes de que la reina y el príncipe Philip tuvieran que partir para el resto de su viaje y nosotros volviésemos a Jaipur. Escribí a Rajaji, diciéndole que me había afiliado a su partido y recibí una respuesta donde me agradecía y me decía que era una dama muy valiente. Esto más bien me confundió al inicio, porque no vi nada valeroso en afiliarse a un partido político de la oposición en un país democrático. Pero pronto empecé a entender. En febrero la prensa traía la noticia de que me había unido al Partido Independiente y yo estaba bastante desprevenida tanto para el interés público que levantó ocasionó, como para la reacción de los líderes del Partido del Congreso en Rajasthán. El mismo ministro en jefe que me había solicitado unirme al Congreso cuatro años antes, amenazó airadamente en la Asamblea Provincial con que los príncipes que se involucrasen en política perderían sus honorarios y privilegios. Le atemperó algo la pregunta de un miembro independiente que cuestionó si este principio se aplicaría por igual a los antiguos gobernantes que se unieron al Congreso.

Después, en abril, el presidente del Partido Independiente en Rajasthán, el Maharawal de Dungarpur, invitó a Rajaji a venir a Jaipur y yo supe, para mi consternación, que esperaban que yo hablase en un mitin público en el que él iba a dar un discurso. Aunque yo había abandonado la *purdah* algún tiempo atrás y conducía mi propio descapotable deportivo donde quisiese, mis apariciones oficiales en público habían sido muy escasas. Sería casi una revolución en la historia de Jaipur que una maharani hablase en una tribuna pública. Como siempre, corrí a Jai para pedir su consejo. El apuntó que puesto que me había unido al partido, era mi deber trabajar para él y me dio su permiso para aparecer en el mitin público. Había estado esperando en secreto que él me proporcionase algún tipo de excusa de modo que pudiera evitar todo el asunto. Tal como estaban las cosas, un gran número de personas de Jaipur así como de mi propia familia, se sentían inquietos ante el hecho de que yo hiciese algún trabajo político. A muchos simplemente no les gustaba la idea de que su maharani entrase en la vida pública, mientras que los míos temían que mi acción expusiese a nuestra familia a algún tipo de represalias políticas.

Sin embargo, parecía que era inevitable. No pude pensar en ningún modo de escaparme de la situación y ahora tenía que aceptar la idea de que debía aparecer ante la inmensa reunión al aire libre que se había proyectado. Mi único deber era presentar a Rajaji. No tenía más de cuatro renglones para decir e incluso éstos me los habían escrito. Aun así, estaba abrumada de nervios y tuve la boca seca y los labios agrietados durante días antes. Al final llegó el día que había esperado que nunca llegara y nunca olvidaré mi sarta de ansiedades. ¿Tartamudearía u olvidaría mis frases? ¿Perdería el pedazo de papel y me quedaría muda? ¿Sería la gente comprensiva? ¿Tal vez no habría asistencia? Uno de los nobles y su esposa me acompañaron al mitin y cuando confesé mi miedo de que nadie se molestase en venir, rompieron a reír y me recordaron que Jaipur era un lugar en el que, si dos monos bailasen, la gente se reuniría a su alrededor. Casi no necesito decir que no encontré este comentario muy alentador.

A medida que nos aproximábamos al terreno, descubrimos que se había juntado una enorme multitud y eso me aterrorizó aún más. Pero una vez que mi pequeña parte de la función se acabó, disfruté de mi primer mitin político. Una vez que Rajaji empezó a hablar, olvidé mis preocupaciones y quedé fascinada por la claridad, la lógica y el sentido de su discurso; nunca antes había oído a alguien criticar al gobierno abiertamente y estaba encantada de ver que la enorme multitud estaba igualmente impresionada. No fue hasta más tarde que me maravillé de mi propia sorpresa. ¿Después de todo, no es uno de los derechos fundamentales del pueblo en una democracia el criticar su gobierno tan abiertamente como deseen? Poco después, Rajaji escribió un artículo en el periódico del partido, que él editaba, comparándome con la *rani* de Jhansi. Encontré la comparación bastante extrema. La *rani* de Jhansi, una gran heroína india, llevó sus tropas a luchar contra los británicos por la causa de la libertad. Todo lo que yo había hecho era unirme a un partido político en un país libre y democrático. Sólo más tarde descubrí que pertenecer a un partido de la oposición no dejaba de tener sus riesgos.

CAPÍTULO 16

Haciendo campaña electoral

El verano de aquel año fue tranquilo. Durante la estación, como siempre, fuimos a Inglaterra. Las noticias de que me había afiliado a un partido político habían viajado rápidamente entre nuestros amigos y Lord Mountbatten, que estimaba mucho a Jai, dijo que era de lo más insensato por mi parte, hasta que expliqué que me había afiliado al Partido Independiente que Rajaji, el sucesor de Lord Mountbatten como gobernador general de India, había erigido. Pero la mayor parte del tiempo, lejos de la India, olvidé mi entrada en la política y disfruté del verano inglés. Jai jugó mucho al polo, sobre todo en Windsor, Cowdray Park y Cirencester, cerca de Ascot. Yo me mantuve atareada estableciéndonos en la nueva casa que habíamos comprado cerca de Ascot. Era menor que "Saint Hill". Jagat, que hasta entonces había estado en el Mayo College en India, fue inscrito en la Ludgrove Preparatory School, que estaba cerca de nuestra casa. Yo quería que Jagat fuese al Mayo College porque creí que sería una mayor ventaja para él tener una educación completamente india y crecer con niños indios. Jai no estuvo de acuerdo y yo acabé, como siempre, por ceder.

Poco después de nuestro regreso a India en el otoño de 1961, recibí una carta del secretario general del Partido Independiente, preguntándome si me gustaría disputar el escaño parlamentario de Jaipur en las elecciones generales del próximo año. Quedé aterrada. Sinceramente, nunca se me había ocurrido que me lo pudieran preguntar; yo sólo quería ayudar al partido y hacer campaña por sus candidatos. Pero Jai señaló que había sido muy obvio desde el inicio que esto ocurriría. Como esposa de Jai, yo tendría de manera automática una atracción popular considerable. No pude pensar en ninguna excusa, así que, con el consentimiento de Jai, acepté. Creo, sin embargo, que él estaba casi tan nervioso como yo sobre los resultados de esta empresa.

En 1962 el Partido Independiente se presentaba a elecciones por primera vez. Hubo una reunión de algunos de sus líderes y miembros prominentes del partido en Jaipur, y allí se decidió que además de disputar el escaño parlamentario por Jaipur, yo sería responsable de asegurar la elección de los candidatos en toda la zona que había sido la antigua provincia de Jaipur. Ésta era una responsabilidad seria para alguien sin experiencia política. La provincia de Jaipur ocupaba unas 16.000 millas cuadradas. Tenía cinco escaños parlamentarios y cuarenta escaños en la Asamblea Legislativa Provincial de Rajasthán. Encontrar candidatos apropiados inmediatamente representaba un gran problema. El Independiente era un partido nuevo y, además, muchos de los ciudadanos eminentes que se acercaban, rechazaron apoyar un partido de la oposición por miedo a la presión del gobierno y a las represalias. Los hombres de negocios estaban preocupados de que sus permisos de importación pudiesen ser cancelados o que el abastecimiento de materiales primas se retrasase. Finalmente nos las arreglamos para atraer un número de buenos candidatos, pero durante todo el trabajo previo estuve continuamente enfrentada a las evidencias de mi propia ignorancia sobre todo lo que debe hacerse antes de que pueda ser lanzada una campaña electoral. Nunca antes había oído hablar de listas electorales, no conocía los nombres de las diferentes circunscripciones electorales y no me había dado cuenta de que había escaños especiales reservados para los *harijans* (intocables) y los pueblos tribales. No sabía nada de agentes electorales, designaciones, retiradas o comités parlamentarios. Por fortuna, conté con la asesoría de consejeros expertos y ayudantes del partido, el *thakur* (casta de guerreros) de Dudu, uno de los más leales *jagirdars* (terratenientes) de Jai y un agente electoral con un equipo de incansables trabajadores que actuaron magníficamente para educarme, así como para organizar la campaña. El presidente del Partido Independiente en Rajasthán, el *maharawal* Dungarpur y el vice-presidente, el *raja* de Bhinai me facilitaron consejo y guía.

Tan pronto como se supo que yo de verdad me presentaba al parlamento, no dejaron de llegar gentes de toda clase de secciones sociales a Rajmahal para pedir a Jai y a otros miembros de nuestra familia que se presentasen como candidatos. Jai decidió mantenerse fuera de la política y no se le pudo persuadir de lo contrario, pero tanto Joey como Pat fueron convencidos. Joey como candidato para la Asamblea Legislativa Provincial desde una circunscripción electoral en la que contendería como oponente del ministro del interior de Rajasthán y Pat, en el último minuto, como candidato parlamentario de la circunscripción de Dausa a la que pertenecía la primera capital de los antepasados de Jai.

Ese escaño debía haber sido disputado por el secretario general del Partido Independiente, pero él decidió que sería de más ayuda recorriendo el país antes de las elecciones y entrando en el parlamento más tarde en una reelección. Minú Masani dejo para Jai la tarea de encontrar un sustituto. Jai fue a la circunscripción electoral y preguntó a la gente quién les gustaría como candidato. Sugirió unas cuantas posibilidades, abogados y hombres públicos notables, pero la gente insistió en que debería presentarse él mismo y que, en todo caso, debería proponer a un miembro de su propia familia. No era posible que Bubbles se presentase a elecciones, ya que estaba en el ejército. Joey estaba ya comprometido, así que sólo quedó Pat, quien era elegible ya que acababa de cumplir los 25 y estaba trabajando en Calcuta.

Aquella mañana telefoneé a Pat para preguntar si él aceptaría presentarse en el caso de que Jai fuese incapaz de persuadir a la gente de que aceptasen otro candidato. Se mostró muy reacio a todo el asunto, diciendo que no tendría tiempo de hacer campaña e incluso si fuera elegido, difícilmente sería capaz de cumplir sus compromisos con su circunscripción en Jaipur cuando su propio trabajo se mantendría en Calcuta. Le aseguré que su padre no pondría su nombre por delante a menos que fuese absolutamente necesario. Esperamos impacientemente a que Jai volviese; ya pasaba de la media noche cuando llegó su cabalgata. Agotado y cubierto de polvo, Jai subió las escaleras y dijo simplemente, "Me temo que es Pat".

Le telefoneamos de nuevo a la mañana siguiente y estaba furioso, diciendo que de ninguna manera podría hacer campaña por más de diez días. Intentamos calmarlo y le apremiamos a venir a Jaipur en seguida, porque las designaciones iban a cerrase a las 3 p.m. dentro de tres días. Pat dijo que volaría a Delhi y conduciría desde allí, pero a la hora de comer del último día todavía no había llegado y estábamos todos esperando ansiosamente en la terraza delantera de Rajmahal. Los teléfonos no paraban de sonar mientras la prensa y los simpatizantes preguntaban por novedades sobre su llegada. A las 2:30 llegó conduciendo, apenas dijo "hola" antes de correr hacia la oficina del recaudador a registrar su designación y desapareció de nuevo, para volver sólo para la última quincena de la campaña.

Una vez que nos las hubimos arreglado para encontrar los candidatos para todos los escaños, la campaña empezó en serio. Para comenzar, Jai vino conmigo a Sheikhawati, una parte de la provincia de Jaipur. Era una región desértica, ansiosa de agua, donde el escasísimo riego permite a las gentes, incluso en los mejores periodos, cultivar sólo una cosecha al año. Muchos de los hombres de la zona se ven impelidos a alistarse en el ejército, y son conocidos por su dura y disciplinada eficiencia como soldados. También es el hogar de muchos hombres de negocios importantes, que pueden estar involucrados en el comercio y la industria en casi cualquier lugar de la India pero que todavía mantienen grandes haciendas familiares en la región. Estuve tres días allí; Jai encontró muchos antiguos soldados y habló de sus problemas con ellos mientras yo estaba ocupada haciendo campaña, aprendiendo a sobreponerme a mi timidez y empezando, por primera vez, a sentir la cálida excitación de comunicarse con una audiencia afín.

Jai y yo condujimos por una serie de aldeas y pueblos diversos, en coche cuando había una carretera y en jeep cuando sólo había sendas locales. Habían anunciado a todo mundo acerca de nuestra llegada y habían levantado arcos de bienvenida sobre las carreteras. Se aglutinaban a nuestro paso, nos llamaban y a menudo paraban el coche o el jeep para ofrecernos frutas y vegetales frescos. Algunas veces cantaban para nosotros y representaban las danzas populares locales. Sus discursos de bienvenida siempre estaban en el más florido lenguaje que podían extraer.

Gradualmente me habitué a dirigirme a grandes audiencias, respaldando a los candidatos locales con una breve descripción del nuevo partido que estábamos iniciando y solicitando a los aldeanos que nos ayudasen con sus votos. Algunas veces casi me olvidaba de la multitud y apenas prestaba atención a los otros oradores, para mirar a los murales hermosamente pintados que decoraban las casas en los pueblos de aquella desolada región. Las puertas estaban hechas de algún tipo de metal pesado en plata, grabado y decorado y uno podía ver que, a pesar de que la tierra era pobre para la agricultura, aun así mucha de la riqueza acumulada por los comerciantes en otras zonas de India era traída de vuelta a sus tierras de origen y se gastaba en colegios y escuelas, así como en las preciosas fachadas de las casas particulares.

Durante los siguientes dos meses recorrí cientos de millas principalmente en jeep, haciendo campaña más para otros candidatos que para mí misma, y descubrí maravillada que la simple insinuación de mi llegada en las más remotas zonas de la provincia garantizaba una multitud mayor de la que hubiera imaginado. Habitualmente salía a las seis de la mañana y volvía a donde quiera que estuviera instalada a medianoche o más tarde. Dormí en todo tipo de condiciones y en todo tipo de lugares. Llevaba mi propia ropa de cama y no puedo olvidar el lujo de hallar sábanas limpias y una almohada blanda tras el largo y extenuante día. Los cuartos de baño fueron algo que no pude preparar y resultaron ser casi cualquier cosa, un taburete de madera y un cubo de agua la mayoría de veces; otras, ni siquiera eso. Recuerdo estar profundamente agradecida cuando en alguna aldea en la que iba a pasar la noche había un alojamiento del gobierno, o cuando había algún noble menor o gran terrateniente en la vecindad, viviendo en alguno de los pequeños fuertes que salpican el paisaje de Jaipur. Al menos, entonces, podía estar segura de que mi alojamiento sería limpio, aunque austero.

En estos recorridos, mi equipo electoral y yo teníamos que parar casi cada media hora en una aldea o pueblo pequeño, tanto si lo habíamos planeado como si no, y muchas veces llegábamos asombrosamente tarde a las presentaciones programadas. Increíblemente, nunca pareció que a la multitud le importasen las largas demoras. Al estilo de todas las multitudes indias, se las arreglaban para convertir la espera de mi llegada en una improvisada fiesta. Los puestos de dulces aparecían por arte de magia en las afueras, los niños corrían alrededor, las mujeres en sus trajes de fiesta se acuclillaban sobre el suelo en grupos, cotilleando e intercambiando noticias, y los artistas de la aldea entretenían a la audiencia durante la espera. Todo con grandes dosis de humor y paciencia.

Creí mejor aparecer en esas ocasiones vestida tan sencillamente como fuera posible. Así que llevaba mis habituales saris de chifón pero sin joyas ostentosas, sólo un collar de perlas y pulseras de cristal en mis muñecas. Pero descubrí que cuando los aldeanos se reunían a mi alrededor para ver a su *maharani*, se decepcionaban; las mujeres, especialmente, estaban horrorizadas de que prácticamente no llevara joyas, ni siquiera las ajorcas para el tobillo que seguramente tendrían hasta las más pobres de entre ellas.

Sentada con la estrella del Independiente, símbolo de mi partido.

Además de los rigores de mi gira (el calor, el polvo, las largas distancias recorridas en *jeeps* que se sacudían sobre caminos desérticos y carreteras locales ventosas y sin asfaltar) estaba el problema de los discursos en sí. Aunque nunca había aprendido hindi correctamente, podía leer la escritura devanagari. En consecuencia, escribía todos mis discursos primero en inglés, los hacía traducir y escribir para mí con tiempo y laboriosamente los aprendía de memoria. Hacia el final de la campaña conseguí entender lo suficiente para anticipar las preguntas más frecuentes y era incluso capaz de responderlas en mi medio hindi, forcejeando y tartamudeando en el micrófono, pero arreglándomelas sin guión y con la suficiente confianza como para que pareciese espontánea.

La campaña entera fue quizás el periodo más extraordinario de mi vida. Viendo y reuniéndome con las gentes de Jaipur, como hice entonces, empecé a darme cuenta de lo poco que sabía verdaderamente del modo de vida de los aldeanos. El mundo está muy dispuesto a pensar en la India cubierta de un manto de pobreza, sin ninguna variación, excepto por los muy ricos. En contra de esta imagen, hallé que muchos aldeanos, a pesar de la sencillez de sus vidas y de las crueles experiencias de hambre y pérdidas de cosechas, poseen una dignidad y autoestima sorprendentes y tienen una profunda confianza en una filosofía de vida inclusiva que me hizo sentir tanto admiración como, en cierto modo, casi envidia. Su actitud estaba muy lejos de la pobreza humillante y de los mendigos gimoteadores de los suburbios urbanos de Delhi, Bombay o Calcuta.

La hospitalidad es una de sus grandes costumbres: se la ofrecían a cualquier extraño en su aldea, incluso si andaba simplemente de paso y había parado sólo para preguntar el camino para el siguiente pueblo. Dondequiera que mi equipo electoral y yo fuéramos, nos ofrecían vasos de leche, té o de preciada agua, nos insistían para que aceptáramos dulces y cestas de frutas frescas y nos ofrecían entonces guisantes o cualquier vegetal de temporada para tomar como sustento durante nuestro viaje. Aprendí inmediatamente que el agua era el elemento más importante de sus vidas. Un buen monzón significaba una relativa prosperidad, quizás una nueva bicicleta o un transistor de radio, un lujo. Un fallo en las lluvias significaba hambre, ganado moribundo y posiblemente muerte también para la familia. La sequía no es nada infrecuente en Rajasthán y antaño los maharajaes hacían preparativos con antelación, encargándose de que se llevase agua y grano a la línea del ferrocarril donde los aldeanos los pudieran recoger, y que se situasen campamentos provistos de pastura a lo largo de las carreteras para recibir al ganado migratorio. Pero tras la fusión de las provincias con la Unión India, estas medidas ya no le parecieron urgentes al nuevo gobierno. Las medidas de emergencia se descuidaban cuando ya no existía una implicación personal de las autoridades con la población, y los aldeanos de Rajasthán sufrían más terriblemente que nunca antes.

En aquel año, 1962, hay que admitirlo, se excavaron más pozos, pero el agua estaba muy lejos de la superficie. Los proyectos para electrificación de áreas rurales que idealmente hubieran resuelto el problema, eran lentos en desarrollarse e incluso ahora no han llegado a más de una octava parte de la provincia. Mientras conducíamos a lo largo de las estrechas sendas arenosas de los aldeanos, pasaban millas y millas de tierra recocida por el sol, de vez en cuando, con una sensación de agradable sorpresa pasábamos por brotes de brillante verde donde la construcción de un pozo había sido verdaderamente exitosa y había creado un próspero campo de trigo o mijo en medio de un virtual desierto. A menudo, cuando viajábamos a través del campo con sólo una ocasional carreta de bueyes y camellos a la vista, parecía increíble que aquél vacío marrón pudiera ser parte de unos de los países más densamente poblados del mundo. Entonces, cuando llegábamos a una de las aldeas guardadas tras muros de barro, los hombres, mujeres y niños salían en tropel de sus casas y yo me daba cuenta con tristeza de cómo el número de niños sobrepasaba en mucho al de adultos.

Después de estas giras volvía a Rajmahal exhausta, polvorienta, sin querer más que una baño civilizado y dormir, para encontrar huéspedes —algunas veces gente muy importante—reunidos para una cena. No tenía excusas para mi desaliño y algunas veces tomaba una copa con ellos y después me iba a la cama, dejando a Jai que hiciera frente al resto de la velada. La única emoción que era capaz de registrar era mi alivio de estar en un lugar limpio y confortable. Casi era incapaz de llevar las charlas comunes y corrientes que habían sido un requisito de buena parte de mi vida social. En cambio, me quedaba pensando en cuánto me gustaría llevar a todos nuestros amigos para mostrarles esta otra vida que estaba descubriendo. En algunas ocasiones traté de describirla, sin mucho éxito, y me encontraba la mayoría de las veces con indiferentes o indulgentes actitudes de incredulidad. Jai realmente me entendió, valoró y animó.

La mayoría de las comidas eran informales, nosotros mismos transportábamos los alimentos y los comíamos en cualquier momento que fuera conveniente. Para empezar, mi agente electoral había intentado ajustar el programa para permitir paradas para comer en las cercanías de algún hacendado que, por supuesto, nos invitase a las casi vente personas que éramos a compartir una comida con su familia. Pero pronto descubrí que esas ocasiones nos llevaban tanto tiempo (dos horas más o menos, hasta que estuvieran prestadas las debidas cortesías) que las saqué de nuestro itinerario. Pude haber ofendido a algunas personas, pero me pareció mucho más importante dedicar ese valioso tiempo con los aldeanos, escuchando sus problemas, respondiendo a sus preguntas y, en general, llegando a obtener un conocimiento real de las gentes de Jaipur. Algunas veces uno u otro de los hacendados locales, habiendo oído de nuestra llegada, preparaba un abundante banquete con estupendos *thalis* de deliciosa comida que no podíamos resistir, pero después de unas cuantas veces de tener que vencer al sueño, de vuelta en el *jeep*, para llegar a nuestra próxima parada, aprendí a rechazar esas invitaciones tan gentilmente como pude. Dichos banquetes incluían a nuestros conductores, trabajadores para las elecciones y a todo el séquito, y si llegaron a sentirse decepcionados por mi cancelación de esos deliciosos descansos durante nuestra penosa rutina, nunca me lo mencionaron.

Creo que la mayor sorpresa de la campaña no fue el entrever "cómo viven los demás" sino el asombroso hecho de que yo estaba siendo testigo y parte de lo que sólo puedo describir como una campaña de amor. Dondequiera que fuese me encontraba con arcos de bienvenida, con grupos de mujeres cantando canciones de bienvenida, con decoraciones: todas las señales de fiesta. Todo esto me lo ofrecían no sólo a mí sino también a Pat y Joel y a cualquiera que estuviera conectado con la familia gobernante de Jaipur. Era intensamente emotivo y, al mismo tiempo, inquietante. Fue sólo cuando vi la jubilosa, confiada reacción de las gentes, muchos de los cuales habían andado hasta cincuenta millas para asistir a nuestros mítines, que empecé a atisbar todo el alcance de las responsabilidades que habíamos tomado sobre nosotros.

Arriba: Con Rajaji durante una reunión política.
Página de enfrente: Haciendo campaña en una aldea.

Durante las elecciones.

Rajaji y yo (en la década de 1960)

Un engaño que estaba resuelta a evitar era la de falsas promesas de los políticos. Con frecuencia me instaban a hacer discursos más efectivos, abriendo todo tipo de atractivos futuros para los aldeanos si éstos votaran por nosotros. Pero respondí que yo no podía. Esas eran las gentes de Jaipur y si yo les debía algo, ciertamente les debía la verdad. En cualquier caso, para mí era mucho más sencillo no mentir. No tenía mucha idea de agricultura, o de ganadería o de ninguno de los problemas en esas áreas, pero al menos podía escuchar y aprender y, sobre todo, no ofrecerles una prosperidad futura imposible ni el fin de las privaciones. Yo sabía que antaño, a parte de una cuota sobre la producción, no habían pagado impuestos y habían pacido sus camellos, bueyes, vacas y cabras libremente en los pastos comunes, y yo sabía que ahora tenían que pagar una pequeña suma al gobierno por cada animal, una suma que al final de cada año montaba opresivamente. Pero sólo me di cuenta de los peligros de nuestra posición cuando Pat, que era extremadamente sensato y práctico, dijo, al inicio de la campaña, "¿Sabes una cosa? Esta gente probablemente va a votar por nosotros y si ganamos, ¿sabes lo que esperan? Esperan que sus impuestos se desvanezcan inmediatamente, que los precios bajen, que el agua aparezca milagrosamente en los pozos y que todo sea maravilloso. Y entonces", preguntó, "¿qué es lo que vais a hacer?".

Yo sabía que no servía de mucho decirles que ahora estaban viviendo en una democracia, que lo más que podíamos hacer era airear sus quejas e intentar obtener alguna acción del gobierno, pero que, por desgracia, no podíamos garantizar nada. Ellos no creían esas crueles verdades. Su respuesta tendía a ser la tradicional, casi feudal, de decir, en realidad, *ustedes* son responsables de nosotros. *Ustedes* son nuestro padre y nuestra madre. *Ustedes* vigilarán que se nos cuide adecuadamente.

Mi decisión de presentarme al parlamento había tenido un impacto considerable tanto en el exterior como en casa. Había provocado comentarios de la prensa extranjera ("La maharani disputa una elección democrática" y titulares del estilo) y a menudo me seguían cámaras de televisión mientras hacía campaña. Algunas recogieron lo que para mí era el aspecto más importante de la campaña: la cálida bienvenida que recibía de los aldeanos porque estaban seguros de que yo quería ayudarlos sinceramente. Sabían que apoyando a la oposición no podía beneficiarme ni yo ni mi familia. Cuando miro atrás, mi recuerdo más querido es la convicción que las gente sentía acerca de nuestras buenas intenciones y del afecto que expresaron hacia todos nosotros.

La tarde antes de que la campaña fuera a cerrar, el Partido del Congreso, el Jana Sangh (la extrema derecha) y el Independiente, celebraban cada uno un mitin final en Jaipur. El lugar que escogió el Partido Independiente fue el terreno detrás del Palacio de la Ciudad, donde las procesiones de las fiestas tenían lugar. El área podía albergar unas doscientas mil personas, unas veinte veces más que las plazas escogidas por el Congreso y el Jana Sangh. Me preocupaba el hecho de que, con los partidos políticos rivales celebrando sus mítines al mismo tiempo, el área que habíamos escogido fuese demasiado grande. Para mi asombro y placer, el área estaba completamente llena.

Habíamos invitado a Jai a hablar, junto con tres abogados que se presentaban a elección por la ciudad y yo misma. El Partido del Congreso, en competencia, había organizado una procesión de famosas actrices del cine indio y había añadido una maharani, la maharani de Patiala, para que hicieran campaña por ellos. El Jana Sangh era más sobrio, confiando en la atracción de su programa hindú ortodoxo para atraer a la audiencia. Sin embargo, nuestro mitin batió todos los récords. Los tres abogados eran muy buenos oradores y lideraron nuestro mitin. Yo estaba resuelta a hacer el mejor discurso de mi vida, pero al final estaba tan asustada y nerviosa que creo que fue el peor que he hecho jamás.

Entonces habló Jai. Me alarmé cuando empezó por dirigirse a la gran multitud con el familiar *tú* ya que pensé que podrían tomarlo a mal. Pero él les hablaba como siempre lo había hecho en todos sus años como maharajá, aceptando la relación tradicional como de padre a hijos. "Durante generaciones" dijo, "mi familia os ha gobernado, y hemos construido muchas generaciones de afecto. El nuevo gobierno me ha quitado mi provincia, pero por lo que a mí respecta, pueden llevarse hasta mi camisa, siempre que yo pueda mantener este vínculo de confianza y afecto. Me acusan de presentar a mi mujer y a dos de mis hijos a las elecciones. Dicen que si tuviera ciento setenta y seis hijos (176 era el número de escaños en la Asamblea de Rajasthán), también los presentaría. ¿Pero acaso no es verdad que ellos no saben", hizo un gesto confidencial, que desarmaba, hacia la

La jubilosa multitud en Jaipur
tras mi victoria electoral. (en la década de 1960)

multitud,"que tengo muchomás de ciento setenta y seis hijos?"

Ante esto hubo un enorme e inflamado rugido de la muchedumbre. Entonces la gente, con gran excitación y alegría, nos lanzó flores y nosotros las lanzamos de vuelta en un gesto de espontánea alegría. Aquel fue el momento en que supe que sería elegida.

Por fin llego el día de las votaciones. Baby, Menaka y otras amigas que habían venido para estar conmigo durante el final de la campaña, me habían dicho a menudo, con un poco de desesperanza, "¡Pero no saben lo que hacen!" mientras me ayudaban a explicar el procedimiento de elección a grupos de mujeres. Puesto que la mayoría de la India es analfabeta, en las votaciones la gente vota con un símbolo visual de su partido. El Partido del Congreso tenía dos bueyes unidos por un yugo como símbolo del esfuerzo conjunto, los Socialistas tenían un extenso *banyan* (higuera de Bengala) con sus raíces aéreas para simbolizar el crecimiento extensivo del socialismo, los Comunistas tenían la habitual hoz con tres espigas de trigo en sustitución del martillo y así sucesivamente. El Partido Independiente tenía una estrella. Baby, todos mis otros ayudantes y yo, dedicamos interminables y frustrantes horas intentado instruir a las mujeres para que votaran por la estrella. En la papeleta de votación, decíamos una y otra vez, aquí es donde aparecerá el nombre de la *maharani* y junto a él habrá una estrella. Pero no era tan sencillo como eso. Observaron el símbolo del caballo y el caballero, estuvieron de acuerdo entre ellas que la *maharani* monta a caballo, así que ése debía ser su símbolo. Dijimos repetidamente, "No, no, no es el correcto." Entonces vieron el emblema de una flor. Ah, la flor de Jaipur, ¿qué otra cosa podía significar mas que la *maharani*? "No, no, la flor no." De acuerdo, la estrella. Sí, eso parece lo apropiado para la *maharani*, pero mira, aquí hay un sol. Si la *maharani* es la estrella, entonces el sol debe sin duda significar el maharajá. Votaremos por los dos. El voto habría sido nulo inmediatamente. Incluso hasta el último día, Baby y yo no estábamos nada seguras de habérnoslas arreglado para hacernos entender.

Una elección india es un acontecimiento alegre y desinhibido. Las mujeres se arreglan y pasean con sus maridos e hijos hasta las cabinas de votación, cantando por el camino. Los aldeanos llegan en sus carretas de bueyes, los animales con guirnaldas, las carretas decoradas con flores y pedazos de telas brillantes, todo el mundo de vacaciones y como siempre, artistas, vendedores de dulces y cuenta-cuentos montaban sus casetas cerca de los puestos de votación para entretener al gentío y hacer un dinerito. Conduje por mi distrito electoral, dedicando sólo unos momentos en cada lugar porque las leyes de elección prohiben hacer campaña veinticuatro horas antes de la verdadera votación. Como las gentes se congregaban dondequiera que fuese, tenía miedo de que pareciera que me estaba saltando las leyes de votación.

Me puso el doble de nerviosa el que Jai me dijera que por el honor de la familia debía obtener al menos cinco mil votos más que mi rival más cercano. Y el pequeño Jagat me envió un telegrama desde su escuela en Inglaterra esperando que ganase por mil votos. Aquel día me senté, incapaz de concentrarme en nada más, simplemente esperando las noticias de los resultados de la elección.

Cuando los resultados empezaron a llegar, mi agente electoral me aseguró que iba a ganar por una tremenda mayoría y que deberíamos planear un desfile de victoria. Supersticiosamente, ya que parecía que una idea tan presuntuosa tentaba al destino, dejé ese pensamiento para más tarde y sólo después que supe que habíamos ganado ya diecinueve escaños, empecé los preparativos del desfile. Pat y Joey habían ganado ambos (Joey había derrotado al, entonces, ministro del interior), y en todo el distrito de Jaipur sólo había sido elegido un único hombre del Partido del Congreso.

Finalmente se anunciaron los resultados de mi elección. Había ganado por una mayoría de 175.000 votos con respecto al siguiente, el candidato del Congreso. Todos mis oponentes se habían visto obligados a perder sus depósitos. La familia Jaipur aparece ahora en el *Libro Guiness de marcas mundiales* por dos sucesos completamente dispares: la boda de Mickey, la más cara del mundo, y mi elección, la mayoría más grande jamás ganada por candidato alguno que se hubiese presentado a elección en cualquier país democrático del mundo. Quizá haya algún irónico comentario histórico que pueda derivarse de la yuxtaposición de estas dos ocasiones, pero yo no estaba segura de qué más podía pedirse y me quedé satisfecha con el pensamiento de que, al menos, las gentes de Jaipur todavía confiaban en sus antiguos gobernantes.

Aquella tarde nuestra procesión estaba constituida por camiones y *jee*que llevaban los nombres de las circunscripciones electorales que habíamos ganado. Las gentes de Jaipur concurrió con la fuerza del triunfo, incluso mis oponentes del Congreso no se iban a perder el espectáculo y permanecieron en las azoteas saludando. Nunca me había sentido tan querida. Me quedé de pie, conmovida y contenta por la satisfacción de Jai ante mi victoria y por su gran generosidad de corazón, y recordé cómo Ma me había dicho en una ocasión, "Qué afortunada eres de tener un marido que te respalda en todo. ¿Puedes creer que algunos hombres están celosos de sus mujeres?"

Pero yo sabía que ésta era en realidad la victoria de Jai. Él estuvo con Menaka y otros miembros de la familia en uno de los balcones del Palacio de la Ciudad y observó cómo se acercaba la procesión. Entonces, Jai lanzó piezas de oro a la gente, tal y como era la antigua costumbre durante las celebraciones.

CAPÍTULO 17

Los miembros del parlamento

Una vez superada la emoción de las elecciones, fue difícil no sentir un cierto aire de anticlímax, pero tomar posesión por primera vez de mi escaño en el parlamento fue una experiencia jubilosa. Jai, Pat y yo fuimos a Delhi juntos porque él había sido electo para el Rajya Sabha, la Cámara Alta junto al nuevo parlamento. Había cuatro miembros de nuestra familia presentes en el Salón Central: Jai, Pat y yo, junto con Bubbles, que vino para atender al presidente como jefe de su guardia personal. (Joey estaba tomando posesión de su escaño en la Asamblea Regional de Jaipur.

Como la mayoría de los edificios oficiales en Delhi, el Lok Sabha, o Cámara Baja del Parlamento, fue diseñado y construido por Sir Edwin Lutyens. Los 535 miembros del parlamento se sentaban en el gran salón abovedado sobre bancos curvos dispuestos en semicírculo y mirando al presidente de la cámara en el centro. Los miembros del partido en el gobierno, con casi 300 escaños, estaban a su derecha, mientras nosotros, los de la oposición, nos sentábamos a su izquierda. El mayor partido de la oposición era el Partido Comunista, así que sus miembros se sentaban cerca del presidente en los bancos de la oposición. El siguiente en número era el Partido Independiente, después el Jana Sangh, los Socialistas y finalmente los Independientes y los representantes de pequeños partidos locales. Algún tiempo después, cuando el Partido Comunista se dividió a resultas de la cuestión de la invasión china a la India, el Partido Independiente se convirtió en el mayor partido de la oposición y nos trasladamos al extremos de nuestros bancos más cercano al presidente. Los procedimientos parlamentarios indios seguían el modelo de las Casas del Parlamento en Westmisnster, excepto por el hecho de que no votábamos en vestíbulos, sino presionando un botón frente a nuestros escaños.

El tomar juramento como miembro del parlamento fue una experiencia conmovedora porque trajo a mi pensamiento a todos aquellos que lo había precedido, la campaña, las multitudes de bienvenida, las ovaciones, el amor y la confianza de las gentes de Jaipur. Mi hermana

Menaka y su marido, el Maharajá de Dewas, estaban contemplándolo desde la tribuna de visitantes y después me comentó que se había puesto nerviosa por Pat y por mí. Tres días después me dijeron que debía hacer mi discurso inaugural.

Me avisaron sólo unas horas antes, aunque, en virtud de ser mi discurso inaugural, me permitieron leerlo desde el escrito. Tenía muchas dudas. No sabía cómo empezar. No tenía una secretaria en Delhi todavía. El maharajá de Bikaner, un miembro independiente, vino en mi ayuda. El Dr. Karni Singh me llevó a su casa y puso a su secretaria a mecanografiar mis pensamientos sobre el discurso presidencial y me aseguró que uno de los ujieres me llevaría el discurso mecanografiado a tiempo. Fui a la cámara sin saber cuándo me nombrarían. Uno de mis colegas me dijo que sería alrededor de las dos; cuando llegó esa hora yo estaba aterrorizada porque había visto, al repasar mi discurso, que faltaban las dos últimas hojas.

Me senté allí, esperando que los discursos de los demás fueran tan largos que no hubiese tiempo para el mío. Milagrosamente, justo antes de que oyese sonar mi nombre, uno de los ujieres vino a mí con las páginas que faltaban.

Una vez que empecé a hablar olvidé todo mi nerviosismo y hallé que mi voz era bastante fuerte y segura. En réplica al discurso presidencial que fue, como es habitual, un resumen de los acontecimientos y desarrollos sucedidos en el país desde la última sesión parlamentaria, sugerí que no había puesto suficiente énfasis en el hecho de que los precios estaban aumentando y que la carestía en algunos bienes básicos suponía una especial privación para los pobres.

Pat y yo conocíamos a algunos miembros del Lok Sabha, mas como nuestro partido era nuevo, no habíamos tenido verdaderamente la posibilidad de llegar a conocer a nuestro líder parlamentario, el Maharajá de Kalkhandi, cuyo distrito electoral estaba en Orissa, una provincia del golfo de Bengala. Él nos juntó a todos y organizó reuniones periódicas en las que nos asignaban temas particulares sobre los que disertar. Había unas cuantas familias principescas representadas entre los miembros del Swatantra. Pandit Nehru nos agrupó a todos astutamente bajo el apodo de "Partido de los Príncipes". Desafortunadamente, el alias enraizó, a pesar de que el más sencillo recuento habría mostrado que había más familias

principescas representadas en el Partido del Congreso que las que jamás
se afiliaron al Swatantra.

Cuando nos hicimos a nuestra nueva ocupación, Pat y yo
encontramos el parlamento absorbente. Nos propusimos especialmente
asistir cuando Pandit Nehru hablase. Como miembros del parlamento,
teníamos derecho al alojamiento de MP (miembro del parlamento) en
Delhi. Puesto que Jai era miembro de la Cámara Alta y yo de la Cámara Baja,
en lugar de darnos a cada uno un piso, nos dieron una casa en Aurangzeb
Road en el área residencial de Nueva Delhi. A Pat le dieron un piso para
él solo. Pero justo cuando empezábamos a acomodarnos a la nueva rutina
de nuestras vidas como MP, tuvimos que volver a Jaipur para preparar la
visita de Jacqueline Kennedy, la esposa del presidente estadounidenses,
que iba a quedarse con nosotros durante unos días como parte de su viaje
a la India.

La gira de la señora Kennedy era sólo semi-oficial, pero aun así, la
idea de que debiera pasar algún tiempo con nosotros en Jaipur causó todo
tipo de complicaciones. El gobierno de Rajasthán así como el embajador
estadounidense, míster Galbraith, parecieron pensar, de manera algo
absurda, que estábamos intentando conseguir algún tipo de ventaja política
de su estancia. Galbraith llegó a escribir al presidente Kennedy y le aconsejó
que pidiese a su mujer que no fuese a Jaipur. El presidente replicó que él
nunca interfería en las disposiciones privadas de su esposa.

En lo que concernía a Jai y a mí, la visita verdaderamente pretendía
ser privada, amistosa e informal. Cuando Lee Radziwill, la hermana de
Jackie Kennedy, le dijo a Jai que estaban planeando venir a India, él les había
invitado de manera espontánea a pasar unos días en Jaipur. Su improvisada
invitación había sido aceptada con el mismo ánimo despreocupado y
amistoso con que había sido ofrecida. Habíamos planeado entretener a
nuestros invitados con nada más que unas visitas a algunos sitios, un partido
de polo, descansar al lado de la piscina y montar a caballo.

Naturalmente, el programa de visitas turísticas para nuestros
invitados incluía el Palacio de la Ciudad. Con el interés de Jackie en el arte,
hubiera sido ridículo no llevarla a ver la colección de Jaipur y, en cualquier
caso, a Jai le encantaba mostrar a sus invitados la casa de sus antepasados.
De modo que estuve muy sorprendida por la reacción de Jackie cuando, en

el segundo día de su visita, le dije que iríamos a ver el Palacio de la Ciudad. "Pero Ayesha", me dijo, "me han dicho que no se me permite ir allí".

En respuesta a mis preguntas, me explicó que le habían dicho que si iba al Palacio de la Ciudad con Jai parecería que él estaba de nuevo intentando aparecer ante la gente como el gobernante de Jaipur. El embajador de Estados Unidos estaba preocupado de que dicha excursión ofendiese al gobierno del Congreso. Parecía demasiado absurdo para ser cierto, pero el mismo Galbraith que había acompañado a Jackie a Jaipur, tuvo que hacer una larga llamada de teléfono para consultar con los líderes del Congreso en Delhi antes de permitir que Jackie fuera al Palacio de la Ciudad y, en ese caso, con la condición de que su visita atrajese la menor atención posible, una estipulación absurda ya que todo lo que Jackie hacía eran noticia. Tan mezquinas como las restricciones puedan parecer, nosotros hicimos lo mejor que pudimos para cumplirlas y preparamos una visita nocturna de Jackie al Palacio de la Ciudad, de modo que nadie se enterara de que atravesaba la ciudad con Jai. Yo fui delante para recibirla y Jai y yo fuimos su única escolta en su recorrido por el palacio.

En su libro, *Diario de un embajador (An Ambassador's Journal)*, míster Galbraith indicaba claramente que él creía que nos instaban motivos políticos y no sirve de nada insistir en que estaba bastante equivocado. Su punto de vista estaba quizás influenciado por los miembros del gobierno, especialmente en Rajasthán, quienes siempre que teníamos invitados eminentes parecían bastante infelices. En lo que a Jai y a mí respecta, disfrutamos de la estancia de Jackie y nos pareció que su visita cimentaba nuestra amistad con una persona encantadora y atractiva y aceptamos su invitación de visitarla en Washington con el mayor placer.

Aparte de las exigencias del parlamento en Nueva Delhi y de entretener a nuestros visitantes importantes, mi vida en Jaipur se había vuelto más atareada que nunca. La gente de mi distrito electoral acudía en tropel a Rajmahal y, como miembro del parlamento concienciado, les recibía en cualquier momento en que viniesen. La mayoría de sus problemas eran disputas familiares por herencias de tierra, o cuestiones como "Mi suegra es una terrible tirana, ¿qué puedo hacer?" Pero tanta gente se quejó de ser acosada por oficiales del gobierno, algunos porque no podían o no querían pagar sobornos, otros simplemente porque se sabía que habían votado por partidos de la oposición, así que finalmente tuvimos que pagar a un abogado a tiempo completo para que se hiciera cargo de los casos legales. Muchas de sus peticiones eran, como fui descubriendo poco a poco, las habituales que cualquier miembro del parlamento electo debe esperar de sus votantes: becas para escuelas, carreteras, hospitales, electricidad y otras facilidades. Algunas veces fui capaz de proporcionarlos alertando a los organismos locales de dichas necesidades. Otras veces, debido a que las peticiones parecían tan razonables y tan urgentes, doné mi propio dinero para tales proyectos. Me ayudó enormemente la fundación caritativa que Jai había iniciado para los súbditos de la antigua provincia de Jaipur, dándole el nombre de su gran antepasado, maharajá Sawai Jai Singh, y aportando una suma anual de 150, 000 rupias de su propio bolsillo (entonces unos 30, 000 dólares).

En cierto momento, recordé intensamente un acontecimiento sucedido años antes, en 1945, cuando los agricultores en Kuch Bihar entraron en tropel atravesando las puertas del palacio, exigiendo ver a su maharajá. Acababan de oír que les habían prohibido exportar los excedentes de arroz para venderlos fuera de la provincia. Quedó en manos de Bhaiya el reunirse con ellos y explicarles que el motivo de la orden era que existía escasez de cosechas en otras zonas de Bengala, la cual había causado ya una crisis de alimentos. Se había predicho hambruna para el próximo año, así que si exportaban sus excedentes no tendrían nada para comer. Los aldeanos tenían suficiente confianza en su gobernante como para volver a sus casas satisfechos con la explicación de Bhaiya y hubo abundante abastecimiento para el siguiente año cuando casi un millón de vidas se perdieron en la gran hambruna de Bengala. En Kuch Bihar no murió ni una sola persona de hambre. En realidad, la provincia, pequeña como era, dio refugio a miles de personas hambrientas provenientes de las áreas vecinas.

Mi propia experiencia era menos dramática, pero para mí era tanto insólita como sorprendente. Me encontré a mí misma llevando una tienda de grano en Jaipur. Al menos en esto tenía un noble precedente. El anterior maharajá de Jaipur, el padre adoptivo de Jai, era un hombre devoto que hacía sus ofrendas matutinas a la deidad cada día y solicitaba guía en la realización de sus deberes para con sus súbditos. Tras sus oraciones, cada mañana uno de sus hombres venía a él, no con las noticias públicas de Jaipur sino con un recuento de lo que se chismorreaba, qué quejas y satisfacciones expresaba la gente ordinaria. En una ocasión su informador le dijo que el precio del trigo, el grano básico en Rajputana, se mantenía elevado. El maharajá no hizo más preguntas sino que dejó la mesa a mitad del desayuno y paseó, informalmente vestido como estaba, con sólo un par de ayudantes, hasta el mercado de grano.

Mientras iba, las gentes cuchicheaban entre ellas, "¿Qué está haciendo el maharajá paseando entre nosotros en esas ropas?" Ellos siempre le habían visto en un carruaje tirado por caballos, sus pies nunca tocaban el suelo. Él no prestó atención a la murmuración del gentío sino que siguió derecho hasta el más importante comerciante de trigo y le preguntó: "¿A cuánto estás vendiendo el trigo?"

"A dieciocho rupias el saco", fue la tímida respuesta.

"¿Y por cuánto compraste el trigo?"

El comerciante estaba tan aturdido que confesó la verdad: "Diez rupias."

Entonces el maharajá levantó sus manos para enfatizar, aunque el comerciante claramente esperaba un estallido. Se agachó y su sombrero cayó, mientras el maharajá atronaba: "¡Entonces *lo venderás* por diez rupias! No tendré a mi gente pagando este monstruoso precio por su pan diario." Continuó más sosegadamente hacia su primer ministro: "Envíe noticia a todos los tratantes de grano en todas partes de la ciudad de que el precio del trigo ha de ser diez rupias por saco y ni un *anna* más. El gobierno subvencionará el nuevo precio y los comerciantes no se verán privados de su justo beneficio."

Yo hice algo similar, pero mucho menos dramático. Abrí mi propia tienda de grano de precio justo y vendía el trigo a precio de coste. Esto atendía las necesidades de los pobres y el resto podía, si quería y se lo podía costear, pagar los precios más elevados. Poco a poco, hallé que estaba aprendiendo a hacer frente a los problemas de mi electorado.

El tiempo pasaba rápidamente, con tantas cosas aconteciendo y con mis contactos cercanos diarios con las gentes de Jaipur a un nivel que para ellos significaba las necesidades básicas de su vida. Apenas me di cuenta de la llegada de abril y de cuando el tiempo empezó a calentarse con temperaturas fluctuando alrededor de los 38° grados centígrados, y el temido "Lu" llegó, el tórrido viendo del desierto que eleva el mercurio en quince o veinte grados y barre la superficie del suelo para convertirla en tormentas de arena. Los ríos se secan completamente o se reducen a delgados y opacos goteos y toda la agricultura se detiene mientras la gente espera las lluvias del monzón.

Jai decidió que deberíamos irnos, tal como hacíamos siempre, a Inglaterra, con su suave y encantador verano. Pero por primera vez sentí que debía quedarme por un tiempo y le dije que se fuese sin mí. La razón es que había prometido hacer campaña para dos candidatos extremadamente importantes en dos reelecciones parlamentarias.

Una de las personas que se presentaba había sido anteriormente secretario del Partido del Congreso, Acharya Kriplani. Había roto con él por motivos ideológicos y ahora era un independiente. El otro era el secretario general del Partido Independiente, Minoo Masani. Uno se presentaba por un distrito en Uttar Pradesh, una provincia muy grande, hogar de los Nehrus, en la India centro-norte, donde en mayo el mercurio sube hasta 46° ó 47° grados. El otro se presentaba a las elecciones desde un distrito en Gujarat, donde la temperatura puede ser incluso mayor. En retrospectiva, parece sorprendente que aunque me hubiese encantado estar en Inglaterra con Jai y aunque el calor era sofocante y extenuante, disfruté profundamente de ambas campañas; me reavivaron la emoción y la satisfacción del contacto directo con nuestra gente que había sentido por primera vez en mi propia campaña.

Inmediatamente después volé a Bombay, donde debía coger un avión hacia Inglaterra. En el momento en el que partía al aeropuerto me llegaron las noticias de la primera victoria. Estaba henchida de gozo; me parecía mayor triunfo que el de mi propia elección porque no había estado apelando a ninguna lealtad ancestral a Jaipur e insistí en celebrarlo con Bhaiya y Joey, quienes estaban en Bombay en ese momento.

Una semana después, en Londres, Jai y yo estábamos en una cena ofrecida por el embajador holandés y su mujer. Disculpándome, desaparecía continuamente para ir a su biblioteca a telefonear a la prensa y a la Casa de la India (India House), la oficina del alto comisionado indio, intentando averiguar si conocían los resultados de la otra reelección. Finalmente, supe la noticia y, aunque Jai estaba abochornado por mí comportamiento, mis

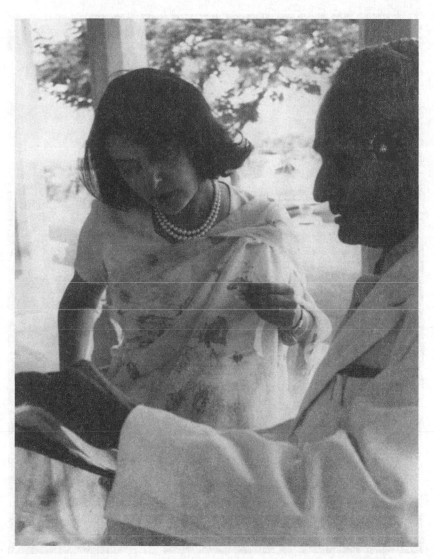

Trabajando, Rambagh, en la década de 1960.

Arriba: En el centro de refugiados, Jaipur, en la década de 1960.
Página opuesta: Con niñas, en el colegio Maharani Gayatri Devi,
en la década de 1960.

anfitriones y sus invitados que incluían a muchos ministros de gabinetes británicos, entendieron mi emoción y cuando volví al salón y anuncié que Minoo Masani había ganado todos me felicitaron y brindaron por la victoria con champaña. El candidato del Partido Independiente había ganado. Tras esta alentadora noticia, estaba preparada para relajarme y disfrutar de la temporada en Inglaterra.

Poco después vi al líder de nuestro partido, Rajaji, en Londres. Volvía de la Conferencia para el desarme Nuclear celebrada en Washington y a la cual Pandit Nehru le había solicitado que asistiese, como primer partidario en India del desarme nuclear. Debía parecer muy extraño a los ojos de los extranjeros este tranquilo intercambio entre miembros de partidos en oposición en la India. Era parte del genio de Pandit Nehru; cuando Rajaji le preguntó por qué estaba enviando a uno de sus más severos críticos al Congreso, el primer ministro replicó simplemente que Rajaji era la persona más apropiada para representar a la India. Obligado por el honor, Rajaji no podía decir todo lo que quería y me pidió que expresase sus ideas pacifistas, sin compromiso. Pero decliné. Sabía que yo tenía poquísimo peso político pero, más que eso, no quería poner a Jai en un aprieto trayendo mi política al extranjero.

En octubre partimos para Estados Unidos. Pasamos los primeros días en Nueva York y Virginia. Mientras estábamos en Nueva York estalló la crisis cubana y la televisión, la radio y los periódicos daban instrucciones de qué hacer en caso de un ataque nuclear. Con algunas aprensiones, mantuvimos nuestro programa y fuimos, como estaba planeado, a Washington, donde estuvimos alojados en la Blair House, la casa de invitados presidencial. Debido a la crisis, los Kennedy cancelaron el baile que iban a dar para nosotros y en su lugar celebraron una pequeña cena. El presidente Kennedy me saludó con una gran sonrisa y las palabras: "Ah, he oído que es usted el Barry Goldwater de India."

Me quedé un poco desconcertada, aunque me di cuenta de que estaba bromeando, así que le recordé que se había encontrado recientemente con el líder del partido que yo representaba en el parlamento.

Entonces me contó cuán impresionado había quedado con Rajaji. Esperando a un hombre mayor vestido de blanco y hablando pomposas tonterías sobre la prohibición de las armas nucleares, estaba aburrido con sólo la idea de tener una entrevista con Rajaji. En su lugar, había quedado tan encantado con la sabiduría y lucidez de Rajaji que sus ayudantes tuvieron que arrastrarlo a su siguiente entrevista.

John Kennedy me pareció una persona inmensamente atractiva: un niño en su aspecto y modales, y con una sonrisa tan contagiosa que en ocasiones hallé difícil recordar que era el presidente de los Estados Unidos. No lo vimos mucho, pero el día después de la cena, mientras Jackie nos mostraba los jardines de la Casa Blanca, nos llamó desde la ventana de su despacho y nos pidió que fuéramos.

Había un impresionante grupo de senadores presentes y, para mi desconcierto, insistió en presentarme a ellos como "la mujer con la mayoría más asombrosa que jamás nadie consiguió en una elección."

Les saludé como mejor pude y rápidamente me retiré a la compañía de Jackie y Jai. Ella era una anfitriona encantadora y atenta, la mejor guía que hubiéramos podido tener para la Casa Blanca; conocía y nos contaba la historia de cada retrato o mueble que nos gustó. Hizo de nuestra visita a Washington una visita extremadamente placentera.

Todo se acabó muy rápido y en nuestra vuelta a Nueva York oímos la terrible noticia de que había estallado la guerra entre China e India. Era el 20 de octubre de 1962.

De acuerdo con los informes de la prensa, el ejército indio había sufrido grandes bajas y era ampliamente superado en número por las fuerzas chinas. Quise cancelar el resto de nuestro viaje y volver directamente a India pero, por primera vez, mi deseo de estar con nuestra gente era mayor que el de Jai. El señaló, con perfecta lógica, que un cambio en nuestros planes no podía cambiar la situación de la India. Yo entendí su lógica, pero por una vez mis sentimientos eran diferentes. Quería estar en India a fin de estar disponible para mis electores. Después de todo, me habían elegido como su representante en el parlamento.

Aún así cedí y partimos hacia Inglaterra para quedarnos unos días tal como habíamos planificado. Me sentí intranquila y triste todo el tiempo, no sólo porque mis electores podrían verse afectados sino también porque Kuch Bihar estaba muy cerca de la frontera noreste de la India. ¿Qué estaba pasando allí? ¿Qué tan afectados estarían Bhaiya y la gente?

Para cuando llegamos finalmente a Delhi, los chinos ya habían cruzado la frontera noreste y habían entrado en Assam para empezar su ruta hacia el sur. Habían cruzado las defensas indias sin mucha dificultad porque nuestras tropas no estaban preparadas ni equipadas para la guerra en altitud, en el traicionero y desalentador terreno montañoso. No teníamos carreteras en nuestro lado de la frontera y nuestras fuerzas fueron mutiladas en sus intentos de maniobrar. Habiendo urdido su ataque con anterioridad, los chinos habían construido carreteras en su lado, justo hasta la frontera, y estaban equipados con armas modernas, semiautomáticas que nuestro ejército no tenía.

En el parlamento, cuando empezó el debate sobre esta imparable invasión, vimos, por primera vez, a Pandit Nerhu cabizbajo, muy lejos de su habitual confianza y despreocupación, incapaz de explicar nuestra desprevención. Un mes después, el 21 de noviembre, los chinos declararon un alto al fuego unilateral, pero dejaron muy claro que no tenían intención de volver a las posiciones anteriores a las hostilidades o de devolver los territorios indios a India.

Poco a poco, se destapó la verdad en el parlamento. Desde 1954, Pandit Nehru y su gobierno habían mantenido en secreto las incursiones chinas en territorio indio y lo único que habían hecho era contrarrestar su avance con suaves protestas. En 1960 ignoraron el consejo de los jefes de las fuerzas armadas, quienes habían sostenido que India no tenía tropas suficientes en nuestras fronteras del norte y que las tropas que allí había estaban inadecuadamente equipadas. Como resultado, no se destinó el financiamiento vital para el entrenamiento de nuestras fuerzas armadas para la guerra en alta montaña, y el desastre actual era directamente atribuible a esa falta de previsión.

Ahora encontrábamos la evidencia de los desastres causados por la ingenuidad del pensamiento elevado de Pandit Nehru. Él había creído que a pesar de las firmes invasiones del territorio indio, los chinos nunca lanzarían un ataque serio contra India; había llevado a creer a la población india que los chinos sólo tenían sentimientos fraternales para ellos; su repetidamente citado eslogan era *Hindi-Chini bhai bhai,* "los indios y los chinos son hermanos." Nuestro conflicto con China desintegró este mito y unos cuantos más, como la idea de que nuestro único enemigo era Pakistán, que se había separado de India en 1947, en tan sangrientas y amargas circunstancias que ambos países habían sido incapaces de superar sus intrigas y hostilidades.

En el Lok Sabha, la cámara baja del parlamento, había una intensa actividad. La Ley de Defensa de la India se aprobó con la intención primera de permitir al gobierno detener a elementos antinacionales y quinta columnistas, pero pronto se hizo aparente que esta Ley también estaba siendo usada como excusa general para silenciar a los críticos opuestos a la política del gobierno. También se empezó un Fondo para la Defensa al que fluían las contribuciones, muchas voluntarias. Desgraciadamente, algunas fueron obtenidas bajo amenazas y presiones de los cargos políticos. Cuando mis electores llamaron mi atención sobre esta práctica, escribí inmediatamente al primer ministro. Contestó que las contribuciones forzosas eran completamente equivocadas y que todas las contribuciones al Fondo para la Defensa debían ser voluntarias. Pedí su permiso para publicar su carta en los periódicos, explicándole que era necesaria una reafirmación inequívoca de la más alta autoridad para dar valor a la gente que difícilmente podía contribuir pero que estaban siendo presionados. Pandit Nehru dio su permiso y su carta fue publicada. No creo que haya servido de mucho.

Tan pronto como la crisis acabó, los trabajadores del Congreso, incluidos los ministros, fueron enviados por el país para celebrar mítines y hacer discursos que taparan los errores de sus líderes, la grave y peligrosa ausencia de precaución y de preparación ordinarias que nos había hecho tan vulnerables al ataque chino. Mientras tanto, en el parlamento, el primer ministro intentaba silenciar a sus oponentes con un sarcasmo cegador. En una ocasión, durante el debate sobre la guerra con China, Pandit Nehru escogió como blanco al líder parlamentario del Partido Independiente, el catedrático Ranga, replicando a un discurso crítico con el comentario, "El catedrático sienta cátedra de más de lo que sabe." Las carcajadas de los bancos posteriores hicieron que esto pareciese más ingenioso de lo que era. Esa misma mañana, el catedrático me había estado diciendo que los recién llegados nunca habían entendido la importancia de respaldar a nuestros líderes, al contrario que los miembros del gobierno, que por lo menos animaban a sus líderes con sus carcajadas cuando la oposición era ridiculizada. Así que cuando el primer ministro escogió al catedrático

Arriba: En el Palacio de la Ciudad, en la década de 1960.
Arriba izquierda: Bienvenida a Jacqueline Kennedy
en Jaipur, en la década de 1960.
Abajo izquierda: Jacqueline Kennedy con
Jai y conmigo en Jaipur, en la década de 1960

Enfrascada en documentos parlamentarios, a en la década de 1960.

para sus comentario cáustico, yo me levanté automáticamente sin pensar y espeté, "Si usted hubiera sabido algo de alguna cosa, no estaríamos hoy en este lío."

El primer ministro, cuyas maneras parlamentarias siempre eran perfectas, se había sentado cuando yo me levanté. Cuando se levantó de nuevo para retomar su discurso, dijo que no había oído lo que la honorable miembro había dicho. El presidente de la cámara dijo que mi comentario había sido irrelevante y pidió a Pandit Nehru que continuase. Pero los miembros de todos los partidos de la oposición que se sentaban cerca de mí me alentaron a que me levantase y repitiese lo que había dicho o no sería registrado. Sonrojada por la vergüenza, me levanté de nuevo y repetí mi comentario en un lenguaje más parlamentario.

Pandit Nehru replicó: "No cruzaré palabras con una dama", a lo cual los miembros de la oposición llamaron "¡Caballerosidad!" en tono de burla.

Sintiéndome devastada, tomé asiento. Estaba sorprendida de mí misma y de mi arranque y también, creo, lo estaban muchos otros. No sabía si había hecho bien en hablar tan bruscamente, pero cuando llegué a casa esa noche, el catedrático me llamó para decirme cuán complacido había estado por lo que llamó mi "oportuna intromisión". A pesar de ello, cuando fui al parlamento al día siguiente, aunque muchas personas me felicitaron, el secretario del Lok Sabha, el señor Chanda, me preguntó osado hacer tal comentarioa una persona mayor. No ayudó mucho que explicase que yo tenía el mayor respeto por Pandit Nehru, pero que ese día simplemente no pude evitarlo. Lo único que lamentaba era que no había puesto lo que dije en un mejor lenguaje.

El ambiente del parlamento continuó tormentosamente a medida que la gente empezó a ver cuán desafortunada había sido nuestra política exterior. Nos dimos cuenta por primera vez que ninguno de los países comunistas cuya amistad había intentado cultivar Pandit Nehru, había acudido en ayuda de India cuando nuestras fronteras fueron cruzadas en una agresión no provocada. En su lugar, fueron los poderes occidentales, a quienes él había tratado con bastante frialdad, quienes se habían aprestado a ofrecer y proporcionar ayudar.

En el parlamento y en todo el país aumentaba la presión sobre

Pandit Nehru para que pidiese la renuncia del ministro de defensa, V. K. Krishna Menon. La gente creyó que él era el mayor responsable de no equipar al ejército indio adecuadamente y de permanecer ignorante de las intenciones chinas. El primer ministro trató de protegerlo, pero la opinión pública fue demasiado fuerte y al final aceptó y pidió a Krishna Menon que se marchase.

Como la mayoría de la gente en India, Jai y yo creíamos que la parte más lamentable de todo el episodio era la humillación que las fuerzas armadas indias tuvieron que soportar. Estaban entre las mejores fuerzas del mundo y hería nuestro orgullo (es más, nos enfurecía) el pensar que habían tenido tan mal resultado debido a la ingenua apreciación del gobierno de nuestras relaciones con los chinos y a su falta de previsión, que dejó a nuestro ejército inconsolablemente mal equipado para combatir la agresión. También estábamos descontentos ante esta prueba de que, a pesar de las esperanzas que había levantado el liderazgo de Nehru, India no había devenido la más influyente nación en Asia. Nuestro fracaso en la guerra contra China había sido un golpe devastador para nuestro prestigio y ahora habíamos caído incalculablemente bajo en la estima de las pequeñas naciones que nos rodeaban, que se habían dirigido a nosotros para ayuda, guía y protección.

Incluso cuando no había enfrentamientos tan dramáticos como la invasión china en India y los acalorados debates sobre ello en el parlamento, hallé que mi tiempo y mis intereses empezaban a centrarse cada vez más en mis deberes parlamentarios y mi nueva relación con las gentes de Jaipur. Luché, junto con mis colegas del Swatantra, jugadas tales como la enmienda de la Constitución para restringir el derecho a la propiedad, mientras que en casa hallaba desgarrador el tener que repetir una y otra vez mis limitaciones a mi electorado: " No puedo cambiar las leyes para vosotros. No puedo *hacer* que el gobierno actúe para ayudaros. Sólo puede airear vuestros agravios y esperar que sean escuchados."

En pequeñas cosas, sin embargo, fui capaz de hacer algo bueno y resolver algunos problemas locales, y estuve asombrada de lo gratificante que ello me pareció. Entre mi electorado estaban dos de las tribus de Jaipur, los *minas* y los *gujars*, quienes tenían una ancestral tradición de enemistades y rivalidades. Los hombres de la tribu acostumbraban a venir a mí con todo tipo de quejas: habían robado una vaca, una esposa había huido, habían quemado una casa; cualquiera que fuera el problema, siempre era culpa de algún miembro de la otra tribu. Estaba en una situación difícil porque habitualmente los dos lados de la disputa habían votado por mí y ambos esperaban que estuviera de su parte en la discusión. Descubrí en mi nueva encarnación como político que tenía un insospechado y útil talento para arbitrar. Otros problemas eran menos serios y menos cargados de emociones. Un pueblo quería un servicio de autobuses, o una oficina de correos, o una escuela, o que un tren parase en la vecindad. Cuando las demandas eran razonables yo era, habitualmente, capaz de conseguir algo hablando con el personal del gobierno central a cargo de los departamentos correspondientes.

En 1964, el país sufrió una terrible pérdida que afectó a todos los indios sin tener en cuenta su posición, antecedentes o afiliación política. El parlamento se había prorrogado e iba a haber un descanso de tres días antes de que se sentase de nuevo. Durante el descanso, Pandit Nehru se fue de Delhi para descansar ya que no se encontraba bien de salud. El día en que nos reunimos de nuevo se encontraba ausente de la cámara y para ese momento ya habíamos empezado a darnos cuenta de que estaba en estado crítico. Antes de que pudiéramos empezar a trabajar en la cuestión planteada, nos llegó la noticia de que el primer ministro había muerto.

Pat, el catedrático Ranga y yo fuimos inmediatamente a su casa a presentar nuestras condolencias por la pérdida de este verdaderamente gran hijo de India. Después, en una reunión de todos los miembros del parlamento en el Salón Central, yo fui escogida para hablar en reconocimiento de Pandit Nehru por parte del Partido Independiente. Como siempre, odié hablar en público, especialmente en una ocasión tan conmovedora, aunque el secretario general del Swatantra me dijo: "di tan sólo lo que sientes." Lo que "sentía" era que lo más extraordinario de Pandit Nehru era su habilidad para sentirse como en casa en cualquier lugar: en un palacio, en una fiesta de adolescentes con la música de *rock-and-roll* atronando o en una choza aldeana. Pero lo que dije fue más convencional: que, como todos los presentes, sentía profundamente su muerte, que había abandonado una vida fácil para trabajar por la independencia de su país, que se podía estar en desacuerdo con alguna de sus políticas pero nadie podía discutir el hecho de que él amaba India y que India le amaba a él.

CAPÍTULO 18

Embajador en España

Con la desaparición de Pandit Nehru, se planteó la cuestión de un sucesor. Durante un tiempo breve el ministro de Interior se hizo cargo de los deberes del primer ministro hasta que el Partido del Congreso votó a Lal Bahadur Shastri para conducir el gobierno. Shastri fue un primer ministro calmado, competente y serio, y si le faltaron las dotes carismáticas de Pandit Nehru, muchos agradecieron su moderación y la sensatez de su juicio. Era un hombre pequeño, apacible y de vida sencilla con unas maneras suaves que ocultaban la fuerza de su carácter. Sin el gran estilo y las ideas grandiosas de Nehru, desvió la atención del gobierno de manera sigilosa y eficiente hacia el alivio de la situación económica del país. En un país agricultor, insistía, era razonable dar preferencia a la agricultura en el plan quinquenal del gobierno. La "revolución verde", que tanto había de hacer para mejorar la escasez endémica de alimentos del país, fue en gran parte el resultado de su inteligente previsión.

Para nosotros, la ascensión de Lal Bahadur Shastri creó una gran diferencia en nuestra manera de vivir. Jai había estado pensando, durante algún tiempo, en servir al país de un modo más específico. Cuando Lal Bahadur Shastri le ofreció una embajada, dándole a elegir entre dos o tres países, Jai decidió aceptar y después de pensarlo mucho, escogió España. Hubo mucha murmuración y comentarios cuando se anunció su nombramiento. Algunos pensaron que le habían ofrecido el trabajo simplemente porque el gobierno lo quería fuera del país. A través de la influencia de Jai, su familia había hecho tanto daño al Congreso en Rajasthán que sólo cuando estuviese a buen recaudo en el extranjero, podrían tener la esperanza de recuperar mayor apoyo. No obstante, cualesquiera que hubiesen sido los motivos, nadie podía negar que Jai tenía todas las cualidades necesarias: tacto, experiencia, familiaridad con países extranjeros e íntegra lealtad a la India.

La familia creyó que su aceptación del cargo era una buena idea. Sin embargo, mientras yo estaba contenta por el nuevo nombramiento de

Jai, tenía grandes dudas sobre qué debía hacer yo. Deseaba mucho ir a España con él y sabía que me necesitaría como anfitriona. Pero estaba tan profundamente involucrada en los asuntos parlamentarios y en mi trabajo en casa que me iba a encontrar dolorosamente dividida entre dos trabajos. Rajaji me pidió que escribiese un artículo sobre este extraño dilema y lo publicase en el periódico del Partido Independiente. Él estaba muy en contra de que Jai sirviese al gobierno, pero entendió ambos puntos de vista y fue comprensivo cuando le dije que yo debería estar al lado de mi marido tanto como fuera posible.

La cuestión de cómo estar de manera efectiva en dos lugares a la vez no fue mi única preocupación. Me inquietaba que el gobierno pudiera hacerle las cosas difíciles a Jai a resultas de mi posición en la oposición en el parlamento o de mis actividades fuera, en el Swatantra. Finalmente decidí ir a hablar con el primer ministro. Fue la primera vez que hablaba con Lal Bahadur Shastri en privado y quedé impresionada. Bajo sus maneras modestas y tranquilas, percibí una personalidad fuerte y eminentemente práctica cuyo mayor preocupación era el bien de la India.

Tras la entrevista me sentí tranquila sobre el futuro de mi marido en su nuevo trabajo, al menos por lo que al primer ministro concernía. Cuando me fui, me dijo: "¿Debe usted realmente estar en la oposición?"

Supuse que se refería a los miembros de su propio partido que tanto hacían para traicionar los valerosos lemas del Congreso. Ambos sonreímos y yo deseé que otros miembros del gobierno pudiesen ser como él.

En octubre Jai voló a Madrid para tomar posesión de su nuevo puesto, dejándome a mí que le siguiese en diciembre cuando el parlamento descansaba. Durante los primeros meses estuvo en un hotel (India no había tenido un embajador en España anteriormente, así que no había residencia de la embajada), pero cuando yo, y después Jagat, nos reunimos con él, nos mudamos a un piso.

Pronto nos acomodamos a nuestra vida en Madrid y empezamos a hacer nuevos amigos. Jai encontró muchos españoles tan entusiasmados por los caballos, el polo y la caza como él lo estaba, mientras que a mí me cautivó la calidez, hospitalidad y ayuda de las familias que conocimos. Un acontecimiento que aguardábamos con interés fue la boda en la casa familiar de la hija del embajador español en Londres, el Marqués de Santa Cruz. Se iban a celebrar diversas fiestas y Jai y yo fuimos invitados a asistir. Justo antes de salir hacia la boda nos llegó el mensaje que nos informaba de que Lal Bahadur Shastri había muerto en Tashkent, durante las reuniones que debían proporcionar un acuerdo entre India y Pakistán. Con la muerte de Pandit Nehru tan cercana, fue un golpe especialmente cruel para la India.

Cancelamos todas nuestras citas en la embajada y guardamos luto. La gente desfiló para firmar el libro de condolencias. Poco después, Indira Gandhi se convirtió en primer ministro y recuerdo lo orgullosas que se sentían las mujeres en la Embajada de la India de que una mujer hubiese alcanzado tan elevado cargo.

Para mí, la vida continuó difícilmente dividida entre España y la India. A menudo deseaba pasar todo el tiempo con Jai en España, porque no me gustaba estar separada de él. Pero entonces, cuando estaba en India, me sumergía en los asuntos de mi circunscripción y mis deberes parlamentarios y era remisa a dejarlos. Aún así, guardo recuerdos felices de los periodos que pude pasar en España. Madrid era una ciudad despreocupada y agradable para vivir, y nos mudamos a una casa encantadora en Amador de los Ríos. En muchos aspectos, España me recordaba a la India y, cuando algunas veces íbamos a los pueblos, hallaba difícil recordar que no estábamos en casa. El aspecto del campo, las colinas estériles a menudo coronadas con un fuerte o castillo o las ruinas de un muro almenado, la dura vida de los aldeanos en las áreas donde el agua escaseaba; todo, excepto por el aspecto y las vestimentas de la gente, podría haber sido Rajasthán. Incluso durante el perezoso verano que pasamos en la turística ciudad de Marbella, en el sur, me recordaba de Rajmahal cuando, por la noche, el perfume del jazmín invadía el aire.

Nos las arreglamos para ver una gran parte de España, algunas veces visitando a amigos y otras en paradores: antiguos palacios o monasterios convertidos en hoteles. El gobierno español era muy activo en la promoción del turismo y Jai y yo estábamos interesados en ver cómo podríamos adaptar muchas de sus ideas en India. En una ocasión en que Zubin Mehta, el famoso director de orquesta indio, fue al festival de música en Granada, Jai no pudo dejar Madrid, así que fui yo sola a escucharlo. Fue un concierto extraordinario y tras él, Zubin, que era una compañía excelente y divertida, montó una fiesta y fuimos todos a las cuevas locales donde vivían los gitanos para verlos cantar y bailar flamenco. El sonido de las castañuelas y los intrincados ritmos que tocaban me recordaron de nuevo a la India y a ciertos estilos de música india.

Los deberes y diversiones diplomáticas nos llevaron a todo tipo de eventos en diferentes partes del país. La recepción anual del cuerpo diplomático por parte del general Franco se celebró en La Granja, cerca del antiguo acueducto de Segovia y de un castillo de cuento de hadas con hermosa iluminación nocturna. En Barcelona se celebró la Feria de Muestras anual, una exhibición de productos comerciales de diversos países, en la cual Jai presidió el Día de la India. Después visitamos las islas Baleares, donde se encontraba la mayor comunidad india, gente que se había asentado allí como comerciantes desde hacía unos cien años.

Tan pronto como quedé absorbida en lo que Jai y yo estábamos viendo y haciendo en España, me llegó el turno, o así lo parecía, de volar hacia casa. Incluso en 1965, el año de nuestras bodas de plata, estuvimos a menudo separados. Aunque para la fecha en si, el 9 de mayo, me las arreglé para pasarla con Jai en Cannes, de entre todos los lugares inesperados. Jai había sido invitado para ayudar a resucitar el polo allí y algunos de nuestros amigos se comprometieron a darnos una fiesta en el casino. Desde Cannes tuve que volar de vuelta a India y recuerdo aquel vuelo especialmente bien porque pasé mi tiempo, como creo que cualquiera lo hubiera hecho en dicha ocasión, pensando en mis años de matrimonio con Jai, sobre los que él había bromeado diciendo: "¡No me digas que de verdad me las he arreglado para aguantarte durante veinticinco años!" Yo ya no era la pequeña novia tímida, tremendamente enamorada y tremendamente admirada de su esposo y su vida, amedrentada de que su familia y el pueblo de Jaipur no la quisieran y no les gustase. En lo que me había convertido ahora, en una mujer bastante independiente, relativamente activa y políticamente consciente, era, en gran parte, obra de Jai. Ma siempre me había dicho lo afortunada que yo era de tener un marido que me daba tanta libertad, que me animaba en todos mis proyectos. Si alguna vez me previno de hacer algo (como aprender hindi), siempre fue por una buena razón, aunque no siempre entendí su lógica inmediatamente. Si alguna de mis tentativas iba mal, siempre estuvo allí para aconsejarme. Cualquier éxito que yo pudiera acuñar, siempre se había obtenido con su ayuda y apoyo. A través de los años habíamos desarrollado los mismos intereses y las mismas ambiciones (el bien de Jaipur por encima de todo) y éstas, a su vez, nos hicieron amigos y socios, leales y confidentes el uno en el otro. No era yo la única en creer que Jai era un pilar de sujeción. Toda la familia lo sabía y confiaba en ello. Él me unió a sus hijos y a otros miembros de la familia, convirtiéndonos en un grupo fuertemente ligado, profundamente preocupado por el bienestar de cada uno. Pero el pensamiento que mejor recuerdo de todo lo que mi mente divagó en aquel vuelo de vuelta desde Cannes, fue qué tranquilizador y precioso sentimiento es el saber que hay alguien que siempre está de tu parte, sin importar nada.

Ahora, cuando miro atrás hacia los acontecimientos de mi vida, pienso en aquel año, subrayado por nuestras bodas de plata, como en el último año de felicidad y éxito completos que hemos conocido. Hasta entonces, excepto por las prematuras muertes de Ila e Indrajit, no había tenido que afrontar tragedias ni había sufrido privaciones. Estos últimos años han sido, en contraste, los más tristes y gravosos que he conocido. Me he preguntado si mi participación en la política ha valido la pena, o mejor dicho, si tenía en verdad algo que ofrecer a la gente; pero estas cuestiones no me preocupaban entonces. De alguna manera Jai, con su apoyo, hizo posible que yo siguiera adelante, aunque yo seguía estando profundamente perturbada por la sensación de que no estaba haciendo justicia ni a mi vida pública ni a la privada al tratar de estar en dos lugares a la vez.

En 1966, Bubbles se casó con la princesa Sirmur. Yo había vuelto a Jaipur antes que Jai para hacer todos los complicados y amplios preparativos, ya que iban a asistir a la boda no sólo los miembros de la familia sino también muchos amigos del extranjero. En mitad de lo que debiera haber sido una festiva y feliz ocasión, mi querido Bhaiya tuvo un serio accidente durante un partido de polo que se había preparado como parte de la celebración. El caballo que montaba cayó, arrastrando a Bhaiya, y rodó sobre él. Todos estábamos desesperados porque Bhaiya estuvo en situación crítica durante semanas. Jai tuvo que volar de vuelta a España, pero yo me quedé hasta que su vida estuvo fuera de peligro. Incluso entonces fue difícil alegrarse de su "recuperación". Nunca recobró su salud y permaneció como lo que más le disgustaba, casi un inválido, con necesidad constante de cuidados e incapaz de participar en los deportes que tanto amaba.

Después, cuando me reuní con Jai en España, nos invitaron a visitar a la familia Domecq, los productores del famoso *sherry*. Era la época de la vendimia y todo Jerez lo estaba celebrando. La fascinante *feria*, los soberbios caballos, la emoción de las corridas de toros y las noches de música y flamenco, todo junto tendría que haberme proporcionado el mejor de los pasatiempos. Pero no podía sacar de mi pensamiento a Bhaiya y a su insensato y cruel destino.

De vuelta en India, al siguiente año, era de nuevo época de elecciones generales. Habían pasado cinco años desde que obtuve mi escaño en el parlamento y ahora tenía que enfrentarme al electorado de nuevo. Habían ocurrido muchas cosas durante esos cinco años, que cambiaron el panorama político de India. La Sra. Gandhi, lejos de ser una mujer sumisa, deseosa de seguir el consejo de los mayores del Partido del Congreso, había demostrado tener sus propias ideas. Con el creciente apoyo de los miembros más jóvenes del Congreso, estaba llevando al partido a posiciones mucho más radicales en política interior. Mientras tanto, en Rajasthán, la victoria del Partido Independiente en las últimas elecciones había producido todo tipo de extraños cambios y maniobras para obtener posiciones en nuestro propio partido y en también en otros partidos. Entre otras cosas, los líderes del Independiente pensaban que esta vez, formando una coalición con el partido derechista y ortodoxo hindú Jana Sangh, podríamos ganar más escaños para la oposición en el parlamento y en las asambleas provinciales.

Evitar la división de voto de la oposición era claramente lo correcto, pero a mí me pareció algo más que un suicidio político. Creía que uno de los aspectos importantes del Swatantra era que sus miembros eran de pensamiento secular, y yo estaba particularmente me preocupada que una alianza con un partido abiertamente hinduista como el Jana Sangh nos haría perder nuestro crucial voto musulmán. Sabía que había recibido muchos votos musulmanes en las elecciones de 1962, gracias principalmente, yo creo, a la tranquilizadora y decisiva acción de Jai en el momento de la partición de India y Pakistán. Había habido nerviosismo y cautela, pero no malos sentimientos entre los hindúes y los musulmanes

Arriba: Jai con el presidente Franco, Madrid, en la década de 1960.
Abajo: Jai y yo en la Feria de Muestras
en Barcelona, en la década de 1960.

*Con la princesa de Asturias
(ahora reina Sofía de España) y
el director Zubin Mehta.*

en la antigua provincia de Jaipur. Esta situación se vería ahora seriamente amenazada.

Escribí a Rajaji para expresarle mis ansiedades y sentimientos, pero la disciplina del partido prevaleció. Así que el mismo día que llegué de España, tuve que unirme a otros representantes del Partido Independiente en Jaipur para, sentados alrededor de nuestra mesa en el palacio, dar forma a un acuerdo electoral. La reunión no ayudó a mitigar mis miedos. El Jana Sangh estuvo exigiendo algunos de nuestros más seguros escaños y al final, desgastados por su persistencia, tuvimos que concederles algunos. Tuve la impresión, además, de que al Jana Sangh en Rajasthán le molestó la fundación del Swatantra y creyó, probablemente de manera correcta, que les habíamos privado de muchos de sus votos. Incluso en aquellos momentos iniciales temí que el Jana Sangh se volviese un competidor más que un aliado y que hubiéramos hecho mucho mejor participando en las elecciones en solitario. En cualquier caso, el pacto se instauró. Y entonces apareció otra complicación y, tal como me había parecido, una mayor dilución de nuestra fuerza. El Partido del Congreso en Rajasthán se dividió, no por motivos ideológicos sino por descontentos en el reparto de escaños. Ellos también quisieron llegar a un acuerdo electoral con nosotros. Su argumento era que a menos que todos los partidos de la oposición formasen algún tipo de alianza electoral, su voto se dividiría sin remedio y el Partido del Congreso, aún en minoría, volvería al poder. De modo que la sección escindida del Congreso también se adueñó de algunos escaños que el Swatantra había tenido intención de disputar.

Eso no era todo. Los límites de mi propio distrito electoral de Jaipur habían sido manipulados de modo que, mientras que en 1962 toda el área había pertenecido al distrito de Jaipur, ahora se extendía a otra área de lo que había sido la vecina provincia de Jodhpur. Eso significaba que la ciudad de Jaipur propiamente se encontraba tan sólo en el límite de mi distrito electoral y, como resultado, tenía que viajar mucho más y pasar aún más noches fuera de casa. Si, como anteriormente, iba a hacer campaña para otros representantes así como para mí misma, debería cubrir la mayor parte de la provincia de Jaipur y una parte de Jodhpur también.

Otro asunto que llevaría tiempo era encontrar candidatos adecuados para los distritos electorales de Pat y Joey. Ambos se habían desilusionado con la política y habían rechazado presentarse a elecciones de nuevo. No era muy difícil encontrar alguien que tomase el escaño parlamentario de Pat, pero el escaño de la Asamblea Regional de Joey era otra cosa. Nadie estaba preparado para enfrentarse a su oponente, el formidable Ministro del Interior de Rajasthán. Los miembros de nuestro partido insistían en tener un fuerte candidato propio porque deseaban atar al ministro a su distrito electoral y evitar que viajase e hiciese campaña en cualquier otro lugar para otros candidatos del Congreso. Algunos candidatos de nuestro partido incluso amenazaron con retirarse a menos que me presentase al escaño yo misma. Nos quedaba poco tiempo, todos parecían inflexibles en sus posturas y cuando, finalmente, parecía que no había alternativa, acepté. Sabía desde el inicio que era una mala decisión. Podía dedicar muy poco tiempo a concentrarme en aquel escaño. Tenía que hacer campaña para otros varios candidatos atravesando Rajasthán y, lo más importante, tenía que cubrir mi propio distrito electoral.

De todos modos, archivé mi nombramiento, me preparé mentalmente para perder aquel escaño en la asamblea y dejé para los trabajadores de nuestro partido hacer la mayor parte de la campaña en aquella área. Debido a que se nos hizo muy tarde (las discusiones preelectorales, las decisiones y la selección de los candidatos habían consumido mucho tiempo), me sumergí desesperada e imprudentemente en tres caóticas semanas de elecciones. Agotada por todo el viaje, los discursos y mis otras responsabilidades, caí enferma con herpes y tuve que guardar cama durante las dos semanas más cruciales de la campaña.

Todo lo que podía pensar era cuán diferente era todo esto del estímulo lleno de incertidumbres de mi última campaña. Llamé a Jai a Madrid simplemente para oír el sonido de su voz, aunque no le conté lo infeliz que me sentía. Pero él me conocía suficientemente bien como para saberlo y se ofreció a dejarlo todo y venir inmediatamente. Sintiéndome mejor con la simple sugerencia, le dije que no lo hiciera porque iba a venir de permiso a la India en tres semanas. Por lo mismo, sabiendo lo triste y sola que estaba y entendiendo lo horroroso que era no tener a nadie al volver a casa, telegrafió a Pat para que enviara a su mujer Devika (la hija de Ila) y a su hijito para que estuvieran conmigo en Jaipur, simplemente para hacerme compañía. Una vez que pasó la fiebre, empecé a hacer campaña de nuevo de modo más pausado.

Los resultados de la elección en Rajasthán se cerraron. De los 184 escaños de la asamblea, el Partido del Congreso aseguró 89, mientras que los partidos de la oposición ganaron 95 escaños, de los cuales el Partido Independiente obtuvo 49, el Jana Sangh 22, los Independientes 15, los Socialistas 8 y los Comunistas 1. El Ministro del interior me derrotó en el escaño de la asamblea al que me había presentado, pero mantuve mi escaño en el parlamento con una larga mayoría, aunque esta vez no de proporciones que batieran récordes. En contraste con 1962, no hubo celebraciones de victoria porque teníamos un trabajo urgente que hacer. De algún modo teníamos que reconciliar a todos los miembros de la oposición y formar la necesaria coalición, aunque insegura, de manera que pudiésemos entrevistarnos con el gobernador de Rajasthán y mostrarle que teníamos mayoría en la Asamblea Regional .

Cuando presentamos nuestro caso al gobernador, éste se mostró ambiguo y nos dimos cuenta de que parecía estar retrasando su decisión. La normativa establecía que la asamblea debía constituirse antes de diez días tras el anuncio de los resultados de la elección. Por lo tanto, su retraso en invitar al líder del Congreso o al líder de la oposición a conformar el gobierno nos hizo sospechar bastante. Ciertamente no se habría equivocado de este modo bajo su propia responsabilidad. Teníamos razones para creer que estaba recibiendo continuamente instrucciones desde Delhi para procurar conservar Rajasthán para el partido gobernante, en especial puesto que el Congreso ya había perdido seis provincias en las elecciones.

En Jaipur, la tensión política se elevó mucho. Sabíamos que el retraso beneficiaría al Partido del Congreso al darles tiempo para deshacer con sobornos nuestra débil mayoría. Uno de nuestros miembros ya había sido persuadido de unirse al Congreso inmediatamente después de que hubo ganado para la oposición. Sólo teníamos que perder tres más y nuestra lucha para formar el gobierno sería aniquilada. Sabíamos que teníamos que actuar rápida y decisivamente. Estábamos determinados a no rendirnos y acordamos que lo más seguro que podíamos hacer era mantener a todos nuestros miembros electos unidos en el fuerte que pertenecía a la familia del Coronel Kesri Singh, a doce millas de Jaipur, a salvo de las tentaciones del Congreso hasta que el gobernador tomase una decisión.

Poco después, nos indignó saber que una normativa antidisturbios que prohibía la reunión de más de cinco personas había sido impuesta en el área de Jaipur, donde el gobernador y los ministros tenían sus residencias. Pronto supimos la razón de ello. Al siguiente día el gobernador invitó al líder del Partido del Congreso a formar el gobierno de Rajasthán.

Inmediatamente convocamos una gran reunión de protesta en la misma ciudad, en la que presentamos a todos los miembros electos de nuestro nuevo partido de coalición de modo que la gente pudiese ver y contar nuestra mayoría por si mismos. Y al día siguiente, los líderes de la oposición decidieron infringir la prohibición del gobernador presentándose unidos en su residencia y pidiéndole que retirarse su decisión.

Por la mañana temprano, todos nos reunimos en el centro de la ciudad. Una multitud estaba allí antes que nosotros, gritando eslóganes contra el Congreso y vociferando al unísono que la democracia estaba siendo asesinada. Cuando los líderes empezaron su marcha hacia la residencia del gobernador, la multitud les siguió. Cuando llegaron al área en la que estaba en vigor la prohibición, nuestros líderes intentaron persuadir a la gran multitud de que volviesen atrás, pero nadie escuchaba. Entonces me pidieron personalmente que hablase con ellos. El gentío me brindó un acalorado recibimiento, pero no estaban dispuestos a escuchar ninguna petición de vuelta atrás. En su lugar gritaban una y otra vez que lucharían conmigo, que juntos mantendríamos la democracia viva en la India. Anduve entre la multitud y en todas partes la cortesía me abrió paso, pero no prestaron atención a mi consejo e insistieron en acompañar a los líderes.

En el momento en que la multitud puso un pie en la zona residencial donde la prohibición estaba en vigor, la policía, bien preparada para su llegada, utilizó gases lacrimógenos y cargaron sobre ellos con porras. Nunca llegaron a la casa del gobernador y aquel día se impuso un toque de queda de veinticuatro horas en la ciudad de Jaipur. La ajetreada vida diaria se detuvo, no se efectuaba ningún negocio y todo el mundo esperaba a ver que pasaría el próximo día. Todos los líderes que tomaron parte en la manifestación, excepto yo, fueron arrestados.

Desesperada por hacer algo para prevenir nuevos estallidos en los que la muchedumbre bien podría hacer algo más que simplemente

Un retrato fotográfico mío, en la década de 1960.

gritar eslóganes, Jai y yo volamos a Delhi para ver al presidente, el Dr. Radhakrishnan, y al Ministro del Interior, El señor Chavan. El ministro del interior prometió levantar el toque de queda. El presidente también fue comprensivo y me dijo que tendríamos la oportunidad de probar nuestra mayoría durante la reunión de la asamblea regional. Lo hizo parecer sencillo. Sin embargo, le pedí que persuadiera al gobierno de que adelantara la fecha de apertura de la asamblea, al tiempo que le indicaba que en otros estados las asambleas ya habían sido convocadas mientras que en el nuestro estaban retrasando la apertura, presumiblemente para dar tiempo a los líderes del Congreso para persuadir a tres de nuestros miembros fundamentales a pasarse al enemigo.

Jai y yo nos tranquilizamos mucho con nuestra visita a Nueva Delhi. Aquella tarde la radio anunció que el toque de queda se levantaba en Jaipur. Pero entonces, cuando la gente empezó a salir de sus casas y a congregarse de manera habitual en las calles, la policía abrió fuego contra ellos. La primera víctima fue un chico joven, de no más de catorce años. Hubo nueve muertos, cuarenta y nueve heridos y no se mencionó el número de desaparecidos. Estas horribles noticias nos saludaron cuando llegamos al aeropuerto de Jaipur. Paralizada por el horror, sólo quería ir directamente a la ciudad; Jai, sin embargo, me convenció de que no lo hiciera, al recordarme que yo sería un punto de reunión y que eso provocaría nuevos disparos de la policía. Entonces supimos que habían llamado a unidades policiales de las provincias cercanas porque supongo que la policía de Rajasthán debió estar renuente a disparar sobre su propia gente de manera tan brutal y cobarde. Este tenso estado de emergencia duró días y yo pasé el tiempo visitando hospitales, reconfortando a los moribundos y apoyando a los heridos; nunca vi un miembro del Congreso o un cargo del gobierno visitando el hospital.

La asamblea iba a reunirse seis días después. Nuestra nueva coalición estaba todavía intacta y así, con nuestros miembros electos en control, nos reunimos en Rajmahal para decidir sobre nuestro nombramiento de un presidente. Queríamos desenmascarar la minoría del Congreso en el primer tema a tratar. Acabábamos de tomar una decisión cuando oímos la asombrosa noticia de que se había impuesto el mandato presidencial en Rajasthán. Esta es una forma de gobierno temporal que se invoca cuando no existe un partido en la provincia capaz de formar gobierno o cuando las condiciones son tan inestables que la provincia es gobernada desde el gobierno central hasta que algún partido obtenga la mayoría.

La excusa para el mandato presidencial en Rajasthán fue que el líder del Partido del Congreso sentía que él no podía formar un gobierno ante el ultraje al pueblo por tanto derramamiento de sangre. Constitucionalmente, el gobernador debería entonces haber solicitado al líder de la coalición de la oposición que formase un gobierno, pero en su lugar, anunció el mandato presidencial para evitar caer en desgracia ante los poderosos mandatarios del Congreso en el gobierno central de Nueva Delhi. Para contrarrestar esta jugada, llevamos a todos los miembros electos de nuestro partido a Delhi para que fueran, sencillamente, contados por el presidente y el ministro de interior. Esta vez, sin embargo, se mostraron ambiguos. Aunque sabíamos que su actitud era, de algún modo, una admisión de la derrota del Partido del Congreso, nos dábamos cuenta de que iban a continuar con sus tácticas dilatorias hasta que perdiésemos nuestra frágil mayoría. Sólo era cuestión de tiempo. El Congreso, con trabajos influyentes y puestos en los ministerios para ofrecer, estaba condenado a tentar a nuestros miembros de menor peso. Parecía que había pocas razones para que yo me quedase en India, así que me uní a Jai en España.

A tan larga distancia recibí las noticias que con tanto desconsuelo esperaba: algunos de nuestros miembros de la oposición habían cambiado de chaqueta. El Partido del Congreso de nuevo tenía mayoría absoluta. Se retiró el mandato presidencial y el líder del Congreso fue invitado a formar gobierno. Todo este asunto fue una amarga experiencia que aportó mucho a mi desilusión con la política. El oportunismo y la falta de principios que mostraban nuestros legisladores me asombraban. Y más tarde descubrí que Rajasthán tuvo el dudoso privilegio de instaurar un estilo de cinismo político que otras provincias estuvieron prestas a copiar. Era durante épocas como ésta, en las que me sentía deprimida y llena de un sentimiento de futilidad, en las que el apoyo de Jai y la seguridad de su presencia eran profundamente tranquilizadores.

Incluso en España, sin noticias diarias sobre los acontecimientos en India, supimos que se iba a añadir un nuevo cambio a la larga cadena de revoluciones que habían acaecido en nuestras vidas. A principios de

1966 se había presentado una resolución en la convención del Partido del Congreso que buscaba la abolición de los honorarios por privilegios de los príncipes. Aunque no había habido quórum en la convención para esta resolución, el ministro de interior del gobierno central, el señor Chavan, había incluido este tema como parte del programa del Congreso. Ahora, con las elecciones finalizadas, estábamos bastante seguros de que el gobierno revisaría pronto los acuerdos que había hecho con los príncipes cuando estos cedieron sus provincias para la nueva Unión India.

Jai creía que las garantías que proporcionaban estos acuerdos perderían su valor en un futuro no muy lejano. Los miembros más radicales del Partido del Congreso, quienes se llamaban a si mismos los "Jóvenes Turcos", hacían campañas más y más intensas por la total abolición de los honorarios por privilegios. Su influencia en el partido en el poder era creciente y Jai creyó que lo más acertado que los príncipes podrían hacer era llegar a algún tipo de compromiso con el gobierno. En cambio, muchos otros príncipes creyeron que el gobierno renegaba injustificadamente de sus acuerdos y rechazaron la postura más realista de Jai de que no valía la pena defender los honorarios por privilegios como un signo de distinción; era más importante negociar con el gobierno para proteger las familias de los príncipes y otras personas dependientes de ellos que no tenían otra fuente de ingresos y para los que, en principio, estaban destinados los honorarios por privilegios. Jai había trabajado sobre un anteproyecto para un acuerdo de este tipo y cuando se trató de actuar seria y constructivamente, el gobierno pareció comprensivo y deseoso de hallar un compromiso.

En septiembre de 1968, Jai tenía que venir a India para discutir todo este tema con otros príncipes y yo estaba deseosa de pasar algún tiempo con Ma, cuya salud se había ido deteriorando con una serie de enfermedades, la más severa de las cuales era el asma cardiaca. Dejé España unos días antes que Jai y llegué a Delhi el seis de Septiembre. Inmediatamente llamé a Ma a Bombay. Ella estuvo encantada de saber que yo estaba en India y me pidió que fuese a Bombay el día once. Me dijo que había pedido también a mi hermana Menaka que fuera allí en la misma fecha. A pesar de la variedad de trastornos que había sufrido, Ma sonaba bien a través del teléfono y eso me tranquilizó. Hice planes para viajar a Bombay el día once, tal como me pidió, pero en el último momento me detuvo un asunto político urgente y retrasé mi partida un día.

Por la mañana temprano del día siguiente, llamó Menaka para decir que el estado de Ma había empeorado mucho. Mi avión iba a salir unas pocas horas después y yo escrutaba el reloj, paralizada por la ansiedad, intentando infantilmente que las manecillas se movieran más rápido. Justo antes de partir hacia el aeropuerto me informaron de que Ma había muerto. Menaka había estado con ella en sus últimos momentos.

Jai y yo volamos a Bombay tal como estaba planificado y nos recibió una pálida y afligida Menaka. Juntos fuimos al piso de Ma, incapaces de hablar sobre ella e incapaces de creer que Ma ya no estaría más con nosotros, que nunca más estaría con nosotros. Poco después, Jai tenía que partir hacia España. Yo deseaba cons desesperación permanecer con él, sabiendo que sólo su presencia me podía reconfortar.

En lugar de ello, Menaka y yo empezamos el largo y desgarrador trabajo de solucionar los asuntos de Ma y distribuir sus posesiones del modo que ella quiso. Cada habitación del piso estaba todavía llena de su presencia. La cajita de oro que guardaba la especialmente olorosa nuez de areca que le gustaba mascar después de las comidas todavía permanecía sobre la mesita francesa junto a su silla favorita. Las flores de las que siempre se rodeaba se marchitaban en los floreros de plata y cristal, y ni Menaka ni yo tuvimos corazón para tirarlas o para pedir nuevas; Ma nunca hubiera permitido que las flores se marchitasen.

Menaka y yo empaquetamos, decidimos, contestamos al teléfono y hablamos de todos los temas bajo el sol, excepto de Ma. Cada día durante unas horas teníamos que sentarnos en el salón y recibir a los que venían a darnos el pésame. Esta fue la peor parte. Nosotras dos, y estoy segura de que también las visitas, podíamos fácilmente imaginar la habitación con Ma, el centro de un flujo incesante de invitados, llenando el palacio con su despreocupada calidez y humor. Incluso cuando estuvo enferma, su participación en la vida había sido tan intensa que era imposible aceptar el hecho de que había muerto.

Y todo el tiempo que Menaka y yo estuvimos sentadas intercambiando alabanzas con las visitas, el retrato de Ma a tamaño real por László nos miraba soñadoramente desde la pared del salón. Había una mujer pequeña y frágil, su sari de diáfano azul cielo drapeado sobre su cabeza para enmarcar el exquisito rostro con sus grandes ojos y con su boca extraña y algo triste. Esta era Ma en el momento en que todo el mundo parecía ser su dominio y cuando todos los hombres estaban enamorados de ella y cuando, en cualquier momento, sonreía con sus famosas sonrisas y hacía uno de sus inesperados comentarios, escandalosos o infinitamente amables. No podía estar muerta.

Sólo cuando, de vez en cuando, cruzaba mi mirada con la de Menaka, recordaba con un repentino y duro sentido de la realidad que ella, Bhaiya y yo éramos los unos que quedábamos vivos para compartir los recuerdos de aquellos días de la infancia, dorados y despreocupados, en Kuch Bihar.

CAPÍTULO 19

El último partido de polo de Jai

Cuando me reuní con Jai en España, un mes después de la muerte de Ma, me lancé a todo tipo de actividades, como hago siempre que estoy alterada. La vida social de Madrid, acontecimientos deportivos, diversiones; mientras me mantuviese completamente ocupada, cualquier cosa servía. Por una vez, me sentía aliviada de no estar en India, no sólo porque estaba lejos de las cosas que me recordaban a Ma continuamente, sino también porque mi desilusión por la política había aumentado debido a más cambios de partido en nuestro grupo legislativo, y necesitaba mucho un cambio de ambiente. Además de todo esto, había empezado a darme cuenta de que mi amplio compromiso con la política me había llevado a desatender a Jai y Jagat. Ahora estaba resuelta a dedicarles toda mi atención.

No pasó mucho tiempo, sin embargo, antes de que Jai me dijera que estaba pidiendo ser relevado de su puesto de embajador. Creía que los acontecimientos estaban transcurriendo tan rápidamente en India y que la posición de los príncipes se estaba haciendo tan precaria que él, verdaderamente, debería estar allí para ser tan útil como pudiese en ayudar a dirigir los cambios que eran inevitables.

Había transcurrido suficiente tiempo desde que yo había ido con tanto agradecimiento a España, para que mis profundos sentimientos sobre India y Jaipur en particular, volviesen de nuevo a aflorar en mi mente. Estaba contenta de llegar a casa y saber que de nuevo Jai y yo podríamos pasar la mayor parte de nuestro tiempo juntos. Jai tuvo que estar en Nueva Delhi muy a menudo, para formar parte de las negociaciones que se estaban haciendo entre el gobierno y la "Concordia de los Príncipes", un cuerpo que se había formado cuando surgió por primera vez la idea de abolir los honorarios por privilegios y que buscaba representar los intereses de los antiguos gobernantes.

Por mi parte, en Rajasthán había mucho trabajo que requería de toda mi atención. La parte occidental del estado había sido dañada por la sequía y fui allí para ver con mis propios ojos las condiciones de la gente y qué podía hacerse para ayudarlos. El gobierno había organizado trabajos contra la hambruna, pero la mayoría de estos resultaban ser fútiles ejercicios. Con los fuertes vientos calientes, las carreteras que se estaban limpiando estarían de nuevo cubiertas de arena. Ninguna lluvia podría llenar los depósitos que se estaban cavando. Me rompía el corazón ver a la orgullosa y robusta gente del desierto haciendo este trabajo penoso y sin sentido en medio del calor y el polvo. No importaba cuánto nos quejásemos yo y mis compañeros, el gobierno del estado parecía más preocupado por la política y los juegos de poder en la legislatura, que en conseguir un programa de electrificación y regadío rural sólido, que ayudase a resolver el problema de la sequía a largo plazo.

Jai estaba teniendo sus propias dificultades con el gobierno del estado. Para él, la gota que colmaba el vaso era el tremendo obstruccionismo mostrado sobre lo que a lo que muchos les parecería una cuestión no política. Mientras Jai estaba en España me había encargado hacer una estatua del maharajá Sawai Jai Singh, el fundador de la ciudad de Jaipur, tal como él la quería, para ponerla bajo una cúpula levantada especialmente para la estatua. Jai quería que el presidente de India develara la estatua pero cuando intentó hacer su solicitud a través de los canales habituales del gobierno, sufrió complicaciones y retrasos de lo menos razonables. Finalmente, se dirigió al presidente Zakir Hussain directamente y lo halló encantado de venir a Jaipur y, de hecho, develó la estatua en una digna ceremonia.

Si no había estado suficientemente claro antes que la actitud del gobierno hacia los príncipes era todo menos amistosa, ahora lo estaba. Jai, con su habitual ecuanimidad práctica, no perdió tiempo en recriminaciones inútiles. Anticipándose a futuros cambios en nuestras circunstancias, planeó llevarnos a una casa más pequeña que iba a construir en los terrenos de Rambagh. Estaba preocupado no sólo por el futuro de su familia directa, sino también por el futuro del resto de su familia y de las numerosas personas que dependían del él para ganarse el sustento. Algunos años atrás, cuando Rambagh se convirtió en un hotel y cuando montamos el museo en el Palacio de la Ciudad y lo abrimos al público, el elevado sentido de la justicia de Jai le había hecho distribuir sus tierras privadas entre aquellos que le habían servido durante más de diez años. Pero todavía había un gran número de personal de cuyo bienestar era responsable.

Con todas las disposiciones para nuestro futuro todavía en fase de planificación, nos fuimos en mayo, como solíamos hacer, a Inglaterra, donde Jai tenía que fungir como jurado en una exhibición de caballos en Windsor. Durante ese verano viajamos mucho, nos quedamos con nuestros amigos españoles en Marbella, fuimos a Argentina en el otoño haciendo escala en Venezuela y Brasil en el camino, viendo el mejor polo del mundo. En realidad, no creo en las premoniciones, pero aquel verano estuvo lleno de un sentimiento obsesivo de que, de algún modo, nuestro tiempo se acababa y que debíamos hacer y ver tanto como pudiésemos abarcar razonablemente.

Cuando volvimos a Delhi, Jai claramente no se encontraba bien. Se le veía muy cansado y no tenía su energía habitual, pero ambos pensamos que era sólo cansancio después de un largo viaje en avión. Él fue a Jaipur, aparentemente sin problemas, mientras yo me quedé en Delhi para asistir al parlamento. En Jaipur, Jai se desvaneció inesperadamente. Yo lo supe al día siguiente, cuando llegué allí. Insistí en llamar a un eminente cardiólogo que vivía en Jaipur. Después de examinar a Jai le aconsejó mucho reposo y le ordenó que evitara cansarse. Jai, por supuesto, no hizo caso de lo que llamó "todo este alboroto por nada", aunque confesó que algunas veces se sentía muy cansado, y se fue alegremente a Calcuta para jugar los torneos de polo con el 61 Regimiento de Caballería. Para nuestro regocijo, ganaron la Copa de la Asociación India de Polo (Indian Polo Association Cup), el trofeo más prestigioso de este tipo en India. Pero cada vez que Jai jugaba, yo me senté en las líneas laterales, más ansiosa de lo habitual. Él, sin embargo, me afirmó alegremente que con cada juego se sentía en mejor forma.

Nos quedamos en Calcuta para pasar el Año Nuevo con Bhaiya y, ese febrero, Bhaiya pasó unos días con nosotros en Delhi, o mejor dicho, tenía intención de pasarlos, pero la noche que llegó sufrió un ligero ataque al corazón y estuvo en el hospital durante casi cuatro semanas y volvió para la convalecencia a nuestra casa de Nueva Delhi. Yo tampoco me encontraba bien aquella temporada, pero ambos nos las arreglamos para salir y ver a Jai jugando en los campos de Delhi.

El polo no era lo único en que pensaba Jai en Delhi. Le servía más como relajación de los periodos de trabajo intenso, tratando de negociar alguna solución al punto muerto entre los príncipes, determinados a mantener sus derechos de honorarios por privilegios, y el gobierno, también determinado a derogar esos derechos.

Se iba a celebrar un nuevo encuentro de los príncipes a final de mes en Bombay, y Jai y yo viajamos allí juntos. Mientras estuve allí consulté a médicos que me dijeron que debía operarme tan pronto como fuera posible. Fui al hospital inmediatamente y todavía estaba recuperándome de la operación cuando supe que Bhaiya estaba gravemente enfermo después de haber vuelto a Calcuta. Estaba angustiada por no sentirme lo suficientemente bien como para estar con él, pero Jai y Menaka fueron a Calcuta y volvieron para informarme que parecía bastante mejorado. En abril, poco después de haber vuelto a Jaipur, la mujer de Pat me llamó para decirme que Bhaiya quería hablar conmigo. Le llamé inmediatamente y le dije que estaba deseando ir a verlo pero los médicos no me permitían viajar hasta que recuperase fuerzas. Nos pusimos de acuerdo para encontrarnos en Inglaterra en mayo.

El once de abril sonó el teléfono. Era mi sobrina Devika, diciéndome que Bahiya había muerto. Corrí a Jai llorando, él había sabido la noticia antes, pero había preferido evitar mi tristeza hasta que se confirmase. Había perdido a la persona que, después de Jai, era la más querida para mí en todo el mundo. Con tristeza, volamos a Calcuta y, desde allí, a Kuch Bihar.

Bhaiya se había casado con una chica inglesa durante los años cincuenta. No habían tenido hijos. Pero aunque lo hubieran tenido, la gente de Kuch Bihar no lo habría reconocido como su maharajá. Las viejas costumbres nunca mueren en India, especialmente en los principados. Así que el hijo de Indrajit fue pronto coronado por el Raj Guru, el principal sacerdote del palacio, como el nuevo maharajá de Kuch Bihar. Tras esto, el cuerpo de Bhaiya fue llevado desde la sala de *darbar* para ser incinerado. Siguiendo la costumbre, me quedé atrás con las mujeres y miré a los hombres escoltar el cuerpo mientras el cortejo se alejaba en la distancia, pasando por todos aquellos lugares que Bhaiya había amado tanto.

Desde Kuch Bihar, Jai y yo fuimos a Delhi, donde Jai tuvo que gastar mucho tiempo en persuadir al ministro de Interior de que reconociese al hijo de Indrajit como el nuevo maharajá de Kuch Bihar. No fue nada fácil, especialmente porque el partido gobernante estaba a punto

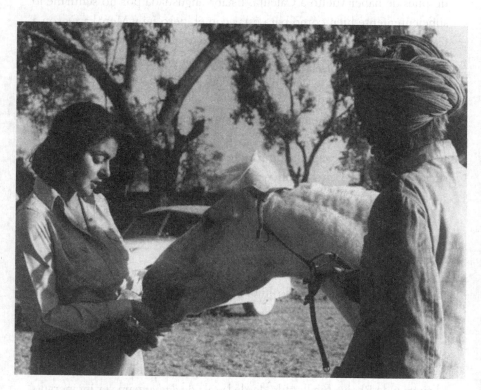
Dando de comer a un caballo de polo, en la década de 1960.

Jai y yo mirano un álbum de familia, en la década de 1960.

de introducir un proyecto de ley en el parlamento para abolir el rango principesco completamente. Finalmente, Jai fue capaz de persuadirles de que reconociesen a mi sobrino como maharajá de Kuch Bihar.

En mayo florecieron las jacarandas, dando a los rayos de sol un suave color lavanda que se filtraban a través de sus ramas, y esto siempre era la señal para Jai de que era el momento de volver a Inglaterra. Cuando lo anunció, intenté persuadirlo de que nos quedásemos hasta nuestro aniversario de bodas. Negociamos durante un rato y finalmente accedió a quedarse hasta el siete de mayo, que era nuestro aniversario indio según el calendario lunar. Jagat se había divertido mucho viendo esta escena. Comentó: "Cada año tenéis la misma discusión y cada año gana papá."

Así que Jai hizo lo que quería y se fue a Inglaterra. Yo quería acompañarlo pero creí que debería quedarme hasta el final de las sesiones parlamentarias. Aquel año, mi enfermedad y la muerte de Bhaiya, me impidieron asistir en absoluto. Pero después de que Jai se fue me sentí tan triste que estuve decidida a reunirme con él a tiempo para mi cumpleaños, el veintitrés de mayo, a pesar de que algunos príncipes pensaron que me equivocaba al irme justo cuando el proyecto de ley para abolir los honorarios por privilegios estaba a punto de ser introducido en el parlamento.

Llegué a Inglaterra el día anterior a mi cumpleaños pero, a pesar de mi felicidad por estar de nuevo con Jai, todavía llevaba conmigo un resto de desdicha por la pérdida de Bhaiya. Jai, conociéndome tan bien, me hizo ir a numerosas fiestas y actividades sociales y, por supuesto, a sus partidos de polo. Una noche, en un baile en Apsley House, Jai se quejó de que se sentía cansado. Dos días después, tuvo una mala caída mientras estaba arbitrando un partido de polo. Me pregunté inquieta si debería cancelar el cóctel que dábamos cada año después de las finales de la Copa de la Reina (*Queen's Cup*). Asistían habitualmente la reina y el príncipe Felipe, así como todos nuestros amigos y jugadores de polo. La fiesta debía celebrarse tres días después de la caída de Jai, pero Jai insistió en que se sentía mucho mejor y que nuestros preparativos debían mantenerse.

Durante la fiesta, Jai parecía estar tan bien como él decía estar y después asistimos a una cena que daban nuestros amigos en la que la reina, el príncipe Felipe y Lord Mountbatten estaban presentes. Recuerdo que Jai y Dicky Mountbatten hablaron durante largo tiempo acerca de la situación en India. Jai les dijo lo molesto que estaba por la aparente determinación del gobierno de abolir el rango principesco y por lo que creía que era un intento de humillar a los antiguos gobernantes. Dicky le dijo que Jai no era el tipo de persona que podía ser humillada y acordaron en verse más tarde para discutir el asunto en su totalidad. Las dificultades de los príncipes permanecían en la mente de Jai y tenía ansiar por comentar las cosas con alguien como Dicky, que tenía experiencia y conocimiento de la India y que seguía los acontecimientos de allí con interés, pero que al mismo tiempo todavía mantenía suficiente distancia como para tener un sentido de la proporción sobre ello y que podía, por lo tanto, emitir juicios sabios. Yo era la persona incorrecta para hablar con Jai. Todavía estaba muy afectada por la muerte de Bhaiya y Jai intentaba protegerme de cualquier tema desagradable.

Poco después empezó la semana de Ascot, con las elecciones parlamentarias británicas, lo cual se sumó a la emoción de las carreras de caballos y el polo. Desde su caída, Jai había dejado de jugar al polo y, en su lugar, fue juez durante la semana de carreras de Ascot. Estaba sorprendida, pero no excesivamente alarmada, cuando anunció que iba a retomar el juego en Cirencester. Allí, el primer partido era el veinticuatro de junio.

Era un día húmedo y ventoso y el juego era lento y poco emocionante. En la media parte estaba lloviznando y me quedé en mi coche con Bubbles, quien había venido a ver jugar a su padre, en lugar de ir a hablar con Jai, como solía hacer habitualmente. Miré vagamente al campo, al lugar donde él debería estar y, de repente, lo vi yaciendo sobre el terreno, rodeado de una multitud de personas, entre ellas una enfermera de la cruz roja. Temblando, salté fuera del coche y corrí hacia él. Recuerdo que, en algún lugar de mi mente, me di cuenta de que alguien había apartado su casco de un puntapié y eso me enfureció irracionalmente.

Llegó una ambulancia, Bubbles subió conmigo. Jai estaba todavía inconsciente y, juntos, le llevamos al hospital más cercano. El doctor me dijo que estaba muerto. Incapaz de creerlo, le supliqué que hiciera algo pero él sólo movió su cabeza.

Con la sensación de estar atrapada en una horrible pesadilla, sólo quería sacar a Jai, llevármelo de nuevo a la realidad de nuestra casa. Pero

El equipo de polo indio con su copa de oro en Deauville, en 1955.
De izquierda a derecha: Jai, Hemant Singh, Bijay Singh y Kishan Singh.

antes había formalidades por las que pasar, rellenar formularios y firmar documentos. Puesto que nada parecía real, fui capaz de pasar por todo ello con lo que debía parecer una calma y paciencia extraordinarias. Cuando por fin llegué a casa, Jagat nos estaba esperando.

Al día siguiente concurrieron los amigos a la casa para decirle adiós a Jai. Entre los visitantes estaba el Coronel de la Brigada Life Guard. Preguntó si nos gustaría celebrar el oficio en la capilla de la guardia. Le dije, "Sí", sintiendo vagamente que Jai lo hubiera deseado. Las flores, las caras tristes, el ambiente callado: todo seguía pareciendo un sueño. Incluso cuando Bubbles, Jagat y yo llevamos el cuerpo de Jai a la India, todavía era incapaz de imaginar que mi pérdida era irrecuperable.

Sólo cuando llegué a Jaipur, la ciudad que tenía tanto de nuestra vida en común, me di verdadera cuenta de que Jai se había ido para siempre. El aeropuerto estaba lleno de gente y la ciudad estaba de luto. Su cuerpo fue trasladado al Palacio de la Ciudad y allí, mientras la gente de Jaipur desfilaba ante su maharajá, sus cuatro hijos pasaron una larga noche de vigilia. No puedo forzarme a describir esa noche o intentar revivir mis sentimientos, pero aquí hay una referencia de alguien que estuvo allí:

> En la noche del 26 de junio de 1970, mientras su cuerpo yacía en el famoso Chandra Mahal (Palacio de la Luna), justo enfrente del templo de Govind Devji, con visión completa de la deidad que él tanto amó, la ciudad entera se presentó para rendirle homenaje durante toda la noche, en una inacabable riada de hombres, mujeres y niños llenos de aflicción.

El cortejo fúnebre empezó a las nueve en punto de la mañana siguiente. Mientras colocaban el cuerpo de Jai en un carro de cañón, el último medio de transporte más adecuado para un maharajá soldado, le saludó una salva de diecinueve cañonazos desde el fuerte de Nahargarh, por encima de la ciudad. El cortejo, acompañado por hombres portando antorchas encendidas y una escolta militar de seiscientos soldados y oficiales, tenía una milla de largo. Encabezando el cortejo estaban los elefantes enjaezados con el jefe *mahout* (conductor de elefantes) portando el cetro dorado otorgado por los emperadores mongoles a los gobernantes de Amber. Tras ellos venían los camellos decorados, los caballos, el *darbar* y la policía.

Entre los dolientes había una docena de antiguos príncipes y gobernantes y el ministro en jefe de Rajasthán junto con sus dos predecesores caminaron en el cortejo. Mientras avanzaba lentamente por la calles de Jaipur al son de tambores amortiguados, cada terraza, balcón y ventana estaba atestada de gente, y todavía más personas colgaban precariamente de los árboles y postes de telégrafo, en un intento de ver por última vez a su gobernante que tanto se había identificado con ellos y con su bienestar.

Una multitud de más de un millón de personas se alineaban en las cuatro millas de camino hasta los crematorios de Gaitor. Muchos habían salido de sus lejanas aldeas la noche anterior, viajando veinte millas en bicicleta, carreta de bueyes o a pie. Hasta donde la vista abarcaba, se podía ver una gran masa de gente venida a rendir tributo a su querido maharajá, Sawai Man Singh.

A las once en punto la procesión llegó al Cenotafio de los Gobernantes de Amber, en Gaitor. Los hombres a caballo repicaron sus tambores, anunciando el último viaje del arquitecto de la moderna Jaipur, a lo largo de la carretera que todos sus antepasados habían recorrido. Una multitud de cerca de cien mil personas había encontrado miradores y lugares en las colinas circundantes desde donde ver el crematorio. El cuerpo del maharajá fue colocado en la pira. Se realizaron los últimos rituales y entonces el maharajá Kumar Bhawani Singh, el heredero, encendió la pira mientras las diecinueve salvas hacían eco en las montañas.

Desde mi habitación en el Palacio de la Ciudad oí el sonido de los cañones cuando Bubbles encendió la pira funeraria. También pude oír el gemido de dolor, y la pena me sobrecogió casi como un espasmo.

Durante un mes me quedé en Rajmahal. Todos los chicos estaban conmigo, como lo estaba la hermana menor de Jai, Chand, y mi propia hermana, Menaka. Después, Jagat y yo nos fuimos a Inglaterra para asistir a los funerales en la Guard's Chapel (capilla de la guardia), que iba a realizarse el veinticuatro de julio. Mi pequeño grupo se reunió en nuestro piso de Londres. Jagat y el joven maharajá de Jodhpur llevaban sus *achkans* negros, sus turbantes de ceremonia y sus espadas. Se unió a nosotros todo nuestro personal de nuestra casa de Ascot, todos en ropas oscuras como correspondía. Al final llegó Dicky Mountbatten para acompañarnos. Había estado enfermo y los médicos le aconsejaron reposo completo, pero estaba decidido a leer el obituario en el funeral.

La capilla estaba llena de amigos y el funeral, con su sencillez militar, fue muy conmovedor. En ese ambiente era casi imposible ser valiente. Después, Dicky Mountbatten volvió al piso conmigo. Me llegaron sus palabras de apoyo y por primera vez tuve confianza, aunque todavía trémula, en encarar el futuro y vivir el resto de mi vida sin Jai.

También otros amigos se mostraron muy amables y me dieron el tipo de ayudas por las que es imposible dar las gracias. Aun así, después de que se fueron, quedó la realidad de que Jai se había ido para siempre. Desde los doce años había vivido casi exclusivamente para él y ahora no podía evitar creer que no quedaba nada por qué vivir. Sin embargo, Jagat estaba todavía conmigo. Había conocido a su padre por un tiempo penosamente breve y le había perdido en el momento en que más lo necesitaba. Intenté aferrarme a este hecho y a mi profunda responsabilidad hacia mi hijo, para obligarme a tener interés en la vida de nuevo.

En Jaipur, el pueblo estaba todavía conmocionado por la muerte de Jai. Miss Lutter, la directora de la escuela Maharaní Gayatri Devi, había decidido recoger los recordatorios y notas en su memoria e imprimirlas en un álbum de recuerdo. La serie de contribuciones fue enorme. Aquí hay una parte de lo que escribió el príncipe Felipe:

Palacio de Buckingham.

No voy a intentar adivinar lo que Jai significó para otras personas ni cuál fue su contribución a la vida. Todo lo que sé es que yo obtuve mucho de su amistad en todo tipo de circunstancias: en las cosas que hicimos juntos, como jugar a polo o cazar, o simplemente sentarnos y charlar bajo la luna, en Jaipur o en una casa de campo en Inglaterra. Supongo que uno se ve afectado de manera diferente por gente diferente, algunos molestan e irritan, otros son

estimulantes, otros también son alegres y divertidos. Para
mí, Jai tenía una cualidad de serenidad, de alegre calma,
que podía haber sido exasperante para otros pero que para
mí era una característica de lo más querida y disfrutada.
Combinaba con ello una rara cualidad en los hombres: era
perfectamente civilizado. Amable y modesto, pero con un
inequívoco instinto para las mayores cotas de ambición y
comportamiento humanos.

Quizá esta es una visión poco objetiva, pero la amistad
es poco objetiva.

(Firmado) Felipe

En el mismo volumen, que se tituló, *A Treasury of Tributes to the Late
His Highness Saramad-I-Rajaha-I-Hindustan Raj Rajendra Maharajá Dhiraj,
Lieutenant-General Sir Sawai Man Singhji Bahadur the Second, G.C.S.I, G.C.I.E.,
L.L.D., Maharaja of Jaipur*, nombrando todos los títulos y honores de Jai,
también aparece un nota del hombre que cuidaba de los perros de Jai. No
sabía hablar inglés, así que su contribución está escrita en hindi.

Serví al desaparecido maharajá *sahib* durante cuarenta
años. Él estaba contento conmigo. Aun si algo estaba
mal hecho nunca decía una palabra. Maharajá *sahib* solía
ir a pasear por el jardín. Yo me sentía muy contento de
verle hacer así. Cuando él estaba en la piscina, yo solía
sacar la comida para los perros. Le gustaba darles de
comer él mismo. Me entristecí mucho cuando se fue a
Inglaterra. Todos estábamos muy contentos con la noticia
de su retorno. Yo miraba continuamente a ver si veía el
avión. Todo el mundo estaba contento de su llegada a
Rajmahal. Él me hizo *jagirdar* (dueño de tierras) antes de
irse a Inglaterra, pero ¿cómo podía yo saber que nunca
volvería? Verdaderamente, fue una gran desgracia para
todos nosotros. No pudimos verle de nuevo. Yo hubiera
sido el hombre más feliz si el maharajá *sahib* hubiera vuelto.

Él me apreciaba. Yo siempre le recordaré.

Mangal Singh
Encargado de Kennels

Uno de los jardineros de Jai, un musulmán, escribió:

El desaparecido Su Alteza Maharajá Sawai Man Singh nació
en Isarda en 1911. Fue un gran gobernante. Le gustaba
mucho jugar a polo, y era uno de los grandes jugadores
mundiales. Cuando había un partido de polo en Jaipur, la
gente solía acudir en multitud para ver polo y para animarle
con gritos y frases en su honor. También él quería mucho a
su gente. Consideraba su deber el ayudar a la gente que tenía
problemas. Nunca hizo diferencia alguna entre hindúes
y musulmanes. Cuando algunos musulmanes quisieron
dejar Jaipur durante los disturbios, les detuvo y les dijo:
"Ningún musulmán debe dejar Jaipur para irse. Ellos son
como el pelo de mi pecho." Los musulmanes de Jaipur
nunca olvidarán eso.
Yo trabajaba en los jardines del gran maharajá. La maharaní
sahiba consiguió mi admisión en la escuela y fue debido a
su amabilidad que ahora estoy estudiando en el décimo
curso. El maharajá *sahib* solía pasar los veranos en Inglaterra.
Como siempre, volvió el verano y el maharajá *sahib* se fue a
Inglaterra. ¿Quién podía saber que no volvería? Murió en
el campo de polo. El mundo se conmocionó con la noticia.
Cuando trajeron su cuerpo a Jaipur, la gente se agolpaba en
el camino del aeródromo al Palacio de la Ciudad como si
el maharajá *sahib* fuera a hablar al verlos. El pueblo lloraba:
si hubiéramos sabido que el maharajá no iba a volver, no le
hubiésemos dejado ir.

Mohammed Shamim

Ese mismo año, en realidad antes de que yo partiera de Inglaterra tras el funeral de Jai en la *Guard's Chapel*, recibí noticias de más tragedias en nuestra familia. Recuerdo muy bien que la letanía de nombres solía repetirse en mi cabeza como una horrible lista personal de bajas en una guerra sin cuento: Ila, Indrajit, Ma, Bhaiya, Jai. Y después se sumaron la hija de Jai, Mickey, todavía con cuarenta y pocos años, mi primo Gautam, con el que solía jugar en Kuch Bihar durante la infancia y, finalmente, el muy querido hermano mayor de Jai, Bahadur Singh, que había "adoptado" a Jagat, convirtiéndolo ahora en el nuevo rajá de Isarda. Todos muertos.

En aquella época, Jagat estaba aprendiendo museología para colaborar en nuestro museo. Estaba en Inglaterra y volvió solo a un Rajmahal vacío.

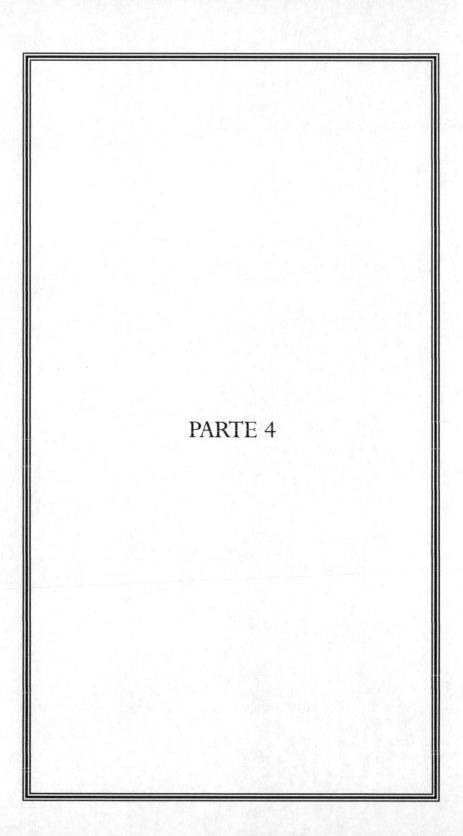

PARTE 4

PARTE 4

CAPÍTULO 20

Nuevos cambios

Es difícil describir aquel periodo de tiempo que siguió a la muerte de Jai, cuando encaré los momentos más duros y solitarios de mi vida. Bajo el peso de un dolor insoportable, empecé a retirarme a la soledad y a la reclusión, aunque sabía que eso no era lo que él hubiera querido. Si los acontecimientos políticos no me hubieran forzado a volver de nuevo al mundo, aparentemente sin sentido, quién sabe cuánto tiempo habría podido pasar hasta que yo saliese de los confines de Rajmahal.

El 18 de mayo de 1970, se presentó en el Parlamento un proyecto de enmienda constitucional relacionada con los honorarios por privilegios. Hacía alusión a cambios venideros en los títulos y status de los príncipes y nos hizo temer por nuestro futuro, no por las pérdidas financieras privadas que sucederían, sino porque daba una idea de la visión de la señora Gandhi de la historia y de las promesas constitucionales.

En este terreno puedo parecer sesgada, quizás lo soy, de modo que ofrezco el punto de vista del reconocido abogado indio, N.A. Palkivala, para ilustrar los antecedentes históricos contra los que se dirigía esta propuesta. En un folleto titulado *Honorarios por privilegios, aspectos legales y morales,* escribió:

En el amanecer de la Independencia en 1947, la cuestión política más punzante era si los gobernantes de los principados renunciarían a sus reinos, como gran sacrificio en aras de la unidad nacional. El apoyo de los príncipes era vital para una India coherente ya que la situación geográfica de sus tierras formaba una división del país en cuatro partes, similar a una esvástica. Tal era su importancia para la suprema unión de India que llevó a Coupland a xclamar: "Si se cortasen los miembros musulmanes en el noreste y noroeste, la India viviría, pero ¿cómo podríavivir la India sin su corazón?"

Después, Mr. Palkivala continuó citando al *White Paper on the Indian Status,* publicado en marzo de 1950:

Dándose cuenta de la necesidad de avanzar con los tiempos, los principados, pequeños y grandes, han compartido de buen grado la idea de fundar una India independiente, cimentada en el fin de la intransigencia real. Una India democrática se construye sobre los esfuerzos conjuntos de los príncipes y del pueblo, pero sin la cooperación de los príncipes no habría sido posible introducir el vasto cambio que ha beneficiado a todos.

Para gente acostumbrada tradicionalmente a una sola cabeza gobernante, la nueva ley trajo cambios sustanciales. Al aceptar estos cambios con elegancia dieron muestra de imaginación, visión de futuro y patriotismo. A su vez, los príncipes respetaron los deseos del pueblo y llevaron a cabo la transferencia de poder y la unión de las provincias de modo sencillo y pacífico. Se les puede considerar los cofundadores de una India independiente y democrática en la cual tanto la gente de las provincias como de los principados, experimentarán un sentimiento de júbilo al caminar los unos junto a los otros como ciudadanos iguales.

Después de todo esto, parece extraño que el gobierno intentase evitar el pago de menos de 50 millones de rupias por el conjunto de honorarios por privilegios. De estos, el maharajá de Mysore recibía la mayor suma, unas 2.600.000 rupias por año, mientras que el gobernante de Katodiya, un pequeño estado en Saurashtra, recibía la menor, 192 rupias por año. También puede parecer extraño que los príncipes armasen tanto alboroto sobre esta cuestión, pero ambos puntos de vista de la discusión se basaban en principios: socialistas por parte del gobierno y constitucionales por nuestra parte. Hasta entonces, el gobierno había pagado aproximadamente 40 millones de rupias a cambio de la regencia sobre casi la mitad de la India. Me sorprendió bastante descubrir que el nuevo sistema suponía mayores gastos para el gobierno, al mantener a los maharajáes alternativos, o sea, los ministros y los aduladores del gobierno.

A pesar de la controversia continua sobre los honorarios por privilegios en el parlamento, el proyecto fue aceptado. Entonces pasó a la Raja Sabha, la Cámara Alta, sin cuyo consentimiento el proyecto no podría convertirse en ley. Después de tres días de discusiones, se rechazó la propuesta.

El partido gobernante estaba abatido y se convocó a una reunión de emergencia del Gabinete. Decidieron que no era suficiente con erradicar los honorarios por privilegios sino que ése debería ser el primer paso hasta destronar a los príncipes. Dieron parte al presidente, el señor Giri, de su decisión. Él estaba de visita en Hyderabad, sin embargo, a los veinte minutos de la decisión del gabinete, el presidente estampó su firma en un documento que puso todo el proceso en marcha.

Obviamente, los príncipes protestaron. Creían que el presidente había actuado inconstitucionalmente al denegarles sus derechos y privilegios; se les había dicho que había utilizado medios políticos no éticos. Sin embargo, la actuación del presidente era aceptable bajo una "Acta de Estado", un poder supremo que había sido cedido a la India como legado del gobierno británico.

Los príncipes presentaron una apelación y la decisión por mayoría del Tribunal Supremo establecía que:

> Es difícil imaginar el gobierno de una democracia colectiva utilizando leyes de soberanía heredadas de los días del Imperio para oponerse a su pueblo. De hecho, el poder central y la autoridad utilizada derivan de y son reguladas por la constitución. Una "Acta de Estado" nunca puede ser utilizada por un estado para oponerse a sus ciudadanos.
>
> La cuestión de si el presidente puede destronar a los príncipes es de menor importancia; lo que es más

importante par el futuro de nuestra democracia es si
el cabeza de un estado puede ignorar la constitución
e invalidar actos legislativos a voluntad. Si esto es así,
entonces nuestra convicción de que es el estado el que
hace las leyes, y no los hombres o mujeres, es errónea y
debe ser abandonada.

Aunque por poco tiempo, los honorarios por privilegios y los títulos
fueron devueltos a los antiguos príncipes.

Entonces, la primer ministro Indira Gandhi hizo un movimiento
calculado. Disolvió el parlamento y convocó a elecciones en febrero de
1971, un año antes de lo previsto. Algunos pensamos que no era correcto
enredarnos en los trámites de nuevas elecciones cuando estábamos al
borde de una confrontación por la cuestión de Pakistán y Bangladesh y
estábamos estudiando cómo afrontar la continua afluencia de refugiados
bangladeshis que buscaban protección en India frente a las atrocidades de
Pakistán. Aun así, se habían convocado las elecciones, los líderes políticos
se dedicaron plenamente a sus campañas y yo fui invitada a presentarme
al escaño de Jaipur y a ayudar en las campañas parlamentarias de otros
candidatos. Todos los partidos de la oposición formaron una coalición
para consolidar el voto y yo fui elegida como la candidata más apropiada
para el escaño de Jaipur.

Todavía guardaba luto por la muerte de mi esposo cuando
se pusieron en contacto conmigo. No tenía interés en continuar con
deberes públicos y estaba pensando en retirarme de estos temas de modo
permanente. La llegada de dos cartas, una de la abuela del maharajá de
Jodhpur y otra de la *rajmata* de Bikaner, me impidió hacerlo. Ambas me
decían que entendían mi actual estado de ánimo y mi angustia, y que no me
sintiese con ganas de ponerme frente al público en este estado, pero que
esperaban que pudiese dejar mi dolor de lado y volver a mis obligaciones.
Creían que era de vital importancia que yo me opusiese al Congreso, por
el bien de todos nosotros. Tenía un gran respeto y afecto por ambas damas
y, a instancias suyas, inscribí mi nominación.

La peor parte de la campaña electoral fueron las lágrimas que hice saltar cuando las mujeres me vieron vestidas de luto. Mis trabajadores me aseguraron que recibiría suficientes votos de simpatía como para batir mi anterior récord electoral. Estaban convencidos de que sólo Jaipur me daría una ventaja de más de 50.000 votos.

Sin Jai me sentí extremadamente vulnerable durante toda la campaña.

Cuando finalizó la campaña, pregunté a mis trabajadores si debía ir a Nawa, que no había podido visitar antes. Sin embargo, pensaron que era mejor que visitase los centros electorales en Jaipur antes de ir a Nawa.

Cuando llegué al centro electoral de Jauhari Bazar, una multitud de personas rodearon mi coche y me contaron una injusticia que se había cometido. Sus nombres no aparecían en el censo electoral, pero tenían que haber estado antes ya que todos los partidos les habían enviado folletos electorales en los que les informaban dónde estaban censados para votar. Como candidata política pude entrar al centro electoral para preguntar al oficial responsable del centro electoral sobre esta cuestión, pero fue incapaz de darme una respuesta satisfactoria.

Entonces me encontré con un magistrado en un centro electoral. En un intento de solucionar la queja, el magistrado llevó a un votante ante el avergonzado oficial, que nos mostró un censo electoral en el que los nombres de muchos votantes habían sido tachados. En respuesta a nuestras quejas, el oficial sugirió socarronamente que acaso podía haberse tratado de un resbalón del bolígrafo. La misma historia se repetía en cada centro electoral. Dándome cuenta de lo vano de la situación, me fui a casa.

Por la noche, cuando mis trabajadores volvieron, estaban deprimidos. Los ojos de mi vieja sirvienta Takuni Bai estaban llenos de lágrimas y con voz ahogada dijo: "¿Qué podíamos hacer? No pudimos votar." Nadie de nuestra plantilla del Palacio de la Ciudad , Rambagh o Rajmahal, pudo ejercer su derecho al voto. Todos los apellidos *rajput* fueron tachados de la lista de votantes.

Aquella noche fui a Nawa para quedarme con Prem y Pratap Kuchamen durante dos o tres días. Al día siguiente era la jornada electoral en Nawa y allí también los votantes fueron engañados por los oficiales responsables de los centros electorales. Una mujer saltó enfrente de mi jeep gritando: "Todavía no estoy muerta. ¿Por qué no he podido votar?" Incidentes similares a estos de Jaipur ocurrieron en toda la India. Como resultado, los líderes de la oposición que habían estado seguros de su victoria fueron derrotados. Un importante periódico solicitó cartas a los que no se les había permitido votar. Cada día, mes tras mes, aparecieron cartas.

De este modo, amañando las elecciones y con su campaña "Garibi hatao, Fin de la pobreza", el Congreso ganó por una inmensa mayoría. Yo obtuve mi escaño por más de 50.000 votos de diferencia, mientras que muchos otros candidatos que debían haber ganado, perdieron. El Partido Independiente mantuvo sólo siete de sus anteriores 34 escaños parlamentarios.

Entré en el parlamento donde me senté al lado de Piloo Mody, habitualmente un hombre muy alegre, pero en aquel momento muy deprimido. Para animarle, le dije que a pesar de que sólo éramos siete en número, éramos 70 en fuerza.

Una vez que pasaron las elecciones, la atención del gobierno volvió al problema de la acogida de los refugiados de Bangladesh. Durante una visita a Kuch Bihar había visto las penosas condiciones de miles de refugiados que habían dejado su propio país para buscar refugio en India.

Las fricciones entre India y Pakistán crecían, y fue sobre ese telón de fondo de los nubarrones de tensión, que se representó el acto final del drama de los príncipes.

En agosto de 1971, el parlamento publicó el proyecto de enmienda vigésimo sexto. Concernía la pérdida de reconocimiento de los príncipes y la finalización de las disposiciones constitucionales sobre los honorarios por privilegios.

En la primera semana de diciembre, la propuesta fue aprobada por ambas cámaras del parlamento y con ella los príncipes perdieron todo lo que se les había prometido cuando voluntariamente unieron sus provincias al resto de la India. Los privilegios, los títulos y los honorarios fueron abolidos.

Mientras se debatía la propuesta en el parlamento, la primer ministro, Indira Gandhi, declaró que el proceso de conseguir la igualdad en el país estaba en camino; las diferencias de clases estaban siendo erradicadas y se forjaba una gran comunidad basada en la igualdad. Invitó a los príncipes a participar. Dijo: "Podemos estar privando a los príncipes del lujo, pero les estamos dando la oportunidad de ser hombres." Mi sobrino, el maharajá de Baroda, replicó: "Veinte años atrás, en este mismo lugar, nos llamaron cofundadores de la India independiente. Hoy se nos tacha de anacrónicos y después se nos tendrán por obstáculos reaccionarios para cimentar una sociedad igualitaria."

En la lucha ciega de convertir a la humanidad en una sociedad ideal, el concepto de circunstancias de nacimiento había desaparecido de la constitución. No pude evitar pensar que si la señora Gandhi hubiera aprobado un proyecto para la abolición del sistema de castas, entonces su igualitarismo podría haber sido más creíble. Porque, a pesar de los grandes reformistas como Mahatma Gandhi, las cuestiones de igualdad y casta seguían siendo complejas en India.

Sin duda, el cambio es inevitable. Los príncipes no esperaban que sus acuerdos con el gobierno se mantuviesen inalterados para siempre, pero ese cambio debería estar basado en un acuerdo mutuo, no exclusivamente en una decisión del gobierno.

Un pequeño e insignificante incidente me trajo a casa la importancia de los cambios. Justo después de la aprobación del proyecto sobre la pérdida de reconocimiento de los príncipes, tuve que renovar mi pasaporte. Cuando me lo devolvieron, vi que ahora me llamaban Gayatri Devi de Jaipur (M.P.), mi ocupación: ama de casa, y el nombre de mi marido: el fallecido Sawai Man Singh de Jaipur. Escribí a la oficina de pasaportes señalando que Su Alteza siguió siendo maharajá hasta su muerte. Aunque la enmienda constitucional les permitiese quitar los títulos y los rangos de los que estábamos vivos, no tenía efecto retroactivo sobre los muertos. La oficina de pasaporte no respondió. Algún tiempo después, me divertía leyendo una carta al periódico que preguntaba si los emperadores mogoles, Babur y Akbar deberían llamarse "Sr.", ahora que los títulos de realeza habían desaparecido.

Mi vida era muy diferente, principalmente debido a que Jai no estaba allí, y también porque el clima social y político era muy diferente. Tenía que tener en cuenta a la gente de mi distrito. Venían a verme con sus problemas. A menudo venían campesinos con frutas y vegetales frescos como regalo y se quedaban un rato para explicarme las impresiones de las gentes de la aldea sobre los acontecimientos recientes. Una vez acudieron en tropel desde todos los pueblos de alrededor, pidiéndome con agitación que interviniese en su favor para evitar un nuevo impuesto sobre la producción de grano.

Además de intentar ayudar a la gente de mi distrito, iba a Delhi cuando había sesiones parlamentarias. El Swatantra al que yo me había unido con tanta esperanza y tanto entusiasmo, se había dividido. Rajaji, su líder, estaba muerto y la mayoría de sus miembros se pasaron a un nuevo partido político. Yo me sentaba con ellos, pero me mantuve como miembro independiente del parlamento.

No es que no me interesase la política, pero me daba cuenta de que no había sido capaz de ayudar a la gente de Jaipur tal como me hubiera gustado. Además, la política es un trabajo que consume todo el tiempo y sin Jai, y con tantos problemas que reclamaban mi atención, no tenía tiempo. Bubbles había dejado el ejército y había venido a vivir a Jaipur. Le ayudé en lo que pude. Todavía había mucho que hacer, pero me pareció que los muchachos no compartían mi sentimiento de urgencia. Ellos eran jóvenes y seguramente pensaban que había mucho tiempo para realizar sus proyectos. Joey y Pat también habían hecho de Jaipur su centro. Jagat pasaba la mitad de su tiempo en Jaipur y la otra mitad en Inglaterra.

A pesar de todo esto, tras la muerte de mi marido mi vida había perdido todo el sentido. Me sentía sola sin su amor y apoyo y la vida continuaba como una rutina.

Tras un largo intervalo, pude, una vez más, disfrutar de un sentimiento de alegría cuando Bubbles fue condecorado por su valentía. Fue a principios de 1972, cuando un día, estando en una reunión del Swatantra presidida por el *maharawal* de Dungarpur, alguien irrumpió agitadamente en el despacho diciendo: "Acabo de oír en la radio que el Maharajá Sawai Bhawani Singh ha sido premiado con el Mahavir Chakra por sus servicios en la guerra de India —y Pakistán." No pude contener mi alegría y le dije al *maharawal sahab*, "Si Su Alteza estuviera vivo, qué orgulloso se hubiera sentido hoy. No me puedo quedar a la reunión. Debo informar a todos de las noticias."

Bubbles recibió muchas cartas de felicitación; a todas ellas respondió diciendo que el mayor premio que había recibido fue el de ver la sonrisa de su madre una vez más.

Había dejado Rajmahal un año y medio antes y puesto que mi nueva casa no estaba acabada, me fui a Moti Dungri, en lo alto de la colina. Desde allí podía ver todo Jaipur. Solía sentarme en la terraza y pensar en qué futuro aguardaba a la ciudad que el maharajá Sawai Jai Singh había planificado con un cuidado tan meticuloso casi 250 años atrás, y que cada uno de los gobernantes que le sucedió había mejorado, Jai el último. Desde mi mirador, podía ver cómo la ciudad se expandía día tras día y pensaba en si algún día se convertiría en una de esas metrópolis anónimas, sin personalidad, que podía encontrarse en cualquier lugar del mundo. No, eso no era posible; las colinas coronadas de fuertes que acunaban Jaipur siempre estarían allí, y allí estaría el cielo azul. El aire siempre sería puro, ¿o no?; en Jaipur sopla viento del oeste y, con la típica falta de previsión, las autoridades de planificación urbana habían destinado las tierras de la zona oeste de la ciudad a áreas industriales. Las factorías crecían como setas y el viento del oeste pronto llevaría el humo de sus chimeneas a la ciudad y contaminaría su aire.

Algunas veces pensaba en todas las casas y palacios en las que había vivido a lo largo del tiempo. Rambagh es ahora un hotel; Rajmahal, de momento ocupado por Bubbles, estaba a punto de convertirse en otro. El palacio de Kuch Bihar se estaba derrumbando por falta de mantenimiento, de "Woodlands" ya sólo queda el nombre en Calcuta, y ya no tengo oportunidad de visitar "Colinton", nuestra casa en Darjeeling.

Volví a Lakshmi Vilas, el palacio de mis abuelos en Baroda. Cuando crucé la verja principal para entrar en el pardo y moribundo jardín pre-monzónico, casi esperaba que algún trompeta fantasmagórico tocase el himno de Baroda. Recorrí las antiguas canchas de tenis, ahora cubiertas de vegetación, recordando los agotadores torneos de tenis, con las chicas vestidas en saris, en los que jugaba dobles con mis primas, con unas buenas maneras tan escrupulosas que la pelota a menudo pasaba entre nosotras, y ambas decíamos cortésmente: "Tuya."

Lakshmi Vilas ahora es mucho menos ostentoso; lo único que no

ha cambiado son los loros amaestrados de mi abuelo. Los trajeron por la
noche para entretenerme y, una vez más, dispararon la ensordecedora salva
con el cañón de plata.

A menudo iba por las tardes a la terraza de Moti Dungri y
presenciaba el momento especial del crepúsculo en Jaipur, en que toda
la ciudad brilla con una cálida luz rosada. Podía oír las campanas de los
templos anunciando la *arti* vespertina, las plegarias y las ofrendas que
acompañan al ofrecimiento del fuego sagrado a la deidad. Durante estos
momentos tan increíblemente agradables, olvidaba por unos minutos los
cambios que habían sobrevenido a la ciudad y a las gentes a las que Jai
había servido tan bien. Podía imaginar que pronto llegaría Jai para hacer
una cena picnic en Moti Dungri y que después conduciríamos de vuelta a
nuestra hogar, en el palacio Rambagh.

CAPÍTULO 21

La Emergencia

Mientras estaba en proceso de mudarme de Moti DungriDungri a Lily Pool, la casa que Jai había construido para nosotros en los terrenos de Rambagh, tuve una experiencia de lo más inesperada y traumática. Estos son los acontecimientos que la desencadenaron.

La guerra de Bangladesh (1971-1972) fue el momento más brillante de Indira Gandhi, pero la alegría en India pronto dio paso al desespero. Empezó a notarse el coste de la guerra. El monzón no llegó. Los bancos, los seguros generales, las minas de carbón y el comercio del trigo fueron nacionalizados. Los precios de la comida se dispararon y lo mismo sucedió con la inquietud del pueblo. En 1974, Jayaprakash Narayan promovió un movimiento de revuelta popular en Bihar. George Fernandes, un parlamentario y antiguo líder de la Unión de Trabajadores del Ferrocarril, llevó a una huelga del ferrocarril de tres semanas. El país estaba desilusionado con el liderazgo de la señora Gandhi. Incapaz de reconocer el apoyo popular a estos movimientos de protesta, los interpretó como una campaña "anti-Indira". Tomó represalias y buscó despistar a la opinión pública ordenando una serie de redadas en casas de negocios y contra miembros de la oposición. Fue contraproducente. El resentimiento contra ella aumentó, unificando a toda la oposición excepto a los comunistas. Las antiguas familias reales de Gwalior y Jaipur fuimos señaladas para estas redadas ya que la *rajmata* de Gwalior y yo éramos miembros de la oposición en el parlamento.

El 11 de febrero de 1975 es un día que nunca olvidaré. Febrero es un mes hermoso en Rajasthán. El cielo es azul, las flores empiezan a salir, los pájaros cantan y los días son claros y frescos. Aquel día en particular me sentía más feliz de lo que había estado desde la pérdida de Jai y esperaba con ilusión un ocupado día de trabajo por delante. Después de practicar yoga en mi terraza fui a desayunar. Durante el desayuno, mi sirvienta me dijo que había unos desconocidos que querían verme. Le dije que les dejara pasar. "Somos funcionarios de recaudación de impuestos, hemos venido a inspeccionar el lugar", anunciaron.

"Bien, adelante," les dije, "pero les tengo que dejar porque tengo citas."

"Nadie puede abandonar el lugar," dijeron. Mientras hacían la búsqueda en Moti Dungri, recibí una llamada telefónica de Pat. Me dijo que todas nuestras casas y oficinas habían sido inspeccionadas: el Palacio de la Ciudad, que es la residencia oficial de nuestra familia y que aloja el museo, el Hotel Rambagh Palace, la casa de Bubbles, Rajmahal, las casas de Joey y Pat y mi alojamiento parlamentario en Delhi. Dos días después, también el fuerte de Jaigarh fue inspeccionado. Cuando los funcionarios de recaudación de impuestos llegaron a Jaigarh, la tribu de los Mina que guardan el fuerte les dijeron que ¡sólo entrarían al fuerte por encima de sus cadáveres! Desde que el maharajá Jai Singh construyó Jaigarh, nadie había osado entrar al lugar, excepto los sucesivos maharajáes y sus cargos de confianza. Nos mantuvimos en calma durante esta situación, que duró semanas. En la prensa, la televisión y la radio aparecieron, cada día, informes exagerados de las inspecciones.

El tejado del tesoro de Kapatdwara en el Palacio de la Ciudad había requerido mantenimiento, así que muchos años atrás Jai había trasladado todo el contenido a una sala de seguridad, especialmente construida, en Moti Dungri. Tenía planeado mandar hacer mostradores para que los visitantes pudieran ver las joyas de la corona de Jaipur. Cuando los recaudadores de impuestos dieron con estos tesoros se maravillaron.

Una tarde en Moti Dungri, mientras dormía mi siesta, los funcionarios de recaudación de impuestos continuaban rebuscando en el piso inferior. Al encontrar una gran cantidad de monedas de oro, el funcionario encargado del grupo de inspección no pudo contener la emoción. Las había traído Jai a Moti Dungri desde el fuerte de Nahargarh, que había sido la tesorería de la provincia de Jaipur antes de que la provincia se fusionara con la Unión India. Afortunadamente, ese oro se mencionaba en los últimos presupuestos de la provincia de Jaipur y cada una de las piezas estaba justificada. Mientras continuaba esta desagradable persecución, me mudé a Lily Pool.

El 12 de junio de 1975, el Tribunal Supremo de Allahabad anuló, en un sensacional juicio, la elección de Indira Gandhi al Lok Sabha, por malas prácticas electorales. Bajo el sistema parlamentario sus posibilidades

Moti Dungri.

eran dimitir y buscar reparación a través de la justicia. Llevada por la equivocada percepción de que "India era Indira" y que sin ella la nación no sobreviviría, e incitada por su camarilla de consejeros preocupados sólo de sí mismos, desató los acontecimientos que casi le costaron la democracia a la India, una democracia tan cuidadosamente alimentada por gente como su padre, Pandit Nehru.

El 24 de junio, sin consulta con el gabinete, declaró el Estado de Emergencia. La excusa fue una huelga general planeada por la oposición para el 29 de junio. Asumió poderes dictatoriales y los utilizó para intimidar y destruir a la oposición. La prensa cerró al serle cortado el suministro eléctrico. Los líderes de la oposición fueron arrestados a media noche bajo el Acta de Mantenimiento de la Seguridad Interna (M.I.S.A., Maintenance of Internal Security Act).

La mayoría de mis amigos de la oposición fueron encarcelados esa noche. Yo quedé en libertad, pensando en cuándo llegaría mi hora. No tuve que esperar mucho. No asistí a la Sesión de Monzón del parlamento ya que me encontraba en Bombay, pero mi búsqueda había empezado. Yo no estaba advertida, pero algunos conocidos míos me avisaron de que habían sido interrogados sobre mi paradero. Viajé de Bombay a Delhi a finales de julio de 1975 para asistir al parlamento.

Los escaños del gobierno estaban llenos mientras que los de la oposición estaban prácticamente vacíos. Los miembros del Congreso parecían sorprendidos de verme. Aquella tarde fui a casa para descansar y hacia las 4 en punto, mis sirvientes vinieron para decirme que unos oficiales de policía querían verme. Fui a verlos y les pregunté que deseaban. Me dijeron, bastante avergonzados, que habían venido con una orden de arresto. Les pregunté cuáles eran los cargos. Me dijeron que Acta de Conservación de Divisas y Prevención de Actividades de Contrabando (C.O.F.E.P.O.S.A., Conservation of Foreign Exchange and Prevention of Smuggling Activities Act). Estaba muy desconcertada y pregunté si podía llamar a mis abogados. Replicaron que no podía utilizar el teléfono. Entonces pregunté si podía recoger algunas cosas, a lo que accedieron. Como no tenía maleta fui a tomar una prestada de la habitación de Bubbles. Me dijo: "Acabas de llegar, ¿adónde vas?"

A lo que respondí: "A prisión", y él dijo, "¡Qué tontería!" y fue al salón para hablar con el oficial de policía. Al verlo le preguntaron si él era el coronel Bhawani Singh. Cuando contestó afirmativamente, le dijeron que tenían que mostrarle una orden de arresto, también bajo C.O.F.E.P.O.S.A. Su reacción fue la misma que la mía. Quiso llamar a sus abogados pero no se le permitió.

Fuimos conducidos, bajo una lluvia torrencial, a la comisaría más cercana. Todo el mundo reconoció a Bubbles, ya que había sido un oficial de la Guardia Presidencial y también había recibido el Mahavir Chakra al valor. Los oficiales de la comisaría estaban convencidos de que tenía que ser un error. Después de algunas llamadas frenéticas pudieron confirmar que no había habido ningún error. Después llamaron al superintendente de la prisión de Tihar. Todas las cárceles estaban llenas en aquella época, como hoteles en temporada alta. El superintendente de la cárcel pidió al oficial de policía que esperase hasta que pudiera realizar los preparativos para nuestro ingreso. Tres horas después, nos llevaron a la prisión de Tihar, en las afueras de Delhi. A nuestra llegada, nos condujeron a la oficina del superintendente. Pidió té y telefoneó a nuestra casa para que nos trajeran sábanas. Mientras nos conducían, me sorprendí de ver, a través de las rejas de la prisión, un gran jardín rodeado de árboles. Le dije al superintendente: "Esto no está mal", a lo que replicó, "Pero hay muros rodeándolo."

Tihar no es una cárcel de mujeres. Sólo es prisión preventiva. La zona de hombres de la prisión estaba equipada adecuadamente y a Bubbles le dieron una habitación con baño. A mí me acomodaron en una pequeña construcción con una habitación y una terraza, que en realidad se utilizaba para las visitas médicas. Tenía alcantarillas abiertas que corrían a lo largo del lateral, llenando el aire de un hedor pútrido. El superintendente se disculpó. La habitación ya estaba ocupada por Shrilata Swaminathan, que estaba detenida como prisionera política. Provenía de una prestigiosa familia de Madrás, algunos de cuyos miembros yo conocía. Sólo había una cama en la habitación y Shrilata me lo cedió para dormir ella en el suelo. De esta manera me encontré encarcelada sin juicio, como muchos otros, por la vengativa primer ministro Indira Gandhi.

No pude dormir la primera noche. Me preocupaba el porqué y durante cuánto tiempo estaría encarcelada y cuándo podría consultar a mis abogados. A la mañana siguiente, me trajeron el té y me preguntaron qué periódico prefería. Como era la invitada del gobierno, mandé traerlos todos, para tener diferentes opiniones. Pronto me di cuenta de que toda la prensa había sido censurada.

Dos pequeños, Ismail e Islam, me trajeron unas rosas a mi habitación. Su madre, una prisionera llamada Laila Begum se ofreció para limpiar mi habitación y para cualquier ayuda que necesitase. Después, el superintendente vino y me preguntó si necesitaba algo. Le dije que estaba acostumbrada a hacer ejercicio y que me gustaría andar. Me dijo que eso podría hacerlo por las noches, después de que los hombres hubieran sido encerrados en sus celdas. Aquella noche me permitió pasear con Bubbles, acompañados de unos cuantos policías. Después de unos días, nos permitió a Bubbles y a mí que paseásemos solos. Esos paseos vespertinos mantuvieron mi ánimo elevado.

Shrilata se fue en unos pocos días y quedó la habitación para mí sola. La habitación tenía una cama, un armario, una mesa y una silla. Para desayunar cada mañana tenía té, una tostada y una tortilla, y me llegaba la prensa. Laila Begum y sus hijos venían a ver si necesitaba algo. Bubbles enviaba agua caliente para que me pudiese bañar. La mayoría de las prisioneras estaban encerradas en la sala común y sólo les permitían salir dos horas por la mañana y dos por la tarde. A esas horas el ruido era el de un mercado de pescado. Una vez, mientras dos mujeres peleaban, un bate no me dio en la frente por unas pulgadas. Para mí, lo peor era que venían a pedirme ayuda. Muchas habían sido encarceladas sin motivo. Durante la Emergencia, cualquier persona con un cargo podía encarcelar a alguien ante la menor ofensa, o sin ofensa en absoluto. El superintendente estaba preocupado porque Bubbles y yo estábamos clasificados como prisioneros de clase "C", debido a nuestra detención bajo C.O.F.E.P.O.S.A. Informó a sus superiores que, en lo que respectaba a la comida, nos daría el trato de prisioneros de clase "B". Estuvieron de acuerdo.

Después de una semana en la cárcel, obtuvimos permiso para ver a Joey y a nuestro abogado. Tuvimos una larga reunión con él en el despacho del superintendente, con interminables tazas de té. Nuestros abogados nos dijeron que estaban haciendo lo que podían para asegurar nuestra puesta en libertad, pero que iba a llevar algún tiempo debido al estado de Emergencia. Como les ocurría a otros muchos, debido a la suspensión de la justicia, yo no sabía cuando podría salir de la cárcel.

CAPÍTULO 22

La prisión de Tihar

El arresto de Bubbles causó mucho resentimiento entre las fuerzas armadas, en las que era célebre y considerado un héroe. Muchos de ellos se acercaron al superintendente de la prisión para protestar por su encarcelamiento. Pacientemente, el superintendente les explicaba que ese tema no estaba en sus manos. En Jaipur, las gentes se congregaron alrededor de Rajmahal y dijeron a Pat que querían manifestarse por mi encarcelamiento. Pat les rogó que no lo hicieran, ya que ese tipo de protestas serían contraproducentes para mí. Algunos amigos influyentes del extranjero, en especial Dicky Mountbatten, trataron de intervenir a mi favor. Supe que mi arresto había traído un reguero de consultas al Alto Comisionado Indio en Londres, a las embajadas de la India en Madrid, París, Buenos Aires y en otros lugares en los que Jai y yo teníamos muchos amigos. Pero estas muestras de simpatía sólo enojaron a los poderes de Delhi.

Sorprendentemente, los primeros días en prisión pasaron muy rápido. La cárcel tenía una biblioteca que me permitieron utilizar. Una vez que corrió la noticia de mi encarcelamiento, mis amigos me inundaron de regalos: libros, jabones, perfumes, cigarrillos, chocolates y otras comodidades. Jagat me envió un gran lienzo de punto de cruz. Recibí cartas de todo el mundo. Gente que no conocía me mostraba sus simpatías y su sorpresa por mi encarcelamiento. Incluso recibí cartas del extranjero, de desconocidos que me proponían matrimonio, presumiblemente calculado para sacarme de India, fuera de las garras de ese régimen dictatorial.

La cantidad de lecturas y de bordados que hacía empezaron a afectar a mis ojos y deseé tener una radio para escuchar las noticias, pero en la sección de mujeres de la prisión no estaba permitido.

Había muchas mujeres en prisión que habían sido separadas de sus familias; muchas de ellas no habían cometido ningún crimen y su dolor mitigaba mucho mi pena. Venían a pedirme ayuda y justicia, y yo traté de interceder por ellas ante las autoridades de la cárcel. En la prisión había niños con sus madres. Me preocupaba verlos allí. Envié a buscar libros de texto y pizarras para empezar una escuela en la prisión. También les compré un bate de criquet y una pelota de fútbol y les enseñé como jugar. Monté una cancha de badminton y jugaba con las prisioneras jóvenes, la mayoría de las cuales eran prostitutas y carteristas.

Así pasaban los días. Tenía mis paseos carcelarios con Bubbles por las noches y las visitas de Joey dos veces por semana. Nos traía comida, ropa lavada y, lo más importante, las novedades de sus esfuerzos por liberarnos. Bubbles sugirió que ya que ambos teníamos derecho a dos visitas por semana, deberíamos hacerlas en días separados, así que el pobre Joey tuvo que visitar Tihar cuatro veces por semana. Algunas veces le permitían traer familiares. Mi prima segunda, Rina Rijpit Singh, que también se esforzaba duramente por liberarnos, nos visitaba y nos enviaba regalos muy sensatos.

Cerca de un mes después, el superintendente de la prisión me pidió que fuese a su despacho. Estaba fuera de sí, ya que le habían dicho que la *rajmata* de Gwalior, Vijayraje Scindia, iba a ser enviada a Tihar y no tenía ningún lugar decente para alojarla. Me pidió si yo podría compartir mi habitación. Le hice ver que, si se ponía otra cama en la habitación, no habría sitio para pasar. Además, ambas teníamos hábitos completamente distintos. Yo estaba acostumbrada a hacer ejercicio y necesitaba un lugar para hacer yoga. Leía hasta tarde por las noches y escuchaba música, y eso podía molestarla ya que ella pasaba la mayor parte de su tiempo rezando. Después de estudiar diversas opciones, el superintendente decidió que el único lugar disponible era la celda de los condenados, en aquel momento vacía, y solicitó mi ayuda para acondicionarla para la *rajmata*.

Tras consultarme, demolió la letrina del interior de la celda y la cubrió con un piso. Hizo una ventana, instaló luz y blanqueó la celda. Fue en el mes de agosto, con el monzón en plena fuerza, cuando llegó la *rajmata* con su criada y con el maletín con sus dioses. Me preguntó si podía dormir en la terraza de mi habitación porque su celda era muy húmeda y caliente. Instalé una cortina y acomodé una cama para ella.

Cada noche escuchaba las noticias de deportes y de la BBC en un pequeño transistor que Joey me había pasado a escondidas. Cuando sonaba la sintonía de las noticias, solía pensar en la gente en Inglaterra, moviéndose libremente, mientras nosotros en India habíamos perdido nuestras libertades fundamentales. Cuando apagaba la radio, la *rajmata* me preguntaba si había noticias sobre India. Nunca las había.

La *rajmata* y yo éramos todavía miembros del parlamento, así que recibíamos todos los documentos parlamentarios y por ellos supimos qué miembros de la cámara habían sido encarcelados. Estas noticias nunca aparecían en la prensa censurada. Cada día, los nuevos prisioneros políticos que entraban, nos traían noticias de las medidas extremas que habían adoptado Indira Gandhi y su ahora todopoderoso hijo, Sanjay. Supimos de las duras medidas tomadas para vasectomías forzosas de la población masculina; de la demolición de las casas en el área de Turkman Gate y otros excesos de este tipo. El país estaba furioso contra el régimen.

Durante esta época vino a India una delegación británica. La *rajmata* de Gwalior y yo recibimos una invitación para una recepción que se iba a celebrar en el Lok Sabha. Bromeé con la *rajmata* sobre aceptar la invitación y solicitar un coche para que nos llevase. Al día siguiente, para nuestra indignación, leímos en la prensa que Michael Foot había elogiado a las medidas de emergencia de la señora Gandhi.

El aeropuerto internacional de Palam está cerca de la prisión de Tihar. Cada vez que oía despegar un avión, me preguntaba si alguna vez volvería a oír aquellas instrucciones: "Abróchense los cinturones, estamos a punto de despegar…". Un día la *rajmata* me dijo: "Desearía que Palam no estuviera tan cerca."

Le dije, "Sí, ya lo sé. Debe estar pensando si alguna vez será libre para viajar de nuevo." Yo misma solía observar a los pájaros volando en el cielo y les envidiaba su libertad.

Mientras tanto, nuestros abogados habían estado trabajando duro y después de dos meses y medio, Bubbles fue liberado bajo fianza. Mi caso era más difícil. Podían liberarme por C.O.F.E.P.O.S.A. , pero me advirtieron que podría ser arrestada de nuevo bajo el Acta de Preservación de Seguridad Interna (M.I.S.A., Maintenance of Internal Security Act), ambas leyes eran utilizadas de modo draconiano. Yo quería quedar limpia por C.O.F.E.P.O.S.A. y que ellos siguieran adelante con los casos. En el momento en que iba a salir mi juicio, el gobierno acabó con el *habeas corpus*, verdadera base de los derechos humanos, de modo que no se pudo hacer nada más por mí ni por los miles de prisioneros políticos que languidecían en las prisiones indias. Ahora que se habían cerrado las puertas de la justicia, el pobre Joey ya no sabía que hacer para sacarme de allí. Solía comparar sus esfuerzos con el juego de la oca: casi has llegado al final y en la siguiente tirada, vuelves de nuevo al inicio.

Cuando Bubbles fue puesto en libertad, vino llorando a mi habitación. Pedí permiso para despedirme de él fuera de las rejas. Cuando Joey y Bubbles se iban, sintiéndome aislada, le dije a Joey: "Así que te llevas a Bubbles."

Después de que Bubbles se fue me sentí completamente sola y me cuestioné si alguna vez llegaría a estar libre y que si moría en la cárcel, qué efecto tendría eso sobre Jagat. Cualquiera que tenga un gran problema busca soluciones para resolverlo, pero yo sabía que no podía apelar a la justicia y perdí toda mi esperanza. De los prisioneros políticos, aquellos de nosotros que rondábamos la edad de Indira Gandhi, pensamos que no seríamos puestos en libertad hasta que ella dejase de tener el poder. Los más jóvenes, la mayoría en la treintena, pensaban que estarían en prisión hasta que Sanjay dejase de tener el poder.

Poco después, desarrollé una úlcera bucal y las autoridades tardaron tres semanas en aceptar que mi cirujano dental, el señor Berry, me visitase. Después de examinarme, se encogió de hombros y dijo, "¿Qué puedo hacer yo? Necesito llevarla para cirugía." Pasaron otro par de semanas antes de que diesen el permiso solicitado. Me llevaron a la clínica del Dr. Berry en Curzon Road, acompañada por el ayudante del superintendente de la prisión y por una mujer policía, seguida por un camión de policías armados, que supongo iban a dispararme si trataba de escapar. También me permitieron que fuese al Hospital Willingdon para fisioterapia, en el que los jóvenes doctores me hacían un café delicioso. Fue una agradable ruptura de la monótona rutina de la vida carcelaria.

Un día, la *rajmata* de Gwalior me acompañó al hospital, donde iba a hacerse un cardiograma. En el coche, le dije que podía ser que hubieran ordenado a los oficiales de la cárcel que nos envenenasen, para luego decirles a nuestras familias que habíamos muerto de un ataque al corazón. El ayudante del superintendente lo desmintió, pero dijo, "Es una cuestión de nuestro sustento y de nuestra familia. Si nos ordenaran hacerlo,

Una fotografía de Jai, Bubbles y Joey tomada en la década de 1970.

tendríamos que cumplir con ello."

Los presos celebraban todas las festividades religiosas con gran fervor. En Dussehra, la *rajmata* de Gwalior distribuyó dulces y ropas entre los niños. En Diwali, los presos encendieron lamparillas de aceite y petardos. Las habitaciones de las mujeres se vistieron de fiesta. Durante el festival musulmán de Id, Laila Begum me trajo el tradicional postre de leche, *seviyan.* Cada viernes, la mayoría de las mujeres jóvenes rezaban a Santoshi Ma por su liberación. Y así pasaban los días. Hubo rumores de que yo estaba siendo maltratada en la prisión, pero no era cierto.

En el invierno de 1975 preguntaba si estaría fuera para el Año Nuevo. Las respuestas fueron ambiguas. En diciembre solía ir a Calcuta para la temporada de carreras y polo. Calcuta tiene un calendario social completo durante esta época, con exhibiciones de caballos, carreras, polo, cenas y bailes. Es muy festiva y muy divertida. En aquella nochebuena excepcional estuve sentada sola en la prisión, comiendo caviar que me había enviado Peter Palumbo, un buen amigo inglés de Jai y mío. Estuve pensando que si hubiera estado en Calcuta habría tenido que volar desde el polo a la peluquería y después ir a una serie de cócteles y cenas de Navidad. ¡En su lugar, estaba sentada completamente sola, disfrutando de mi caviar y escuchando música de Cole Porter en el reproductor de cintas! Peter también me había enviado un pastel navideño de *Fortnum and Mason.* Guardé un trozo para mí y corté el resto en porciones y le pedí a Islam que lo distribuyese entre los prisioneros europeos, la mayoría de los cuales eran jóvenes que estaban allí por drogas.

Antes del Año Nuevo, me llevaron al hospital Govind Vallabhai Pant por recomendación de los médicos de la prisión. Había perdido mucho peso y tenía un dolor continuo en el costado derecho.

Pasé una primera noche horrible en el hospital. Tan pronto como se fue la luz, enormes ratas empezaron a correr por mi habitación. Los guardias apostados fuera las sacaron de allí, pero el ruido de sus botas no dejaba dormir a otros pacientes. Al día siguiente, el Dr. Padmavati, un médico excelente, me dio una habitación con baño, pequeña y limpia. Los doctores descubrieron que tenía piedras en la vesícula y que necesitaba una cirugía. Rechacé ser operada mientras todavía estaba presa, sin mi familia alrededor.

El 9 de enero de 1976, Joey me dijo que esperaba que fuera puesta en libertad bajo fianza debido a mi enfermedad.

El 11 de enero de 1976 llegó la orden y unos jubilosos Menaka y Joey vinieron a recogerme al hospital. Volví a la prisión de Tihar para recoger mis pertenencias y despedirme de aquella gente con la que había pasado algunos de los días más tristes de mi vida. Dejé aquella pequeña habitación en la que había pasado 156 noches, para mí más tiempo seguido que en ningún otro lugar. Le di la mayoría de mis cosas a Laila Begum, Islam e Ismail. Sentí dejar a la *rajmata* de Gwalior. Le di las gracias al superintendente, me despedí de los guardias y volví a mi casa de la calle Aurangzeb en Delhi.

Cuando llegué, Joey me preguntó qué deseaba hacer. Le dije que quería invitar a Navin Patnaik y a Viner Mody a tomar una copa. Joey me dijo que eso me perjudicaría ya que el padre de Navin, Biju Patnaik, y el marido de Viner, Pilu Mody, estaban en prisión. Así que le dije con enfado: "Entonces invitemos a Indira Gandhi en su lugar." En ese momento, Joey me llevó al jardín y me dijo que nuestras habitaciones, teléfonos, en realidad toda la casa, estaba siendo espiada con micrófonos ocultos y que debía tener cuidado con lo que decía. Era lo completamente opuesto a Tihar, donde podíamos hablar libremente y donde cada noche, tras la cena, los prisioneros gritaban eslóganes anti-gobierno a los que nos uníamos. Al día siguiente Navin y Viner vinieron a verme.

Al día siguiente de salir de la cárcel llegó un gran paquete con queso, de un amigo de Inglaterra, y Joey dijo: "Espero que no averigüen que estás fuera de la cárcel o no conseguiremos más regalos."

Pronto me di cuenta de que la gente en Delhi tenía miedo. Me costó mucho mantenerme callada. Por suerte, a los dos días, Joey y yo fuimos en coche a Jaipur. Una de las condiciones de mi puesta en libertad fue que no viajara en transporte público ya que la gente podría congregarse para saludarme. Aún así, había unas 600 personas esperándome en Lily Pool, junto a mi feliz personal, familia y amigos.

Fue maravilloso volver a mi amado Jaipur y disfrutar de la comodidad de la vida casera y de la compañía de amigos y parientes. Sin embargo, tuve que ir pronto a Bombay para ver a mis médicos. Decidieron operar mi vesícula biliar cuanto antes. También me dijeron que me quedase en Bombay durante un mes después de la operación. Me preguntaba dónde me iba a quedar. Raj Kumar Pitamber, al que conocía desde que era un niño, insistió en que me quedase en su casa. "Pit," le pregunté, "¿estás seguro?"

"Por supuesto," dijo, "sin dudarlo. Te quedarás conmigo." Me conmoví mucho, porque en aquel momento en India, la gente no quería asociarse con personas que no agradaran a Indira Gandhi. Pero Pit era diferente, un gran amigo y un deportista. Nunca olvidaré su ayuda y amistad espontáneas cuando más lo necesitaba.

Después de la operación, Bubbles me llevó a Bangalore para recuperarme y volvimos a Jaipur en septiembre, retornando a nuestra vida normal excepto por estar bajo fianza.

Había una sensación de agobio en toda la India, producida por la falta de libertad. Me sentía como si estuviera viviendo en un estado policial y no en un país libre. La gente tenía verdadero miedo a expresar sus puntos de vista, no se fiaban unos de otros y la India pasaba por una experiencia traumática. La prensa extranjera empezó a hablar de la represión de la gente en India, y Pakistán anunció que iba a haber votaciones. Preocupada, y susceptible a su imagen en el exterior, Indira Gandhi, cegada por su propio ego, convocó a elecciones generales en India, previendo una abrumadora mayoría para su partido. Los líderes de la oposición fueron liberados y formaron una alianza para oponerse al partido gobernante en las votaciones. Los oprimidos de la India estaban determinados a echar a la señora Gandhi y su camarilla. Fue muy frustrante para mí no poder hacer campaña ya que estaba todavía bajo fianza, lo que significa que no podía moverme sin informar a las autoridades. Una vez que empezó la campaña, pareció seguro que tendrían éxito en sacar del poder al dictatorial Partido del Congreso.

En un partido de polo en Jaipur, me enteré de la noticia de que Indira Gandhi y su hijo Sanjay estaban perdiendo en sus circunscripciones electorales. Aquella tarde, algunos jugadores de polo británicos vinieron a casa, ya que íbamos a ir todos a una fiesta que daban Baby y Bijai para ellos. Sir Robert Throckmorton, un viejo amigo, y los jugadores de polo británicos escuchaban los resultados de las elecciones en la radio, cuando me dijeron que me reclamaba al teléfono alguien que no quería dar su nombre. Levanté el auricular y dije, "¿Sí?", la voz al otro lado me dijo, "Felicidades. La señora Gandhi ha perdido su escaño." Era la operadora telefónica. Lancé el auricular al aire, lo recogí de nuevo y le dije, "¿Está segura?"

"Sí," dijo ella.

Le dije: "Debo hacerle un regalo por traerme tan buenas noticias." Corrí al salón gritando, "Indira Gandhi ha perdido." Mis invitados ingleses dijeron, "Pero no ha salido en la radio." Les dije que estábamos en India, no en Gran Bretaña, y que no anunciarían el resultado sino hasta el último momento. Todo mi personal estaba contento y yo estaba en éxtasis.

Envié a mis invitados a la fiesta y me fui con Rawat Singh, un leal miembro del personal de Jai, a la oficina del Recaudador, donde debían contarse los votos. Cuando llegué allí, me rodeó una multitud jubilosa, con guirnaldas y *gulal*; la gente gritaba: "Nos hemos tomado la revancha por lo que te hizo" y entonces empezaron a soltar la retahíla de nombres de los distritos electorales en los que el Congreso había perdido. Estaba a punto de contarles la derrota de la señora Gandhi, pero Rawat Singh me detuvo, me dijo que debía ser precavida, todavía quedaba el miedo de la Emergencia.

Cuando llegué a la fiesta, llena de excitación y felicidad, algunas personas todavía tenían miedo de celebrarlo. Los jugadores de polo ingleses decían que no podían creerse que hubiera tanta euforia por la derrota del Congreso. Así que les llevé a la oficina del Recaudador para que lo viesen por sí mismos. De nuevo, la gente se arremolinó a mi alrededor, su amor y lealtad eran conmovedoras, y dije para mis adentros: esto va para los aduladores del Congreso en Rajasthán, que durante mi encarcelación recibieron a Sanjay Gandhi en un mitin público con el saludo: "Esta ya no es la ciudad de Gayatri Devi. Es tuya."

Me enteré del júbilo que hubo por la derrota del Partido del Congreso en Delhi. La calle principal de la capital, la Avenida Bahadur Shah Zafar, donde se encuentran todos los edificios de la prensa, tenía pizarras en las que se anunciaban los resultados de las elecciones a lo largo del día y de la noche. Oí que, cuando se anunció la derrota del Congreso y especialmente la derrota de Gandhi y su hijo en sus propios distritos electorales, la multitud, feliz hasta el delirio, lanzó dinero a los hombres que escribían los resultados en las pizarras. Además, al día siguiente de los resultados, los tenderos ofrecían dulces a sus clientes o a cualquiera que entrase en las tiendas.

Sentí como si una oscura y pesada nube se hubiese levantado y la gente fuera libre de respirar de nuevo, de hablar libremente y de vivir sin miedo. Nunca antes había habido una manifestación tan espontánea de felicidad y de celebración ante la derrota de la temida dictadora y de su partido. En un momento fuimos libres. Sin necesidad de fianza y sin juicio. Las leyes democráticas habían sido restauradas.

CAPÍTULO 23

Después de la Emergencia

Tras unos días de deliberación por parte de la alianza gobernante, conocida ahora como el Janata Party, Morarji Desai fue investido como primer ministro de una India libre. Desde el día en que salió de la cárcel hasta el día en que se convirtió en primer ministro, habían pasado meramente cinco semanas. India podía autodenominarse de nuevo la mayor democracia del mundo.

Mucha gente me ha preguntado por qué no me presenté a las elecciones del final de la Emergencia. Había perdido a mi marido en junio de 1970 y no tenía el ánimo de presentarme a las elecciones en 1971, aunque el frente de la Oposición Unida me persuadió de ello.

Hacia el final de la Emergencia, la Oposición Unida en Rajasthán buscó un candidato del Jan Sangh, por lo tanto no tenía sentido que yo me presentase como independiente. Además, el Swatantra al que yo debía mi lealtad, casi había desaparecido. Chakravarty Rajagopalachari, el líder del partido había muerto. Yo había tenido un gran respeto por él. Posiblemente, si el hubiera estado vivo todavía y el Partido Independiente activo, yo me hubiese presentado al escaño de Jaipur. Otra razón que me retuvo de presentarme a esas elecciones fue que me necesitaban en casa. Jagat estaba en Inglaterra cuando empezaron las redadas. Estuvo a punto de volver a casa en India, pero sus hermanos le dijeron que se quedase fuera del país. Yo estaba deseando verle y él quería casarse con Priyanandana Rangasit, la hija de la princesa Vibhavati y del príncipe Piya Rangasit de Tailandia. Se convirtió en mi principal preocupación. Quería ir a ver a Jagat pronto, pero no era fácil ya que no tenía pasaporte.

Más de un año antes, durante las redadas de hacienda, Joey decidió que lo mejor sería entregar nuestros pasaportes a las autoridades, pero justo en el momento en que lo hicimos, yo necesité el mío. Como miembro del parlamento de Jaipur, se me pidió que encabezase una delegación a Calgary, una ciudad de Canadá que estaba hermanada con Jaipur. Además, el colegio Strathcone de Calgary se había hermanado con el colegio Maharani Gayatri

Devi. El profesor Untan de la Universidad de Rajasthán, escribió una carta solicitando la devolución de mi pasaporte que había sido enviado al ministro de Interior de entonces. Al no recibir contestación a mi carta, fui a ver al ministro en persona, llevando conmigo al prestigioso abogado, Soli Sorabji. El ministro de Interior no pudo darnos una respuesta satisfactoria. Cuando nos íbamos, el abogado señaló al ministro que era derecho de todo ciudadano el tener un pasaporte, pero no hubo ninguna respuesta. Al día siguiente, me sorprendí al leer en la prensa que me habían confiscado el pasaporte por actividades anti-nacionales.

No podía contener mi ira. Me incendiaba pensar que aquel gobierno podía ir tan lejos, llegar a tales extremos con tal de dañarme. Después, durante la Comisión de Investigación Shah, que siguió al estado de Emergencia (una excelente comisión cuyo deber fue estudiar los excesos del gobierno durante la Emergencia), me di cuenta de lo bajo que llegó a caer el gobierno de Indira Gandhi. Los que habían trabajado para ella alegaron que yo planeaba ir a Patna y de allí a Nepal, donde cogería un avión y huiría del país. Hasta el día de hoy no he estado nunca en Patna; no había ninguna verdad en estas alegaciones, pero este incidente ilustraba lo lejos que podía llegar el gobierno de Gandhi en su persecución a un ciudadano. Recordé muchas veces a Rajaji durante esa época y que me llamaba heroína por presentarme en oposición al gobierno. A lo que Minu Masani replicaba, "¿Qué hay de valentía en unirse a un partido de la oposición en un país democrático?"

Incluso cuando el control de país pasó a las manos del Janata Party, tuve algunas dificultades para recuperar mi pasaporte debido a una confusión burocrática. Cuando por fin llegó mi pasaporte, me fui a Inglaterra donde me reuní con Jagat y pude olvidar todos mis problemas.

En 1977 se celebraron elecciones para la Asamblea Legislativa. Yo hice campaña para los candidatos de la oposición en Rajasthán. El Congreso fue derrotado en aquella elección. Tras la elección, los nuevos legisladores electos debían escoger a un ministro en jefe. Era una tarea difícil ya que todos los nuevos legisladores provenían de partidos distintos. La elección obvia era el *maharawal* de Dungarpur, una persona experimentada, buen orador y muy inteligente, que había estado en la oposición desde las primeras elecciones en 1952. Pero llegaron órdenes de Delhi de que

Bhairon Singh, el líder del Jan Sangh, debía ser el ministro en jefe.

El nuevo gobierno de Rajasthán me nombró presidenta de la Corporación para el Desarrollo del Turismo de Rajasthán), lo cual era un reto excitante. Rajasthán es un paraíso turístico con sus fuertes, palacios, templos y ciudades. Además de Jaipur, Udaipur, Jaisalmer, Bikaner, Jodhpur y el resto de ciudades, están los santuarios a los que vienen a orar peregrinos de toda la India. Pushkar, la *dargah* en Ajmer, y los templos jainistas del Monte Abu y Ranakpur, son otras atracciones.

Rajasthán es un calidoscopio de colores con sus gentes vestidas en tonos brillantes. El arte, la artesanía, las canciones, la danza y el folclore de Rajasthán son fascinantes. Hay reservas naturales, reservas ornitológicas y coloridos festivales y ferias durante todo el año. Ser presidente de dicha corporación era una oportunidad de oro para promocionar todo lo que Rajasthán tenía que ofrecer. Desafortunadamente, la burocracia no cooperaba. Estaban encuadrados en sus limitadas ideas y me fue muy difícil la relación con ellos.

En el momento en que empezaba a vislumbrar una pequeña oportunidad con ellos en mi trabajo, el escenario político de India cambió de nuevo. El Janata Party, que había nacido a resultas de los excesos de la Emergencia, estaba formado por demasiados grupos políticos muy diversos y esa fue la razón última de su desintegración. Se convocó a elecciones a medio plazo e Indira Gandhi retomó el poder. Tras esto, se celebraron elecciones regionales en Rajasthán y el Partido del Congreso volvió al poder. Como exigían las circunstancias, dimití de mi puesto como presidente.

En mayo de 1978, Jagat se casó con Priya, hija del príncipe Piya y de la princesa Vibhavati de Tailandia. Dimos una recepción en Londres. Asistió la reina de Inglaterra y muchos amigos de India, Tailandia e Inglaterra. Un año después, Jagat y Priya tuvieron una hija a la que llamaron Lalitya y dos años después un hijo al que llamaron Devraj.

Ahora pasaba mi tiempo no sólo en India e Inglaterra, sino también en Tailandia, donde iba a menudo a visitar a la familia de Priya. Bangkok es una ciudad fascinante y disfruté mucho de mis visitas. Adoro a mis nietos.

Mientras tanto, en India, el clima político se volvía cada vez más peligroso. El Punjab, que había sido una provincia próspera y pacífica, se había convertido en un centro de inseguridad y violencia. Los políticos del Congreso estaban decididos a ganar poder en una provincia dominada por los sikhs, donde el Akali Dal era muy fuerte. Cuando la situación se hizo más candente, Indira Gandhi envió tropas al Templo Dorado, el vaticano de los sikhs, para sacar a los extremistas y a su líder Sant Bhindranwale especialmente. Mucha gente sospechaba que su carrera había empezado bajo la protección del hijo de la señora Gandhi, Sanjay, y de sus compinches políticos. Durante la actuación militar en el templo, una parte de este complejo sagrado fue dañada y destruida. Muchos se encolerizaron por ello y llevó, finalmente, al asesinato de Indira Gandhi por dos de sus guardias personales sikhs. En la semana que siguió al asesinato, miles de sikhs murieron en matanzas, sus casas saqueadas por las multitudes supuestamente animadas por algunos políticos del Congreso. Aunque se inició una investigación de los asesinatos sikhs, una década después no parece haberse aclarado nada.

Tras la muerte de su madre, Rajiv Gandhi se convirtió en primer ministro de India. Se presentó a elecciones y el Partido del Congreso ganó con una amplia mayoría gracias al factor simpatía. Todos esperamos que un joven primer ministro trajese nuevas ideas y nuevas energías al país. En su lugar, pronto aparecieron sospechas de corrupción contra el gobierno, en especial las que se referían al escándalo Bofors. Cuando llegaron las elecciones generales, hice campaña para la oposición en Rajasthán. Rajiv Gandhi y su partido perdieron el poder, un partido que sólo unos años antes, con Rajiv Gandhi al timón, había ganado las elecciones con la mayoría más amplia desde la independencia de la India.

CAPÍTULO 24

Mi vida hoy en día

Ahora que ya no me dedico más a la vida pública puedo disfrutar de la calma y la comodidad de mi casa, Lily Pool. La gente siempre se sorprende de este curioso nombre. En 1936, la revista americana *House and Garden* publicó fotografías y un plano de una casa de una planta a la que llamaban Lily Pool. Tenía un comedor con un techo corredizo que podía quedar a cielo abierto, un salón circular, un bar, una habitación, un cuarto de baño y una pequeña cocina. En frente de la casa había un largo estanque con una fuente y grupos de lirios de agua, con césped a ambos lados. Jai pensó que una casa así sería el lugar perfecto para encuentros informales. La mandó construir cerca de las canchas de tenis de Rambagh y se convirtió en el lugar favorito para cenas entre amigos en verano y para comidas con barbacoas y fiestas de tenis en los meses más frescos. En 1968 Jai decidió que Raj Mahal debería convertirse en un hotel. También creyó que yo debería tener una casa en propiedad y pidió al reconocido arquitecto de Delhi, Kart Heinz, que convirtiese Lily Pool en una residencia para nosotros. Desgraciadamente, Jai ya no estaba cuando me mudé, pero quedan los nostálgicos recordatorios del pasado, empezando por que las habitaciones que ocupé cuando vine a Jaipur como novia están a sólo unos cientos de metros. Muchas de las pinturas, la colección de jade y de cuarzo rosa y objetos de arte de mis habitaciones de Rambagh, están ahora en Lily Pool. Mi habitación está orientada al este y cuando me levanto por la mañana tengo una vista magnífica del amanecer sobre el fuerte de Nahargarh, en lo alto de las montañas de Kali Koh. En primer plano, donde solía haber cuatro canchas de tenis de bien cuidada hierba, mis potros pacen y retozan.

Mi casa no es como los palacios en los que viví, pero tiene un cierto encanto y calidez. La revista británica de diseño, *World of Interiors,* y la revista de arquitectura india, *Inside Outside,* la han mostrado en sus publicaciones, así que algo debe tener. Me gusta porque es muy abierta, luminosa y aireada, como vivir al aire libre. Me desagradan las puertas cerradas y no me importa que las golondrinas ensucien las pantallas de mis lámparas y que los monos mordisqueen los bordes de mis cortinas.

Una de mis amigas inglesas que vino a Jaipur en autobús desde Delhi, escribió este encantador poema en mi libro de invitados:

AL VOLVER A LILLY POOL

Traquetea, golpetea, chirría, ruge,
con todos los sonidos,
por la curva senda se tambalea el autobús
y yo aterrizo en Jaipur.

El sol de mediodía empieza a ceder,
pronto llegará la noche,
el sol rojo y oro de Rajasthán
a la luna dará lugar.

Me saluda la puesta de sol en Amber
y el sol empieza a sumergirse,
mientras que allá abajo, Jaipur
aguarda entre centelleos rosas.

Pasando festejos de bodas y carretas de bueyes,
serpenteamos por el ruidoso camino,
rodeando camellos y elefantes
hasta llegar al final del recorrido.

"Señor, mi *rickshaw*", "*Quiere un hotel*"
(procuro mantener la calma),
y por fin cruzamos las verjas
entrando a Lily Pool.
paz, la calma, el aire de hogar,
ahora estoy segura:
quedaos con Delhi, Agra, Katmandú;
yo prefiero quedarme con Jaipur.

Los invitados que vienen a quedarse parecen sentirse como en su casa. Jaipur tiene mucho que ofrecer, y si lo que uno busca es la quietud, está mi jardín, en el que siempre se pueden oír los cantos de los pájaros. Es un hogar feliz y espero que sea el último.

Cuando salgo a pasear por las mañanas, el aroma del jazmín se mezcla con el olor de los caballos. Paso mucho tiempo en los establos cercanos a la casa, donde tengo caballerizas. La idea de tener caballerizas fue de Jai. En los años sesenta vio que cada vez era más difícil importar caballos de polo, así que decidió criarlos él mismo. Sammy Jhalan, un amigo de Calcuta, le dio un semental que había retirado de las carreras. Lo cruzaron con uno de los caballos de polo argentinos de Bhaiya, llamado Samba. Tuvo un potro zaino. Fue poco después de esto cuando murió Jai. Durante largo tiempo nadie cuidó de los caballos y tanto el semental como el potro murieron. Tras la Emergencia, decidí seguir con la crianza de caballos de polo. Cuando fui a obtener la licencia para importar un semental, me dijeron que sólo se podían importar para la crianza de caballos de carreras. Importé un semental llamado Hazim. Es hijo del famoso caballo de carreras Mill Reef y es extremadamente hermoso, con bellos y expresivos ojos.

Mientras tanto, mi familia sigue creciendo. A la hija de Mickey, Bambi, le ha ido muy bien. Es ministro de Turismo de Gujarat. Bambi está llena de vida. Tiene un hijo de 21 años llamado Tushad, que está estudiando gestión hotelera en Suiza. Bubbles y Padmini tienen una hija llamada Diya. Joey se casó tarde. Su mujer, Vidya, es la hija de Raj Kumar Rajendra Singh de Jubbal, que llegó a Kuch Bihar cuando yo tenía unos 10 años y cuidó de mi madre y, después, de mi hermano. Vidya es de gran ayuda para mí. Cuando yo no esté, estoy segura de que ella llevará la responsabilidad de todo mi trabajo, ¡excepto de las caballerizas!, claro está. Joey y Vidya tienen un hijo de ochos años, Ajai. Es bien parecido, con el encanto travieso de su padre. El hijo de Pat y Devika se casó con Minakshi Devi de Lunawada en 1991 y tienen un hijo de dos años, Vedant, y una hija, todavía bebé, llamada Mukshata. El chico tiene habilidad con la pelota y le encantan los caballos. Espero que herede de su abuelo el amor por el polo.

Cuando mi bandera se alza sobre Lily Pool, la gente sabe que

En casa en Lily Pool, en la década de 1990.

estoy en Jaipur y vienen a pedirme ayuda. Si es una escuela, un pozo, un dispensario, o algo que lo merezca, trato de ayudar escribiendo a las autoridades concernientes. Cuando los pobres piden dinero para bodas, atención médica e incluso para vivienda, les damos ayuda a través de la Fundación Sawai Jai Singh. Algunas veces me piden tierras, dinero para gastos electorales, para publicar libros, un billete de tren o cualquier tipo de cosas. Le pido a mi secretaria que los dirija al gobernador o al ministro en jefe de Rajasthán.

Por supuesto, tengo que encargarme de las instituciones que yo he comenzado. Como presidenta del colegio para niñas Maharani Gayatri Devi, encabezo las reuniones del cuerpo directivo. Ahora Vidya preside el comité ejecutivo. Ella me ha quitado mucho peso de los hombros. Su comprensión calmada y su trato suave son mucho más efectivos que mis reacciones explosivas.

En 1993, el colegio celebró su 50 aniversario. El presidente de India, el Dr. Shankar Dayal Sharma, nos honró al ser el invitado de honor. Las antiguas alumnas vinieron de toda la India y del extranjero para asistir a las celebraciones. Fue emocionante ver lo orgullosas que estaban de su *alma mater*. Algunas de ellas eran ministros, embajadores, funcionarias, estudiosas del medio ambiente, doctores, profesoras y mujeres de todas las áreas de la vida. La presencia, en las celebraciones del 50 aniversario, del presidente de la India, del gobernador de Rajasthán y del ministro en jefe de Rajasthán, dieron solemnidad y dignidad a la ocasión, un hito en la historia del colegio. Las actividades organizadas por la asociación de ex-alumnas, y el gran final, el baile en Rambagh, fueron de lo más gratos. No pude evitar mirar atrás, a 1943, cuando yo sólo tenía 24 años; la escuela empezó con 23 tímidas niñas que estaban todas en *purdah*. Yo sabía lo contento que hubiera estado mi esposo del éxito de esta empresa. Recuerdo con amor y gratitud su incansable apoyo a todos mis proyectos.

Diez años atrás, empecé una escuela mixta, la Maharajá Sawai Man Singh Vidyalaya. Tuvimos la suerte de dar con un excelente director y en una década esta escuela se ha convertido en una de las más prestigiosas de Jaipur.

Arriba: Con la Madre Teresa y el ministro en jefe de Rajasthán.
Arriba izquierda: Un tigre en un pabellón de Ranthambor.
Abajo izquierda: Mi comedor en Lily Pool, en la década de 1990.

Además, por supuesto, está el Chand Slip Shala, que empecé durante la Partición de India para proporcionar sustento a los refugiados. Ahora se ha convertido en una escuela politécnica de mujeres, especializada en ciencia doméstica y secretariado.

Hace tres años construí una escuela llamada Lalitya Bal Niketan, en honor de mi nieta, en la aldea Jaggon ki Bawri, en las afueras de Jaipur. También se ha hecho muy conocida. Luego está la Fundación de Beneficiencia Sawai Jai Singh, que inició mi esposo para los ciudadanos pobres y necesitados de la antigua provincia de Jaipur. Todos los derechos de autor de este libro, *Una princesa recuerda,* irán a esta fundación.

Dirigir estas instituciones ocasiona múltiples problemas. Algunos de los más insultantes han sido los sindicatos escolares y también las normas y directrices impuestas por el gobierno, que utilizan el mismo rasero para las escuelas financiadas por el gobierno que para las instituciones privadas sin financiación; está claro que no existe justificación alguna para imponer los mismos controles en instituciones de probada valía que, después de todo, no reciben ayuda financiera del gobierno. Lo curioso del caso es que la mayoría de políticos y funcionarios burocráticos envían a sus hijos a escuelas privadas en lugar de las estatales, administradas por ellos y bajo su control.

Contrariamente a lo que hacía en el pasado, ahora sólo celebro unas pocas de las festividades que colman el calendario indio. La primera es Makar Sankrant, que siempre es el catorce de enero, en contra del resto de festividades hindúes, que cambian de acuerdo con el calendario lunar. El catorce de enero es el solsticio, cuando el invierno se retira y los días se hacen más largos. Además de los muchos rituales tradicionales que se siguen en Makar Sankrant, el vuelo de cometas es el más popular, ya que las corrientes de aire son perfectas para este deporte en esa época del año. El cielo se llena de cometas. Los expertos de Jaipur se reúnen en el Jal Mahal o Palacio del Agua, donde compiten en *dungal,* peleas de cometas. Miles de seguidores se congregan para observarlas y hacen fuertes apuestas sobre los resultados. En el siglo pasado, el maharajá Ram Singh fue tan entusiasta de este deporte que tuvo un departamento especial para la fabricación de cometas. Las cometas eran obras de arte. Un día de Sankrant, alguien de la ciudad consiguió cortar los hilos de todas las cometas que el maharajá Ram Singh volaba desde el Palacio de la Ciudad. Envió a su gente a averiguar quién era el experto. Era un alfarero. El secreto de su éxito consistía en el modo en que había recubierto sus hilos con polvo de vidrio. Se ganó la admiración y el patronazgo del maharajá. Se introdujo la alfarería en la Escuela de Artes y Oficios del maharajá y la cerámica azul de Jaipur alcanzó la fama que tiene hoy en día. Mis fiestas de Sankrant no son tan glamorosas. Se celebran en el césped de Rambagh, donde se sirven bebidas y comidas. Es una reunión alegre. Muchos de los invitados tienen dificultades en mantener sus cometas en alto, pero todo el mundo, incluyendo al personal y a sus hijos, participa, y es muy divertido. Muchos de los niños son muy hábiles, especialmente uno que tiene dificultades para mantenerse subidos los pantalones: utiliza una mano para agarrarse los pantalones mientras que con la otra vuela su cometa y corta todas las otras con una gran técnica.

Entonces llega "Holi" y las puertas de Lily Pool se abren para todos. Además de mi familia y amigos, vienen otras personas a presentar sus respetos, trayendo *changs,* un gran tambor, cantando, bailando y lanzándose polvos de colores los unos a los otros. Pasan días hasta que el césped se limpia de las manchas de colores rojo, amarillo, morado y azul. Holi es el inicio del calor.

Hacia mayo Rajasthán se torna tórrido y me voy a Inglaterra. Veo mucho polo en el campo de Smith y el Cowdray Park. (Jai regaló un trofeo de un caballo hecho en el bronce tradicional indio al Guards Polo Club). Cada año se juega un partido para el trofeo y yo suelo entregar los premios. Mi hermano regaló una copa al Cowdray Polo Club. Se llama la copa de Kuch Bihar. Muchas veces me solicitan que la entregue, lo cual me llena de satisfacción. Hoy existen muchos centros de polo en Inglaterra donde se juega polo a nivel alto, medio y bajo. Pero para mí, Cowdray Park Polo Club es el mejor. El terreno ubicado en la colina de Sussex es hermoso. Cowdray es el lugar de reunión de los aficionados al polo de todo el mundo. Generalmente me quedo en Inglaterra hasta inicios de octubre, aunque a veces vuelvo a Jaipur por un tiempo durante el monzón. Rajasthán es increíblemente hermoso en esa época. La tierra seca se vuelve de un verde fértil y exuberante.

Poco después de mi regreso, tras el calor, llega Sharad Purnima, cuando la luna tiene su mayor brillo. Sobre el tejado se pone un cuenco de *khir* o budín de arroz, para recoger los rayos de la luna, ya que se dice que es beneficioso para los ojos. Yo doy una fiesta en el tejado de Lily Pool y todos se visten de rosa pálido. No hay luz eléctrica, sólo la luz de la luna.

Unas semanas después llega Diwali, la noche más oscura del año, cuando se rinde culto a Lakshmi, la diosa de la prosperidad, y toda la ciudad se decora e ilumina con *diyas* y luces. Yo doy una fiesta en Lily Pool, cuya silueta se ilumina con pequeñas bombillas durante la noche, cuando los invitados llegan vestidos en ropas oscuras. Es una noche de fiesta, con juegos de azar y fuegos artificiales.

Muchos de los placeres de la vida continúan, pero me siento triste ante el deterioro de la ciudad de Jaipur y sus alrededores. Pienso en la época en que se mantenía inmaculadamente. En el siglo XVIII, cuando el maharajá Sawai Jai Singh trasladó su capital de Amber a Jaipur, contrató a Vidyadhar Bhattacharya, el mejor arquitecto y planificador urbano de la época. Vidyadhar Bhattacharya construyó una ciudad amurallada de belleza sin igual. Tenía calles amplias, simetría perfecta y estaba pensada para sus habitantes. Cada uno de los sucesivos gobernadores mejoró la ciudad, contratando a los mejores arquitectos disponibles. Jai fue el último de esos gobernadores. El expandió la capital más allá de las murallas: los hospitales, las escuelas, los institutos, la universidad, el Secretariado, las colonias residenciales, fueron construidos durante su reinado. Está considerado como el fundador de la moderna Jaipur.

Se puso especial atención en que la expansión y modernización de Jaipur guardasen armonía con la ciudad amurallada. No se permitía que nada estropeara la belleza de Jaipur, que hoy es una metrópolis ruidosa, sucia y superpoblada. Me doy cuenta de que la población ha aumentado de 300.000 personas en 1950, a casi un millón y medio en 1994.

Sé que el gobierno está planificando ciudades satélites y espero que busquen asesoramiento experto y adecuado para la planificación e implementación de los nuevos núcleos. Y que los cargos burocráticos no cedan a las presiones políticas y no permitan a las constructoras privadas que les presionen, porque esto ya ha sucedido en el pasado. La mayoría de los campos alrededor de Jaipur han sido vendidos a constructoras privadas y han surgido viviendas como setas, en diferentes estilos y tamaños, sin normativa ni orden. Estropean el paisaje y se contradicen completamente con la tradición de armonía y simetría de Jaipur. En las colinas circundantes se excavan minas sin ningún cuidado.

Del mismo modo, no hay normas o regulaciones para el interior de la ciudad antigua. Se construye en cualquier espacio abierto. No hay restricciones de estilo o altura de los edificios y Jaipur está perdiendo su carácter único rápidamente. Incluso se ha permitido que los grandes y armoniosos patios del Palacio de la Ciudad se conviertan en bazares. No parece que importe a nadie. No se puede culpar a los políticos, que no tienen interés en el futuro sino que se preocupan de cómo sacar provecho de su mandato. Y los empleados del gobierno que les sirven no parecen saber más. Estos empleados temporales no piensan en la posteridad. Recuerdo la advertencia de Rajaji a Jai para que cuidase de su patrimonio. "Esta gente no entiende", le dijo, "que estos monumentos deben preservase para la posteridad. Los convertirán en tiendas y oficinas." ¡Cuánta razón tenía! Algunas veces he intentado intervenir, pero los gobernantes de hoy en día no tienen el más mínimo vestigio de sentido estético. He rogado a las autoridades que no permitan que los muros se cubran de grafitos y que quiten los carteles publicitarios y las feas siluetas de propaganda que tanto molestan a la vista. Pero no ven la necesidad de hacerlo. Creen que está a la orden del día que esos anuncios horrorosos estén por todas partes.

Nuestro patrimonio arqueológico también está siendo destruido. Sólo daré un ejemplo: Amber. Se supone que la fortaleza palaciega, construida por el maharajá Man Singh I al final del siglo XVI es un monumento protegido, pero se ha trastocado todo el carácter del patio anterior. El gobierno ha permitido que se construyeran tiendas de recuerdos alrededor. El Rajasthán Emporium monta una tienda en el centro y vende sus productos. Me doy cuenta de que Jaipur tiene que crecer y estar a

El templo en Kuch Bihar.

Lily Pool hoy.

la altura de los tiempos, pero hay que proteger la ciudad antigua y las joyas arqueológicas. Por ejemplo, si Roma no tuviera sus monumentos antiguos, ¿quién iría a verla?

Recientemente, el gobierno ha adquirido el campo de polo, el de golf y los terrenos de parque alrededor de los complejos de Rambagh y Raj Mahal. Planean construir en esas áreas casas para ministros, altos funcionarios y un centro comercial. He sugerido que esas zonas son ideales para el parque público que tanto necesita Jaipur. Se necesitan más parques y canchas de tenis públicas para que los ciudadanos puedan disfrutar de la vegetación y del aire fresco. Además, como otras ciudades, Jaipur necesita pulmones. Aun así, no creo que eso suceda, porque los parques no dan beneficios. Nadie parece pensar en el mañana y en las generaciones venideras. Todo se ha comercializado, justo lo opuesto a la idea de los gobernantes del pasado, que eran conscientes de su responsabilidad hacia sus súbditos y quienes estaban orgullosos de su gran patrimonio y preocupados por la posteridad. Las personas en el poder, hoy en día, están obsesionadas por el dinero y los beneficios. Me gustaría poder decir algo bueno de su gobierno, pero no se me ocurre nada.

Otro lugar de la antigua provincia de Jaipur que ha sido destruido es Sawai Madhopur. Este sitios se encuentra en el centro del famoso fuerte de Ranthambor y estaba rodeado por selvas. Muchos de los bosques han sido talados y la fauna salvaje se está reduciendo rápidamente. Esto ocurre no sólo en Rajasthán, sino en toda la India. Hubo un tiempo en que un tigre podía ir desde las selvas en Sawai Madhopur hasta los lejanos Sunderbans de Bengal. La gente preocupada por la desaparición de la vida salvaje culpa a las cacerías que tenían lugar hace dos décadas, pero nunca a la pérdida de hábitat que tuvo lugar durante el gobierno de Indira Gandhi. A ella, curiosamente, se la reconoce como la artífice de la protección del medio ambiente en India.

Jaipur tiene problemas de agua. El lago de Ramgarh, construido en el siglo pasado por Ram Singh para abastecer de agua a la ciudad, hubiera sido adecuado todavía, si no fuese porque los políticos insistieron en construir canales en las áreas de acopio de agua para complacer a los lugareños e incrementar sus votos.

Jaipur era un símbolo de armonía entre comunidades. Los hindúes y los musulmanes vivían pacíficamente juntos y compartían la vida cultural de la corte de Jaipur. Muchos musulmanes bien capacitados habían obtenido puestos elevados, incluido el más alto, el de primer ministro. Ahora, los partidos políticos que buscan votos apoyándose en la religión y que traen a extraños para que aterroricen a las minorías, han hecho añicos la tradición secular que era el sello de la provincia de Jaipur. Todas estas situaciones me entristecen y pienso en Jai, que deseaba hacer de su reino un modelo. Solía firmar "Jaipur" y yo pensaba que era lo más adecuado ya que él era Jaipur. Jai me dijo una vez: "Todo lo que tenemos y todo lo que somos es gracias a Jaipur y debemos devolverle tanto como podamos."

Cuando recuerdo estas palabras me vienen lágrimas a los ojos. Él se ha ido y yo todavía estoy aquí, incapaz de hacer algo por Jaipur, excepto prestar mis oídos a la gente con problemas y dar ayuda económica.

También Kuch Bihar tiene problemas. La que fue una vez una ciudad hermosamente diseñada e inmaculadamente mantenida está ahora descuidada. El complejo del palacio ha sido profanado. Los tanques de agua en los que se reflejaba el palacio están ahora cerrados. Se han construido feas viviendas en los terrenos del palacio. Hace poco, la efigie de Madan Mohan, de 600 años de antigüedad, que estaba hecho de *ashtradhatu*, los ocho metales preciosos, fue robado del templo. Los lugareños estaban enfurecidos por el sacrilegio. Me pidieron que fuese a ayudar, pero no tenía sentido ir. Yo sólo hubiera sido un factor de aglutinamiento para la gente de Kuch Bihar en contra de los forasteros que ahora está a cargo de la administración. El palacio en Kuch Bihar es una concha vacía en la que una vez hubo una agradable vida y un rey que amaba a sus súbditos.

Hay muchos problemas políticos, sociales, culturales y económicos que afectan a esa zona que una vez fue el pacífico reino Koch, gobernado durante cinco siglos por mis antepasados. Un ejemplo es el hospital ayurvédico que ha estado en funcionamiento durante dos siglos. Ahora está en condiciones deplorables. A requerimiento del público escribí al ministro en jefe Jyoti Basu para preguntarle por qué el gobierno no puede mantener los edificios y los estándares de administración de la antigua provincia de Kuch Bihar. Sabía que mi carta no tendría respuesta. Pero el gesto de escribir es un esfuerzo por hacer algo por las gentes de mi desaparecido hermano.

Cada vez que oigo hablar de Kuch Bihar me viene este sentimiento de desesperación. No puedo ayudar al pueblo del lugar donde pasé una infancia tan feliz, donde los gobernantes y los gobernados eran una sola familia en la que había confianza, amor y respeto mutuos. Estoy decidida a presentarme al ministro en jefe Jyoti Basu con una lista de cosas que deberían hacerse para mejorar la situación. Algunas veces aún tarareo la melodía de una canción que describía la prosperidad y la agradable belleza de Kuch Bihar como la morada de los dioses en las estribaciones de los Himalayas.

En el atardecer de mi vida todo lo que puedo decir es que no hubiera cambiado mi lugar con nadie y que espero haber sido capaz de ayudar a India a través e los estudiantes que se han formado en las escuelas que fundé. La formación no sólo es necesaria para ganarse la vida (lo que será más fácil para ellos ya que India está abriendo sus puertas a una economía más libre), según la política del Partido Independiente de Rajaji. A estos estudiantes también se les ha enseñado a vivir en un mundo en el que la dignidad, la comprensión y la sensibilidad hacia los otros son importantes. Este tipo de formación, espero, es la clave para un futuro mejor.

ÍNDICE ONOMÁSTICO

414